ベテラン社労士からの提案

中小企業における働き方改革

「同一労働
同一賃金」
の実践手順

住 美賀子／大関 ひろ美／和田 泰明／市村 剛史／横田 和実／杉山 秀文 著
二宮 孝（PBパートナー会代表）編著

労働調査会

# はじめに

　本著は、『わかりやすい「同一労働同一賃金」の導入手順』（2018年10月）、『企業経営を誤らない、「同一労働同一賃金」の具体的な進め方』（2020年12月）に引き続き、シリーズ第3弾となります。

　今回は、弊社㈱パーソネル・ブレインのビジネスパートナー6名に声をかけて共著で執筆しました。全員が東京都社会保険労務士会に所属し、企業の人事部やコンサルタント会社等における実践経験の豊富な、まさにベテラン揃いです。
　それぞれの経験も得意分野も異なっている面々ですが、これまでパーソネル倶楽部という自主研究会を中心に、情報収集と意見交換を地道に重ねてきました。

　あらためて知って頂きたいのは、社会保険労務士は日々切磋琢磨しつつ、関与先の人事労務問題の解決と未然防止、さらには将来に向けて企業発展と従業員の幸福に貢献することに真摯に取り組んでいるということです。一方、この変化の速い時代における複雑多岐にわたる困難な課題に対して、単独で即対応できることは限られつつあります。これを受けて、私達7人は何か困ったことがあればすぐに連絡を取りあい、一つひとつ回答を導いてきました。私自身、常に新鮮な気持ちで勉強させてもらっている心強い仲間です。このたび、各人の知見と感性を活かして本著の上梓に至ったことは誠にうれしい限りです。

　最後になりますが、シリーズ当初からご尽力頂き、今回もこの貴重な機会を頂いた、労働調査会出版局の加藤誠二氏には心より感謝申し上げます。

2021年11月　二宮　孝（編著）

# 第1編
# 働き方改革に至る社会的背景と
# "同一労働同一賃金"の概要

# 第2編
# "同一労働同一賃金"に向けた
# 人事制度改革

## 資料サンプルのダウンロードについて

　本書に章ごとに「**使える！ 資料集**」として規定例や書式例、制度設計例など、今すぐ役立つ各種資料を掲載しました。

　これらの資料サンプルは、下記URL（QRコードからも読み取れます）にアクセスするとダウンロードができます。皆様の責任のもとでご活用ください。

ユーザー名：**301892**

パスワード：**douitsu-doc**

URL：https://www.chosakai.ne.jp/data/301892/sample_
　　　shiryoushuu.zip

# 第1編

# 働き方改革に至る
# 社会的背景と
# "同一労働同一賃金"
# の概要

# 序　章

# "同一労働同一賃金"
# とは何か

# 1 ▶ 同一労働同一賃金について知っておくべきこと

　この章では、同一労働同一賃金の本質について、できるだけわかりやすく説明したいと思います。

　この「同一労働同一賃金」は法律上で用いられている用語ではありませんが、一般的にはこのような言い方がよくされています。

## 1 関連法規と施行日

　同一労働同一賃金に直接関連する法律は、「パートタイム・有期雇用労働法」です。

※正式名称は、「短時間労働者及び有期雇用労働者の雇用管理の改善等に関する法律」です（**次頁**を参照）。以降、「**短時間・有期雇用労働法**」といいます。

　この法律が、2020（令和2）年4月1日から大企業に施行されました。中小企業に対してはこれより1年遅れの2021（令和3）年4月1日から施行されています。

　なお、「同一労働同一賃金に関するガイドライン（指針）」が2018年12月に発表されています（正式には「短時間・有期雇用労働者及び派遣労働者に対する不合理な待遇の禁止等に関する指針」といいます）。

# 短時間労働者及び有期雇用労働者の
# 雇用管理の改善等に関する法律

施行日：2020年4月1日

## 第1章　総　　則

（目的）

**第1条**　この法律は、我が国における少子高齢化の進展、就業構造の変化等の社会経済情勢の変化に伴い、短時間・有期雇用労働者の果たす役割の重要性が増大していることに鑑み、短時間・有期雇用労働者について、その適正な労働条件の確保、雇用管理の改善、通常の労働者への転換の推進、職業能力の開発及び向上等に関する措置等を講ずることにより、通常の労働者との均衡のとれた待遇の確保等を図ることを通じて短時間・有期雇用労働者がその有する能力を有効に発揮することができるようにし、もってその福祉の増進を図り、あわせて経済及び社会の発展に寄与することを目的とする。

（定義）

**第2条**　この法律において「短時間労働者」とは、一週間の所定労働時間が同一の事業主に雇用される通常の労働者（当該事業主に雇用される通常の労働者と同種の業務に従事する当該事業主に雇用される労働者にあっては、厚生労働省令で定める場合を除き、当該労働者と同種の業務に従事する当該通常の労働者）の一週間の所定労働時間に比し短い労働者をいう。

2　この法律において「有期雇用労働者」とは、事業主と期間の定めのある労働契約を締結している労働者をいう。

3　この法律において「短時間・有期雇用労働者」とは、短時間労働者及び有期雇用労働者をいう。

（基本的理念）

**第2条の2**　短時間・有期雇用労働者及び短時間・有期雇用労働者になろうとする者は、生活との調和を保ちつつその意欲及び能力に応じて就業することができる機会が確保され、職業生活の充実が図られるように配慮されるものとする。

**（事業主等の責務）**

**第3条**　事業主は、その雇用する短時間・有期雇用労働者について、その就業の実態等を考慮して、適正な労働条件の確保、教育訓練の実施、福利厚生の充実その他の雇用管理の改善及び通常の労働者への転換（短時間・有期雇用労働者が雇用される事業所において通常の労働者として雇い入れられることをいう。以下同じ。）の推進（以下「雇用管理の改善等」という。）に関する措置等を講ずることにより、通常の労働者との均衡のとれた待遇の確保等を図り、当該短時間・有期雇用労働者がその有する能力を有効に発揮することができるように努めるものとする。

2　事業主の団体は、その構成員である事業主の雇用する短時間・有期雇用労働者の雇用管理の改善等に関し、必要な助言、協力その他の援助を行うように努めるものとする。

**（国及び地方公共団体の責務）**

**第4条**　国は、短時間・有期雇用労働者の雇用管理の改善等について事業主その他の関係者の自主的な努力を尊重しつつその実情に応じてこれらの者に対し必要な指導、援助等を行うとともに、短時間・有期雇用労働者の能力の有効な発揮を妨げている諸要因の解消を図るために必要な広報その他の啓発活動を行うほか、その職業能力の開発及び向上等を図る等、短時間・有期雇用労働者の雇用管理の改善等の促進その他その福祉の増進を図るために必要な施策を総合的かつ効果的に推進するように努めるものとする。

2　地方公共団体は、前項の国の施策と相まって、短時間・有期雇用労働者の福祉の増進を図るために必要な施策を推進するように努めるものとする。

### 第2章　短時間・有期雇用労働者対策基本方針

**第5条**　厚生労働大臣は、短時間・有期雇用労働者の福祉の増進を図るため、短時間・有期雇用労働者の雇用管理の改善等の促進、職業能力の開発及び向上等に関する施策の基本となるべき方針（以下この条において「短時間・有期雇用労働者対策基本方針」という。）を定めるものとする。

2　短時間・有期雇用労働者対策基本方針に定める事項は、次のとおりとする。

一　短時間・有期雇用労働者の職業生活の動向に関する事項

　　二　短時間・有期雇用労働者の雇用管理の改善等を促進し、並びにその
　　　職業能力の開発及び向上を図るために講じようとする施策の基本とな
　　　るべき事項
　　三　前2号に掲げるもののほか、短時間・有期雇用労働者の福祉の増進
　　　を図るために講じようとする施策の基本となるべき事項
3　短時間・有期雇用労働者対策基本方針は、短時間・有期雇用労働者の
　労働条件、意識及び就業の実態等を考慮して定められなければならない。
4　厚生労働大臣は、短時間・有期雇用労働者対策基本方針を定めるに当
　たっては、あらかじめ、労働政策審議会の意見を聴かなければならない。
5　厚生労働大臣は、短時間・有期雇用労働者対策基本方針を定めたとき
　は、遅滞なく、これを公表しなければならない。
6　前2項の規定は、短時間・有期雇用労働者対策基本方針の変更につい
　て準用する。


### 第3章　短時間・有期雇用労働者の雇用管理の改善等に関する措置等
### 第1節　雇用管理の改善等に関する措置

（労働条件に関する文書の交付等）

**第6条**　事業主は、短時間・有期雇用労働者を雇い入れたときは、速やか
　に、当該短時間・有期雇用労働者に対して、労働条件に関する事項のう
　ち労働基準法（昭和22年法律第49号）第15条第1項に規定する厚生労
　働省令で定める事項以外のものであって厚生労働省令で定めるもの（次
　項及び第14条第1項において「特定事項」という。）を文書の交付その
　他厚生労働省令で定める方法（次項において「文書の交付等」という。）
　により明示しなければならない。
2　事業主は、前項の規定に基づき特定事項を明示するときは、労働条件
　に関する事項のうち特定事項及び労働基準法第15条第1項に規定する厚
　生労働省令で定める事項以外のものについても、文書の交付等により明
　示するように努めるものとする。

（就業規則の作成の手続）

**第7条**　事業主は、短時間労働者に係る事項について就業規則を作成し、
　又は変更しようとするときは、当該事業所において雇用する短時間労働
　者の過半数を代表すると認められるものの意見を聴くように努めるもの
　とする。

2　前項の規定は、事業主が有期雇用労働者に係る事項について就業規則を作成し、又は変更しようとする場合について準用する。この場合において、「短時間労働者」とあるのは、「有期雇用労働者」と読み替えるものとする。

（不合理な待遇の禁止）

第8条　事業主は、その雇用する短時間・有期雇用労働者の基本給、賞与その他の待遇のそれぞれについて、当該待遇に対応する通常の労働者の待遇との間において、当該短時間・有期雇用労働者及び通常の労働者の業務の内容及び当該業務に伴う責任の程度（以下「職務の内容」という。）、当該職務の内容及び配置の変更の範囲その他の事情のうち、当該待遇の性質及び当該待遇を行う目的に照らして適切と認められるものを考慮して、不合理と認められる相違を設けてはならない。

（通常の労働者と同視すべき短時間・有期雇用労働者に対する差別的取扱いの禁止）

第9条　事業主は、職務の内容が通常の労働者と同一の短時間・有期雇用労働者（第11条第1項において「職務内容同一短時間・有期雇用労働者」という。）であって、当該事業所における慣行その他の事情からみて、当該事業主との雇用関係が終了するまでの全期間において、その職務の内容及び配置が当該通常の労働者の職務の内容及び配置の変更の範囲と同一の範囲で変更されることが見込まれるもの（次条及び同項において「通常の労働者と同視すべき短時間・有期雇用労働者」という。）については、短時間・有期雇用労働者であることを理由として、基本給、賞与その他の待遇のそれぞれについて、差別的取扱いをしてはならない。

（賃金）

第10条　事業主は、通常の労働者との均衡を考慮しつつ、その雇用する短時間・有期雇用労働者（通常の労働者と同視すべき短時間・有期雇用労働者を除く。次条第2項及び第12条において同じ。）の職務の内容、職務の成果、意欲、能力又は経験その他の就業の実態に関する事項を勘案し、その賃金（通勤手当その他の厚生労働省令で定めるものを除く。）を決定するように努めるものとする。

（教育訓練）

第11条　事業主は、通常の労働者に対して実施する教育訓練であって、当該通常の労働者が従事する職務の遂行に必要な能力を付与するためのも

のについては、職務内容同一短時間・有期雇用労働者（通常の労働者と同視すべき短時間・有期雇用労働者を除く。以下この項において同じ。）が既に当該職務に必要な能力を有している場合その他の厚生労働省令で定める場合を除き、職務内容同一短時間・有期雇用労働者に対しても、これを実施しなければならない。

2　事業主は、前項に定めるもののほか、通常の労働者との均衡を考慮しつつ、その雇用する短時間・有期雇用労働者の職務の内容、職務の成果、意欲、能力及び経験その他の就業の実態に関する事項に応じ、当該短時間・有期雇用労働者に対して教育訓練を実施するように努めるものとする。

（福利厚生施設）

**第12条**　事業主は、通常の労働者に対して利用の機会を与える福利厚生施設であって、健康の保持又は業務の円滑な遂行に資するものとして厚生労働省令で定めるものについては、その雇用する短時間・有期雇用労働者に対しても、利用の機会を与えなければならない。

（通常の労働者への転換）

**第13条**　事業主は、通常の労働者への転換を推進するため、その雇用する短時間・有期雇用労働者について、次の各号のいずれかの措置を講じなければならない。

一　通常の労働者の募集を行う場合において、当該募集に係る事業所に掲示すること等により、その者が従事すべき業務の内容、賃金、労働時間その他の当該募集に係る事項を当該事業所において雇用する短時間・有期雇用労働者に周知すること。

二　通常の労働者の配置を新たに行う場合において、当該配置の希望を申し出る機会を当該配置に係る事業所において雇用する短時間・有期雇用労働者に対して与えること。

三　一定の資格を有する短時間・有期雇用労働者を対象とした通常の労働者への転換のための試験制度を設けることその他の通常の労働者への転換を推進するための措置を講ずること。

（事業主が講ずる措置の内容等の説明）

**第14条**　事業主は、短時間・有期雇用労働者を雇い入れたときは、速やかに、第8条から前条までの規定により措置を講ずべきこととされている事項（労働基準法第15条第1項に規定する厚生労働省令で定める事項及び特定事項を除く。）に関し講ずることとしている措置の内容について、

当該短時間・有期雇用労働者に説明しなければならない。

2　事業主は、その雇用する短時間・有期雇用労働者から求めがあったときは、当該短時間・有期雇用労働者と通常の労働者との間の待遇の相違の内容及び理由並びに第6条から前条までの規定により措置を講ずべきこととされている事項に関する決定をするに当たって考慮した事項について、当該短時間・有期雇用労働者に説明しなければならない。

3　事業主は、短時間・有期雇用労働者が前項の求めをしたことを理由として、当該短時間・有期雇用労働者に対して解雇その他不利益な取扱いをしてはならない。

（指針）

**第15条**　厚生労働大臣は、第6条から前条までに定める措置その他の第3条第1項の事業主が講ずべき雇用管理の改善等に関する措置等に関し、その適切かつ有効な実施を図るために必要な指針（以下この節において「指針」という。）を定めるものとする。

2　第5条第3項から第5項までの規定は指針の策定について、同条第4項及び第5項の規定は指針の変更について、それぞれ準用する。

（相談のための体制の整備）

**第16条**　事業主は、短時間・有期雇用労働者の雇用管理の改善等に関する事項に関し、その雇用する短時間・有期雇用労働者からの相談に応じ、適切に対応するために必要な体制を整備しなければならない。

（短時間・有期雇用管理者）

**第17条**　事業主は、常時厚生労働省令で定める数以上の短時間・有期雇用労働者を雇用する事業所ごとに、厚生労働省令で定めるところにより、指針に定める事項その他の短時間・有期雇用労働者の雇用管理の改善等に関する事項を管理させるため、短時間・有期雇用管理者を選任するように努めるものとする。

（報告の徴収並びに助言、指導及び勧告等）

**第18条**　厚生労働大臣は、短時間・有期雇用労働者の雇用管理の改善等を図るため必要があると認めるときは、短時間・有期雇用労働者を雇用する事業主に対して、報告を求め、又は助言、指導若しくは勧告をすることができる。

2　厚生労働大臣は、第6条第1項、第9条、第11条第1項、第12条から第14条まで及び第16条の規定に違反している事業主に対し、前項の規定

による勧告をした場合において、その勧告を受けた者がこれに従わなかったときは、その旨を公表することができる。

3　前二項に定める厚生労働大臣の権限は、厚生労働省令で定めるところにより、その一部を都道府県労働局長に委任することができる。

## 第2節　事業主等に対する国の援助等

**（事業主等に対する援助）**

**第19条**　国は、短時間・有期雇用労働者の雇用管理の改善等の促進その他その福祉の増進を図るため、短時間・有期雇用労働者を雇用する事業主、事業主の団体その他の関係者に対して、短時間・有期雇用労働者の雇用管理の改善等に関する事項についての相談及び助言その他の必要な援助を行うことができる。

**（職業訓練の実施等）**

**第20条**　国、都道府県及び独立行政法人高齢・障害・求職者雇用支援機構は、短時間・有期雇用労働者及び短時間・有期雇用労働者になろうとする者がその職業能力の開発及び向上を図ることを促進するため、短時間・有期雇用労働者、短時間・有期雇用労働者になろうとする者その他関係者に対して職業能力の開発及び向上に関する啓発活動を行うように努めるとともに、職業訓練の実施について特別の配慮をするものとする。

**（職業紹介の充実等）**

**第21条**　国は、短時間・有期雇用労働者になろうとする者がその適性、能力、経験、技能の程度等にふさわしい職業を選択し、及び職業に適応することを容易にするため、雇用情報の提供、職業指導及び職業紹介の充実等必要な措置を講ずるように努めるものとする。

## 第4章　紛争の解決
### 第1節　紛争の解決の援助等

**（苦情の自主的解決）**

**第22条**　事業主は、第6条第1項、第8条、第9条、第11条第1項及び第12条から第14条までに定める事項に関し、短時間・有期雇用労働者から苦情の申出を受けたときは、苦情処理機関（事業主を代表する者及び当該事業所の労働者を代表する者を構成員とする当該事業所の労働者の苦情を処理するための機関をいう。）に対し当該苦情の処理を委ねる等その

自主的な解決を図るように努めるものとする。

**（紛争の解決の促進に関する特例）**

**第23条**　前条の事項についての短時間・有期雇用労働者と事業主との間の紛争については、個別労働関係紛争の解決の促進に関する法律（平成13年法律第112号）第4条、第5条及び第12条から第19条までの規定は適用せず、次条から第27条までに定めるところによる。

**（紛争の解決の援助）**

**第24条**　都道府県労働局長は、前条に規定する紛争に関し、当該紛争の当事者の双方又は一方からその解決につき援助を求められた場合には、当該紛争の当事者に対し、必要な助言、指導又は勧告をすることができる。

2　事業主は、短時間・有期雇用労働者が前項の援助を求めたことを理由として、当該短時間・有期雇用労働者に対して解雇その他不利益な取扱いをしてはならない。

## 第2節　調　　停

**（調停の委任）**

**第25条**　都道府県労働局長は、第23条に規定する紛争について、当該紛争の当事者の双方又は一方から調停の申請があった場合において当該紛争の解決のために必要があると認めるときは、個別労働関係紛争の解決の促進に関する法律第6条第1項の紛争調整委員会に調停を行わせるものとする。

2　前条第2項の規定は、短時間・有期雇用労働者が前項の申請をした場合について準用する。

**（調停）**

**第26条**　雇用の分野における男女の均等な機会及び待遇の確保等に関する法律（昭和47年法律第113号）第19条から第26条までの規定は、前条第1項の調停の手続について準用する。この場合において、同法第19条第1項中「前条第1項」とあるのは「短時間労働者及び有期雇用労働者の雇用管理の改善等に関する法律第25条第1項」と、同法第20条中「事業場」とあるのは「事業所」と、同法第25条第1項中「第18条第1項」とあるのは「短時間労働者及び有期雇用労働者の雇用管理の改善等に関する法律第23条」と読み替えるものとする。

（厚生労働省令への委任）

**第27条**　この節に定めるもののほか、調停の手続に関し必要な事項は、厚生労働省令で定める。

<h2 style="text-align:center">第5章　雑　　則</h2>

（雇用管理の改善等の研究等）

**第28条**　厚生労働大臣は、短時間・有期雇用労働者がその有する能力を有効に発揮することができるようにするため、短時間・有期雇用労働者のその職域の拡大に応じた雇用管理の改善等に関する措置その他短時間・有期雇用労働者の雇用管理の改善等に関し必要な事項について、調査、研究及び資料の整備に努めるものとする。

（適用除外）

**第29条**　この法律は、国家公務員及び地方公務員並びに船員職業安定法（昭和23年法律第130号）第6条第1項に規定する船員については、適用しない。

（過料）

**第30条**　第18条第1項の規定による報告をせず、又は虚偽の報告をした者は、20万円以下の過料に処する。

**第31条**　第6条第1項の規定に違反した者は、10万円以下の過料に処する。

## 2　均等待遇と均衡待遇について

　まずは大きく以下の２つに分けてとらえる必要があります。

　基本形として押さえるべきは「**均等待遇**」です（同法第９条）。均等待遇とは、賃金等の労働条件決定の際に、非正規社員等（短時間労働者としてのパートタイマー；パート、および嘱託など勤務時間は正社員と同じフルタイマーで期間の定めのある従業員も含みます）が、正規社員等（契約期間の定めのないいわゆる通常の労働者です。必ずしも名称が正社員ということではありません）と仕事の内容などについて比較してみて同じ場合には処遇も全く同じに扱わなくてはならないとされるものです。すなわち、一切の差別的取扱いが禁止されることになります。ただし、経験、能力や成果など評価によって差が生じることについてはむしろ当然のことであり、問題はありません。実際のところではこの均等待遇に当てはまるケースは少ないといえます。

　次に「**均衡待遇**」です（同法第８条）。これは、仕事の内容などについて同じとはいえない場合であっても「不合理といえる賃金などの待遇の差がとくにない」ことを意味するもので、バランスがうまくとれている状態をいいます。すなわち、差は確かに存在するものの、この差は適当なものであるということを指します。合理的であるとの断定までは求められませんが、少なくとも「不合理とはいえない」までは説明できるようにしていかなくてはならないことになり、これは多くのケースが該当し、実際の判断で悩むところです。

　以上についてより正確にいえば、非正規社員等の賃金等待遇について、正社員等と比較して、**①職務の内容、②職務の内容と配置変更の範囲、③その他の事情**の３つの違いに応じて決定することになります。

### ①職務の内容

　これは担当する**業務内容**と業務に伴う**責任の程度**を指します。

　業務とは会社の部門単位での仕事を指すもので、**業務内容**とは、部門を中心として継続的に行うに当たって欠かせない仕事であり、例えば販売職、事務職、製造工、印刷工などのそれぞれの職種からみて、中心と

なる中核的な業務に焦点を当ててとらえるものです。

　ここでいう中核的業務とは、それぞれの職務に伴う一つひとつの業務のうち、まさにコアとなりうる業務を指します。

・その職務に不可欠な要素の業務
・その成果が業績や評価に大きな影響を与える業務
・職務全体に占める時間的な割合や頻度が高い業務

　すなわち、業務の種類、中核的業務を比較して実質的に正社員等と同じであれば、「業務の内容は同じ」と判断します。

　次に職務の内容にある**責任の程度**とは、あらかじめ職務に課せられている責任と権限の範囲を指します。この責任の程度については、比較的わかりやすいといえます。

　具体的には以下が挙げられます。

・決済金額…単独で契約締結が可能な金額の範囲
・管理する部下の人数や決裁権限の範囲
・業務の成果に対して求められる役割
・トラブル発生時や臨時、緊急時に求められる対応の程度
・期待する成果；売上目標等の貢献期待度

※行政の説明資料では「ノルマ」という語句が用いられていますが、ノルマは上から一方的に無理やり課せられた業務を意味するものであり、昨今のあるべき人事マネジメントにはなじまないことを付け加えておきます。


## ②職務の内容と配置変更の範囲

　これは大企業の人事制度からきているもので、中小企業にとっては判断が難しいです。

　ここでは将来の見込みも含め、転勤（住居の移動まで伴うもの）や、昇進（係長から課長などへの縦の異動を指すもので、ポストに就くなど職務上の責任が重くなることを一般的にいいます）などの人事異動、配置変更（住居を移動する必要まではない、事業所から本社管理部門への異動など）及び事業所異動を伴わない職務変更（事務職から営業職への職種の変更）が雇用契約において事前に予定されているのか、予定されていないのか、また予定されているとしてもその範囲がどのくらいまで

及ぶものかをとらえます。

### ③その他の事情

　①②以外の要因であり、それぞれの実態に応じて仕事の成果・能力・経験・労使慣行・これまでの労働組合との交渉の経緯など広くあてはめてとらえるものです。規準であって基準ではない、これまでの社会的慣例なども影響する非常にわかりにくい、まさに「その他影響するさまざまな事由から」という曖昧なものであり、これが"同一労働同一賃金"の解釈をいっそうわかりにくくしています。

## 3　比較すべき社員

　では、いったい誰（どのような社員）と比較することになるのでしょうか？

　当然ながら、まずは同じ企業内で勤務する者と比較することになります。具体的には以下の順です。

○担当する仕事の内容が全く同じ正社員等

　ただし、もし該当者がなければ順次下に繰り下がっていくことになります

↓

○広く仕事内容、または責任の度合いのどちらかが同じ従業員

↓

○担当する仕事の内容と配置変更の範囲が同じ従業員

↓

○なかで最も、担当する仕事の内容が近いと思われる従業員

## 4　比較すべき労働条件について

　次に比較する労働条件とはいったい何であり、どの項目になるのでしょうか？

　これについては基本給や賞与、手当、福利厚生などすべてにわたることになります。さらに、（ここが大変重要になるのですが……）比較す

る労働条件は、原則として一つひとつの待遇ごとに判断しなくてはなりません。すなわち、手当を挙げると、それぞれの手当を比較して判断することになり、良い待遇と悪い待遇があっても、ひっくるめて総合的にバランスがとれているから問題がないとはいえないということに注意が必要です。

## 5 説明義務について

　会社は非正規社員等に対して、もし求められれば、正社員等との間に待遇の違いの内容やその理由、待遇決定にあたって考慮した事項について説明しなくてはならないことになります。また雇い入れ時や、派遣の場合には派遣される都度説明しなくてはなりません。例えば、雇入れ時賃金、教育訓練、福利厚生施設の利用、正社員転換の措置などについてです。

　なお、会社は説明を求めた労働者について不利益な取扱いをしてはならないこととなっています。

　例えば、正社員は「職能給」、一方の非正規社員に対してはこれとは異なる「職務給」など、それぞれに適用される人事賃金制度や基準が異なることはありますが、基準の違いが不合理ではないことも含めて具体的な説明が求められることになります。

　また、この説明の際には、裏付けとなる資料をもとに口頭で行わなくてはなりません。そのために就業規則や賃金規程等の関連する資料をあらかじめ用意しておく必要がでてきます。

　説明にあたっては、「将来の役割期待が異なっているから～」とか、「前提となる賃金の決定基準が異なるため～」に終始する抽象的で包括的な説明だけでは認められません。客観的で具体的でわかりやすい説明が求められることになります。したがって実際に説明を求められなくても、普段からいつでも説明できるように会社として準備しておくことが欠かせないということです。

## 6　非正規社員等へ説明すべき項目について

該当する非正規社員等へ説明すべき項目は以下のとおりです。

### ①正社員等との間で賃金等待遇の決定基準の違いがあるのか　それは、客観的にみてどのような違いか

### ②個別で具体的な内容、待遇の決定基準（ものさし）について

・基本給の平均額または標準者のモデル基本給額などを提示して説明するもので、とくに比較者が少ない場合などには有効です。

・手当であれば、標準額、または最も高い額と低い額について提示します。

・賃金テーブル等を提示したうえでこれに沿って具体的に説明するなどが挙げられます。

※例えば職能給を導入している企業では、能力評価を適正に行うことにより、評価の違いがこのように金額に反映されるなど、非正規社員が客観的に理解できるように具体的な説明を行わなければならないことになります。

## 7　紛争解決の手段について

労働者と事業主の紛争を解決する方法として、最終的には裁判で判断されることにはなりますが、今回の法改正によって裁判以外には行政ADRが設けられることとなりました。行政ADRとは、会社（事業主）と労働者の間の紛争が発生したときに裁判以外の方法で解決する手続きのことを指します。会社と労働者の間でトラブルが生じた場合、どちらか一方または双方の申し出があれば、都道府県労働局がトラブルの早期解決のための援助を行う仕組みのことです。

### ①都道府県労働局長による紛争解決の援助

簡単な手続きのみで迅速に解決を図る場合があてはまります。

**②均衡待遇調停会議による調停**

　中立性の高い第三者機関が援助するもので、当事者双方が合意した場合には民法における和解として認められることになります。なおこの調停は、無料かつ非公開で行われます。また調停委員は、弁護士や大学教授、家庭裁判所家事調停委員、社会保険労務士などの労働問題の専門家で、高い専門性、公平性、中立性のもとで紛争の解決を図るものです。「均等待遇」や「待遇差の内容・理由に関する説明」についても調停の対象となります。

## 8　その他

　キャリアアップ助成金などの助成制度なども設けられており、これらの活用も併せて検討が必要となってきます。

※《参考1》派遣社員の扱い

　派遣社員については、以下のように別途定められています。

　派遣社員は、労働者派遣法に基づき、雇用契約は派遣元企業（派遣会社）との間にあって賃金等の処遇を受ける一方で、実際に勤務するのは派遣先ということで特殊な雇用形態です。

　同一労働同一賃金の基本からすれば、派遣社員が本来比較されるべき対象は実際に勤務している派遣先の社員ということになり、派遣会社は**①派遣先の労働者との均等・均衡待遇**を図ることが原則ということになります。

　しかしながら派遣先から賃金等の内部管理情報を得ることが現実には難しいということと、また派遣社員にとっても派遣先企業が常に一定するとは限らないという理由により、派遣社員の処遇が不安定になることも考えられるために、これに代わる方法として、**②一定の要件**[※]**を満たす「労使協定」による待遇を決定する方式**のどちらかを選ぶこととなりました。これについての法改正施行は、中小の派遣元企業であっても、大企業と同じく2020年4月からとされています。

〔※同種業務の一般の労働者の平均的な賃金と同等以上の賃金であること等です〕

**①派遣先の労働者との均等・均衡待遇方式の場合**

派遣元

派遣先

●比較対象者についての賃金等
　待遇の情報を提供する

●派遣社員の待遇を検討し、決定する

交　渉

　　　　　　●派遣料金について配慮する義務
　　　　　　　がある

◇派遣契約の締結◇

●派遣社員に対し、賃金・就業条件等を明示して説明する（雇入れ時・派遣時）

## ②労使協定方式の場合

派遣元　　　　　　　　派遣先

●通知された最新統計の確認

●**労使協定**の締結
　（賃金について就業規則等にも記載）

●労使協定の周知
・対象者に対する周知
・行政に対する報告

　　　　　　●教育訓練、福利厚生施設に関す
　　　　　　　る待遇情報を派遣元に提供

交　渉

労使協定で定める内容は以下のとおりとなります。

1）労使協定の対象となる派遣社員の範囲

2）賃金の決定方法

　ア　同種の業務に就く一般的な労働者の平均賃金以上であること

　イ　職務内容、成果、意欲、能力または経験等の向上があったとき
　　　には、賃金アップすること（主として基本給）

3）派遣社員の職務内容、成果、意欲、能力または経験等を公正に評
　　価して賃金を決定すること

4）労使協定の対象とならない待遇以外の決定方法

5）段階的で、計画的な教育訓練の実施

6）その他

　有効期間は2年以内が望ましいことになっています。

　また一部に限定する場合はその理由を記述します。

※《参考2》短時間・有期雇用労働法の対象となる
　　　　　非正規社員等のタイプ

　何をもって区分するかによっても異なってきますが、一般的なところで以下に区分してみました。

**①フルタイムの有期社員**

　正社員等と同じ労働時間を勤務する非正規社員等を指します。

　例えば、同じ事業所の正社員の所定労働時間が9時から18時、内休憩1時間として、実労働時間が8時間の場合、その正社員と同じ所定労働時間を勤務する人で、6ヵ月間や1年間等のように雇用期間を定めて雇用される者は、有期雇用契約者として短時間・有期雇用労働法の対象になります。

　このタイプには1年間のプロジェクトの期間のみ雇用される専門性の高いシステムエンジニアの有期社員などが当てはまります。呼称は企業ごとに様々ですが、契約社員と呼ばれることが多いようです。

**②定型業務中心のパート、アルバイト（短時間労働者）**

　正社員と比較して1日の所定労働時間が短い者や、所定労働日数が正社員は週5日間であるのに対して、1週間に3日というように雇用契約上の日数が少ないために所定労働時間が短い人も短時間労働者となり、同法の対象になります。

　このタイプには、小売業で品出しやレジを担当するパート、子供が小学生でその授業時間帯だけ近隣の事業所で働くパート、大学等の授業時間以外に働く飲食店の学生アルバイト、通販の出荷倉庫で夜間に勤務するアルバイト等、従来から短時間で定型業務を中心に働くことが多いパートやアルバイトが当てはまります。ちなみにアルバイトという呼称は、法律上の正式な用語ではなく、一般的には短い期間の雇用者として限定的にとらえる企業が多いです。②については子育てや家族介護と仕事を両立している者、家事と仕事を両

立している者、学生アルバイトなどが多く見受けられます。期間を
定めた雇用契約が中心となりますが、なかには期間を定めない雇用
契約も見受けられます。

### ③無期転換後の短時間労働者

　短時間労働のパート、アルバイト、派遣社員であって、以前は有
期雇用契約だったのがその有期雇用契約が更新されて経過し、通算
で5年間を超えたときは、本人が申し出ることによって無期雇用契
約に転換できることが定められています（労働契約法第18条）。

　無期雇用契約に転換した後は当然ながら有期雇用ではなくなりま
すが、所定労働時間が短いままであれば、短時間労働者として引き
続き同法の対象となります。

　このタイプの中には、高校や大学を卒業後に正社員で就職を希望
したものの、何らかの理由で短時間の非正規社員として採用され、
5年経過した人なども見受けられます。

　雇用期間が5年を超えているということもあって、経験を積んで
仕事の習熟度が高い人も多く、正社員との均衡均等待遇という観点
から、労働条件の見直しが必要となってくるということも少なから
ずあります。

### ④いわゆるフリーター

　法律用語ではありませんが、一つの職場で勤務するよりもむしろ
複数の短時間パートを兼業することを選択する人や、歌手や俳優な
ど芸術分野でのプロデビューを目指しながら、短時間労働で収入を
得ている人などもこのタイプに当てはまります。この中には働き方
として自ら非正規社員を選択している人も多いようです。

### ⑤定年後再雇用者

　定年がある企業は、就業規則等にその定年を定めておかなくては

なりません。また、60歳以上でなくてはなりません。あわせて、定年後であっても65歳までは本人が希望するときは、例外を除いて企業は雇用する義務が課せられています（高年齢者雇用安定法9条）。

　例えば、定年が60歳の企業の場合、定年後は65歳まで有期の雇用契約を設定し、契約更新の上限を65歳までとする再雇用契約制度は今現在多く見受けられます。健康面や体力面の個人差等が大きいことから、所定労働時間や所定労働日数は正社員と同様であっても、1年単位等の有期雇用契約を締結し、更新の都度、次の雇用条件を話し合うケースも多いようですが、有期の雇用契約とする場合は同法の対象になります。一般的には「嘱託社員」などの呼称が多く使われています。

　ちなみに、2021年4月から70歳までの就業機会の提供が努力義務となっています（高年齢者雇用安定法10条の2）。これを受けて、70歳まで有期契約の雇用契約によって再雇用する者であれば、同法の対象になります。なおこのタイプは、正社員等と比較して均等・均衡待遇を考えるに当たって大変悩ましい点があります。特に対象者が少なく、本人が定年まで正社員であったときと担当職務や内容が一見して変わらない場合は、均等・均衡待遇の判断が難しくなり、個別の状況ごとに判断をせざるをえなくなります。ただし、判例などをみると、「その他の事情」として退職金や在職老齢年金の受給などの高年齢者雇用ならではの状況を考慮して、他の年齢層とは一線を画した緩やかな対応も一部認められるようです。

### ⑥派遣社員

　所定労働時間や所定労働日数が派遣先の事業所の正社員と同じ派遣社員であっても、期間を定めて雇用される場合には、有期雇用労働者として同法の対象者になります。

# 2 中小企業としての特性

　先述のように、本著の執筆に当たって、ビジネスパートナーである同僚の社会保険労務士と何度も会合の場を持ちました。何度話し合ってもこの"同一労働同一賃金"は、大変わかりにくいです。なぜこれほど曖昧模糊な状況に陥っているのでしょうか？

　ガイドラインをみると、事例形式での紹介を含めてかなり具体的に記述されています。しかしながら、何となくわかったような感じになっても、結局のところは腑に落ちているわけではありません。このようななかで法律が施行されて今に至っています。現場で企業との接点に位置する社会保険労務士・人事コンサルタントとして、"同一労働同一賃金"の趣旨は私たちが目指す方向であるのは確かであり、これを「机上の空論」に終わらせてはならないと真摯に考えています。

　著者の30年の人事コンサルタントの実務経験から、なぜわかりにくいのか以下のとおり整理してみました。

## 1 大企業の視点からとらえていること

　まず従業員規模からみた問題です。一言でいうと全て一部の大企業の目線でしかとらえていないということです。我々、社会保険労務士の立場からすると顧問先となる対象企業の多くは中小企業です。中小企業は、企業の数でいうと国内企業の実に99.7％に上ります。もちろん大企業のなかには、1社で何万人もの社員がいる企業もあるので、従業員数全体からみた割合は下がりますが、それでも中小企業は7割程度の多数になります。

　次に、事業所が一つしかない単一事業所は92％に上ります（経済センサス2016年調査より）。同一労働同一賃金において切っても切り離せ

ない基準の一つに（住居の移転を伴う）転勤の有無が挙げられますが、当然ながら事業所が本社一つしかない企業にとっては、前提として全く意味がないことになります。

　このように、世の中に飛び交っている人事労務の諸基準は、大企業しか前提に置いていないとしか言いようがないというものが多々あります。例えばここ数年、パワハラなどハラスメントについての相談は毎月のようにあります。そこで、50㎡の事務所に10名ほどの従業員が在籍する小企業を想定してみましょう。ハラスメントが発生した場合、加害者と被害者を配置転換によって物理的に離隔すべきということはマニュアル等で真っ先に記述されていることですが、現実に考えると、どちらかが休むか辞めるかしか選択肢がないということは実際にありうることです。

　これをみてもわかるように、大企業しか頭にない人達・勤めたことのない人達が、立法、行政、司法または専門家として、中小企業にとって判断のしようがない基準を決め、上から目線で解釈しているのが現実であると言えます。このようななかで、我々社会保険労務士は、中小企業を中心の現実に沿った対応を日々迫られていることを理解して頂きたいと思います。

## 2　訴訟を前提とした視点からとらえていること

### ①訴訟の現状

　ガイドラインなどを読んでも必ずしも具体的に記述されているわけではありません。個別の判断に当たっては、今後の判例を積み重ねていくことによって定まってくる旨の解説がなされ、要は大事な判断から逃避している事項が至るところに見受けられます。

　ここで日本における訴訟の現状についてみてみましょう。

　人事労務に関連する問題が発生した場合、「もしも裁判になったらどうする？」という会話は確かによく出るところです。

　裁判の件数については、最高裁が定期的に調査を行って発表しています。

　これをみると、「労働関係民事通常訴訟」は1年に約3,500件発生しています（労働審判についてもほぼ同じ件数発生しています）。

　これを、従業員5人以上の事業所（約2,294,000事業所／経済センサス2016年）だけでみると、1年当たり655事業所に1件の割合で裁判が発生していることになります。さらに就業規則の届け出義務のある10人以上の事業所（約1,236,000事業所）でみると353事業所に1件の割合で発生していることになります。この数字にどれほどの意味があるのかという見方もあるかと思います。しかしわが国における実際の企業経営の現場では、日本よりも訴訟が多い欧米等とは違い、良くも悪くも訴訟とは縁がないところで運営されているということは注目しておくべきです。

　もちろん、万一裁判となれば大変な時間と労力、費用がかかるということは言うまでもありません。この訴訟リスクについても今後は前提として考えておく必要があるということもよくわかります。しかしながら最も大事なことは、訴訟にならないように未然に防止するということです。万一、訴訟までいけば、弁護士の先生の出番になりますが、未然防止の役目は私たち、社会保険労務士、人事コンサルタントの役目です。

## ②訴訟の多い職種とは

　同一労働同一賃金を始めとして、人事労務問題で多く裁判が発生している業種とはどういったものでしょうか。気が付いただけでも以下のとおりとなっています。

　・運輸　　　・学校
　・病院　　　・全国に事業所が相当数ある巨大企業など

　例えば、運輸業における職種としての運転手をみると、客ないし荷物を、責任をもって納期までに（時間どおりに）目的地まで運ぶという点では、正社員等、非正規社員等を問わず全く違いがありません。すなわち、安全運転という重責を担っていることについては違いがないのです。したがって、判例のなかでは使用する車、ルート、所要時間が同じであれば、法律に基づいて同一労働同一賃金と解されるという判例も実際に出されています。このように業種、職種からして正社員等、非正規

社員等の仕事の違いがほとんどないものもあります。

　次に学校や病院では、様々な職種が明確に区分されており、しかもそのなかには公的資格に裏付けられた専門職も多く、前提として意識は高いといえます。

　さらに全国に事業所が何十ヵ所もある巨大企業では、言うまでもないことですが、転勤や異動は定期的に発生していることであり、世間一般からみてあからさまに問題のある取扱いをすれば、間違いなく社会から注目されるでしょうし、巨大企業としてもそれは避けておきたいところです。このように、実際に裁判になる企業にはかなり偏りがあるのです。

## 3 中小企業における身近なリスクとは何か

　こうみていくと、人事労務に関する本当のリスクとはいったい何なのでしょうか?

①従業員、顧客、取引先から、さらには一般社会からSNSなどインターネットを通じて良くない噂が聞こえ始めてくる。

②官公需および競争入札などでの受注が難しくなってくる。いつの間にか、業績にも少しずつ悪い影響が出始めてくる。

③若くて優秀な人材から退職者が出始め、ひいては櫛の歯が欠けるように退職者が続く。

④一方で、人が足りなくなってもインターネット、またはハローワーク経由を含めて採用が難しくなってくる。この結果、人員構成からして高齢者やローパフォーマーの比率が高くなってくる。

⑤並行して、気が付くと組織と経営の判断が硬直的になってきて、いっそう変化を好まない経営体質に変わってくる。

⑥会社にとって様々な悪いことが多発するようになってきて、それぞれが悪い影響を及ぼし合いながら、経営全体にボディブローのように重くのしかかってくる。

　いかがでしょうか?　生の中小企業経営の怖さとはこのようなものではないでしょうか。もちろん、この国際化、高度な情報化のご時世です

から、従業員の不祥事や商品やサービスの瑕疵などで一気に悪化することも当然ありえます。このように、企業にとってリスクとは何かということを常に把握、予測し、多面的にアンテナを張って未然に、芽の段階で迅速に摘み取る対応が求められてきているのです。

　専門家の立場から、法律の抜け穴を探して秘策を紹介するなどの短絡的な解説も見受けられますが、人事マネジメントとはまさに生きものです。十把一絡げに一言で終わるものではありません。また、人事マネジメントは従業員が主役です。従業員は個性をもって今生活している、それぞれが独立した一人の人間としての存在なのです。動機づけられてやる気が出て、そして組織が活性化していくことが何より重要になってくるのです。しかし残念ながら人事の基本理念が抜け落ちている場面をよく目にします。

　法律は守らなくてはならないのは当然ですが、これをもって会社が衰退していくとなれば、会社のみならず従業員の家族を含めた生活や将来設計までもが危うくなってしまいます。些末な技術的解釈論にとどまってはなりません。

　それぞれの従業員が働く目的に沿って、会社の方針を理解し、やる気がでて、一方の会社はゴーイングコンサーンの観点から発展を期し、お互いの幸福を追求するよう「善の回転」に近づけていくこと、これこそが人事労務の要諦です。

　世の中、グリーンゾーン、レッドゾーンがあれば、そのどちらともいえない中間のイエローゾーンというものもあります。それぞれの厚みがどの程度あるかということを、その都度探ることも私たちの大事な役目です。

　本書では、実務の専門家たる社会保険労務士による日々の実践的な経験を通じて、中小企業の人事労務経営を考えてみたいと思います。

# 第1章

# "同一労働同一賃金" に取り組むべき 社会的背景

# 企業の人事上の問題点

2020年1月以降、新型コロナウイルスの感染拡大に歯止めがかからず、2021年夏の現時点においても事業活動に大きな影響を受け、従業員数が過剰になっていると感じている企業は少なくありません。

しかし、一般的にみて人事に関する経営課題として多くの中小企業が挙げる項目は、むしろ人手不足の方にあるのではないでしょうか？　統計を見ながらこのことを考えてみましょう。

## 1　なぜ求人が難しくなったのか？

求人の際に、例えば「30歳未満の人を募集」といった特定の年齢層の人たちに限って募集することは労働施策総合推進法で原則として禁止されています。とはいいながら、多くの企業では、フルタイムで長期にわたって勤続可能な人からの応募に期待し、正社員で概ね35歳ぐらいまでの人を求める傾向が見受けられます。そうなると、求人をしても企業側が求める人材の応募が少ないといった求人難の壁にぶつかることになります。

日本の生産年齢人口（15歳から64歳までの人口）は、1995年にピークを迎え、その後は減少していき、推計値によると、2030年にはピーク時の78％となることが予想されています（**図表1-1**）。

次に、**図表1-2**で労働力人口（15歳以上の人口のうち、その時点で就業している者と失業中で仕事を探している者の合計）の年齢構成比を見てみましょう。34歳以下の構成比は1980年には38％でしたが、2017年には26％に減少しています。一方で60歳以上の構成比は1980年には9％に過ぎなかったところが2017年には20％にまで増加しています。

これをみてわかるように大企業に比べ知名度が低く、労働条件や福利

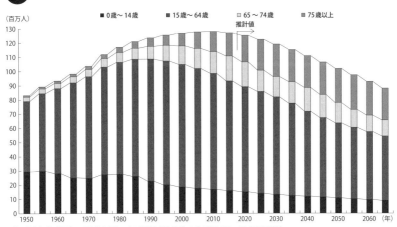

**図表 1-1 ▶ 年齢別人口推計の推移**

資料：総務省「国勢調査」、国立社会保障・人口問題研究所「日本の将来推計人口」（平成29年推計）
（注）1. 2016年以降は、将来推計人口は、出生中位（死亡中位）推計による。
　　　2. 2015年までは総務省「国勢調査」（年齢不詳をあん分した人口）による。

出典：中小企業白書　2018

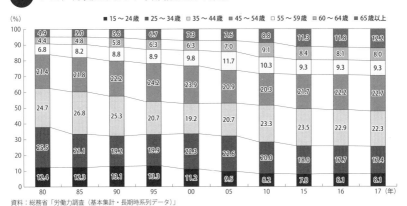

**図表 1-2 ▶ 労働力人口の年齢構成比の推移**

資料：総務省「労働力調査（基本集計・長期時系列データ）」

出典：中小企業白書　2018

厚生も大企業に及ばない中小企業が35歳までの人を求めても、その年齢層で働くことができる人たちの人口が減少の一途をたどっていることから、採用が難しくなってきているのです。

### 2　従業員はなぜ退職するのか？

　企業規模・雇用形態を問わず2019年に転職した者が前職を辞めた理由（「その他の理由（出向等を含む）」を除く）のトップ4を見ると、次のとおりとなっています（2019年 雇用動向調査結果の概要／厚生労働省）。

①男性
　1）定年、契約期間の満了（16.6％）
　2）労働時間、休日等の労働条件が悪かった（11.2％）
　3）職場の人間関係が好ましくなかった（9.3％）
　4）給料等収入が少なかった（8.7％）

②女性
　1）職場の人間関係が好ましくなかった（14.8％）
　2）労働時間、休日等の労働条件が悪かった（12.5％）
　3）定年、契約期間の満了（10.7％）
　4）給料等収入が少なかった（9.4％）

　求人をしても企業が求める人材を採用できないことに加え、従業員の退職が増えていくと、当然ながら人手不足がより深刻になっていきます。組織運営に必要な従業員数を欠いた状態で、従来どおりの仕事のやり方で事業を継続していこうとすれば、在籍している従業員への業務の負荷が大きくなり、さらに退職者が増えていくという悪循環に陥ってしまいます。こうした状況が、企業の継続的発展の大きな阻害要因になっているのです。

# 就業環境の整備による雇用形態によらない待遇確保

　中小企業の人手不足問題を解消するには、特定の年齢層の人たちをフルタイム勤務の正社員として雇用することにこだわらないことがカギを握るといえます。また、従業員がモチベーションを維持しながら意欲的に働くことができるように就業環境を整備し、従業員、なかでも会社が期待している従業員の定着率を上げる必要があります。

　以下、就業環境の整備について"同一労働同一賃金"の視点から考えてみましょう。

## 1 女性やシニア層の積極的活用の促進

　**図表1-1**（→33頁）のように、生産年齢人口は1995年をピークに年々減少していきますが、**図表1-3**を見ると、労働力人口の大幅な減少は見

**図表 1-3 ▶ 労働力人口と生産年齢人口の推移**

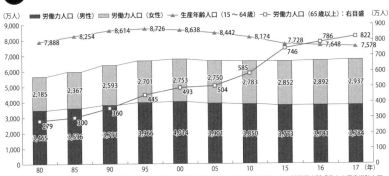

資料：総務省「労働力調査（基本集計・長期時系列データ）」、総務省「国勢調査」、国立社会保障・人口問題研究所「日本の将来推計人口」（平成29年推計）
（注）1. 2016年以降は、将来推計人口は、出生中位（死亡中位）推計による。
　　　2. 2015年までは総務省「国勢調査」（年齢不詳をあん分した人口）による。
　　　3. 労働力人口（男性）及び労働力人口（女性）は15歳以上の者、生産年齢人口は15～64歳の者を集計している。

出典：中小企業白書　2018

1-4 ▶ 年齢階級別非正規雇用労働者の割合の推移（男女別）

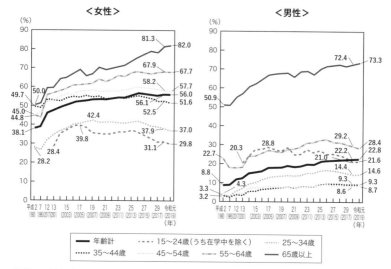

（備考）　1.　平成13年までは総務庁「労働力調査特別調査」（各年2月）より、平成14年以降は総務省「労働力調査（詳細集計）」
（年平均）より作成。「労働力調査特別調査」と「労働力調査（詳細集計）」とでは、調査方法、調査月等が相違する
ことから、時系列比較には注意を要する。
　　　　　2.　「非正規の職員・従業員」は、平成20年までは「パート・アルバイト」、「労働者派遣事業所の派遣社員」、「契約社員・
嘱託」及び「その他」の合計、平成21年以降は、新たにこの項目を設けて集計した値。
　　　　　3.　非正規雇用労働者の割合は、「非正規の職員・従業員」／（「正規の職員・従業員」＋「非正規の職員・従業員」）×100。
　　　　　4.　平成23年値は、岩手県、宮城県及び福島県について総務省が補完的に推計した値。

出典：男女共同参画白書 令和2年版（内閣府 男女共同参画局）

受けられません。これは、女性と65歳以上のシニア層の人たちの就業
者数が年々増えていることが影響しているといえます。

　次に非正規社員の方に焦点を当ててみます。**図表1-4**を見ると、2019
年における女性の割合は56％、男性の割合は23％となっています。年
齢階級別の割合を見ると、男女とも65歳以上のシニア層の割合が最も
多いことがわかります。女性は、年齢階級が上がるにつれてその割合が
多くなっていきますが、近年、54歳以下の年齢階級では減少傾向が見
られます。

　男性は、45歳から54歳の割合が最も低く、次いで35歳から44歳、お
よび25歳から34歳の割合が低くなっています。男性の場合は、近年、
64歳以下のすべての年齢階級で減少傾向が見られます。非正規社員の

割合に減少傾向が見られる年齢階級については、①正社員化（短時間正社員制度の適用を含む）を促進している企業の増加、②非正規社員の労働市場からの退出、のいずれかを示すものと思われます。**図表1-3**の推移から推測すると、①のケースが増えているのではないかと考えます。いずれにしても、女性や65歳以上のシニア層に対し、積極的に働く場を提供し、これまで以上に活躍してもらうことが企業の人手不足解消の糸口になることは間違いありません。

## 2 　非正規社員と正社員との待遇バランス

　女性やシニア層の人たちの中には、勤務時間、勤務場所、勤務日などの制約をもちながらも働くことができる職場を求め、自ら非正規社員として働くことを選択している人も多いわけです。これからの時代は、家庭生活と仕事の両立を図る人たちや、経験豊富で特定分野におけるスキルや人脈を持つ人々が意欲的に気持ちよく働くことができる職場づくりをしていくことが望まれます。そのためには、非正規社員の待遇について、正社員の待遇とのバランスにこれまで以上に配慮しつつ整備していかなくてはなりません。

　現行の短時間・有期雇用労働法の第8条によると、自社で雇用するすべてのパートタイマー（短時間労働者。以降本書では「パート」といいます）と有期雇用者の基本給、賞与その他の待遇について、正社員のそれぞれの待遇と比べて不合理と認められる差を設けてはならないと定められています。この不合理性については以下をご参照願います〔**序章14頁参照**〕。

　また著者が関与した企業のなかにも、同法の第8条が改正施行される前は、休職、慶弔休暇、慶弔見舞金など、正社員のみに適用する規定としていた企業が少なからずありました。そのためにフルタイム勤務であっても有期雇用契約で就業する非正規社員は、身内に不幸があったときなど、正社員に付与される慶弔休暇の対象とはならず、年次有給休暇が付与されているならばこれを取得すべきこととなっており、付与されていなければ欠勤扱いとなり、また弔慰金などの支給もありませんでし

た。これらフルタイムの有期雇用者の心情を察するに、仕方がないと思いつつも、何かもやもやとした気持ちを抱えていたのではないでしょうか。

　またある関与先では、会社の定める60歳定年後、従業員を再雇用するにあたり、月例賃金を大きく下げる一方で、定年前と同じ職務を責任も同じまま担当してもらうことになっていました。

　今回同法の第９条が改正施行されるのを機に、引き下げた月例賃金額を定年前に適用していた月例賃金額から導いた時給単価で割り算をして、１ヵ月あたりの所定労働時間数を算出してみました。すると、上記のとおり月例賃金額は定年前より下がっているものの、１ヵ月あたりの所定労働時間数が定年前よりも少なくなっていました。

　すなわち時給換算で定年前と同じ水準にしたわけです。経営者はこれで合法的に対応したと思っていたようですが、仕事量の調整をすることなく、時間当たりの賃金のみにとらわれていたことに問題がありました。

　定年前と同じ職務を同じ責任の程度で担当させること自体は理に適っているにしても、所定労働時間数を減らしているので、定年前より職務の量を減らさないと結果として時間外労働が増えてしまうことになることはすぐにわかることです。このため、定年後の再雇用者のモチベーションが下がってしまったという事例でした。

　これは再雇用者側から会社側に相談があったケースですが、実際このような運用をしている中小企業は少なからずあるのではないでしょうか。

# 3 "同一労働同一賃金"に至るまでの社会的背景

　次に、非正規社員と正社員との待遇の違いの解消を目指すことに至った社会的背景を整理してみたいと思います。

## 1　経済政策の側面としての"働き方改革"

　**図表1-1**（→33頁）に示されているとおり、日本の総人口は2008年の1億2808万人をピークに、その後は急勾配で減少していくと見込まれ、深刻な少子高齢化に突入することになります。

　このような状況下において、2016年6月に「ニッポン一億総活躍プラン」が閣議決定されました。「一億総活躍社会」とは、少子高齢化の問題に真正面から立ち向かい、日本経済に成長と分配の好循環を形成するための経済政策の実現を目指す究極の成長戦略である、と意義付けられ、老若男女、障害や難病の有無を問わず、失敗を経験した方も、誰もが家庭、職場、地域などあらゆる場で活躍できる全員参加型社会である、と定義されました。

　一億総活躍社会の実現に向け、「最大のチャレンジは働き方改革である。多様な働き方が可能となるよう社会の発想や制度を大きく転換しなければならない（同プランより抜粋）」とされ、働き方改革の3本柱（①同一労働同一賃金の実現、②長時間労働の是正、③高齢者の就業促進）が示されたのです。

　これを受けて、2017年3月に「働き方改革実行計画」が働き方改革実現会議にて決定されました。働き方改革に取り組む基本的な考え方について、次のとおり示されています。

　「日本経済再生に向けて、最大のチャレンジは働き方改革である。

「働き方」は「暮らし方」そのものであり、働き方改革は、日本の企業文化、日本人のライフスタイル、日本の働くということに対する考え方そのものに手を付けていく改革である。（途中省略）

改革の目指すところは、働く方一人ひとりが、より良い将来の展望を持ち得るようにすることである。多様な働き方が可能な中において、自分の未来を自ら創っていくことができる社会を創る。意欲ある方々に多様なチャンスを生み出す。（途中省略）正規と非正規の理由なき格差を埋めていけば、自分の能力を評価されていると納得感が生じる。納得感は労働者が働くモチベーションを誘引するインセンティブとして重要であり、それによって労働生産性が向上していく（以下省略）」

働き方改革実行計画を具体的に推進するために、2018年7月に働き方改革関連法が公布され、これに関連する複数の法律を改正することが示されました。

これを受けて、上述の短時間・有期雇用労働法については、1993年の制定当初は適用対象がパートタイム労働者（正社員より所定労働時間または所定労働日数が少ない者；パート）のみとなっていましたが、フルタイム勤務の有期雇用者にも適用されるように改正され、同一企業内における正社員と非正規社員との間の公正な待遇の実現を目指すこととし、大企業では2020年4月から、中小企業では2021年4月から改正施行されたという経緯となっています。

労働施策総合推進法（旧：雇用対策法）は、“完全雇用”の達成に向け、労働者の職業の安定、日本の労働力の需給均衡を図ることを目指した立法政策として1966年に制定され、その後、その時の雇用政策を反映するために度重なる改正を経て、2018年7月に本法の題名が現在の名称にあらためられ、働き方改革の基本的な理念と方針を示した内容に再構成されることになりました。

国は、労働者の多様な事情に応じた雇用の安定及び職業生活の充実並びに労働生産性の向上を促進し、労働者が自らの能力を有効に発揮することができるようにし、労働者の職業の安定等を図り、経済・社会の発

展並びに完全雇用の達成に資することを本法の目的とする、と明記しました。また、職務の内容及び職務に必要な能力、経験その他職務遂行上必要な事項の内容が明らかにされ、労働者がこれに即した評価方法により公正に評価され、その評価に基づく適切な処遇を受けることができるようにすることにより、職業の安定を図るよう労働者に配慮すること、との基本理念が掲げられています。

　"同一労働同一賃金"の視点では、①多様な就業形態の普及、②雇用形態または就業形態の異なる労働者間の均衡のとれた待遇の確保、が国の講ずべき施策に新たに加えられることになりました。また、事業主の責務として、雇用する労働者の労働条件の改善その他労働者が生活との調和を保ちつつ、意欲と能力に応じて就業することができる環境の整備に努めなければならない、と新たに定められました。

　ここでは二つの法律を取り上げましたが、"同一労働同一賃金"をめぐって、労働者派遣法などほかにも改正された法律があります。

### 2 SDGsの側面……ディーセント・ワークの推進

　"SDGs（エスディージーズ）"とは、持続可能な開発目標（Sustainable Development Goals）の略称であり、国際社会が共通に取り組むべき目標として、2015年9月の国連サミットで採択されたものです。様々な問題に対し、17のゴール・ゴールごとに達成するための具体的なターゲット（合計169）を設定し、「地球上の誰一人として取り残さない」を基本理念に掲げ、各国が2030年までに達成することにより、持続可能でよりよい世界にしていくことを目指しています。

　SDGsのゴール8は、「働きがいも経済成長も」と設定され、「すべての人のための持続的、包摂的かつ持続可能な経済成長、生産的な完全雇用及びディーセント・ワーク（働きがいのある人間らしい仕事）を推進する」と定義されています。このゴールに設定された12のターゲットのうちの一つに「2030年までに、若者や障害者を含むすべての男性及び女性の、完全かつ生産的な雇用及び働きがいのある人間らしい仕事、並びに同一労働同一賃金を達成する」と定められています。

　様々な事情でフルタイム勤務の正社員として働くことができない、または自らフルタイム勤務の正社員という働き方を選ばない人たちが増えている中で、雇用形態を問わず、従業員一人ひとりが自身の能力と適性を生かし、働く喜びを感じながら働くことができる就業環境を整備していくことが望まれます。そのために企業は、収益を上げて非正規社員を含めた労働条件の向上を図ることはもとより、個々の従業員の能力や成果を公平・公正に処遇すること、ワークライフバランスに配慮すること、各自を自律した個人として尊重し意見を出してもらいやすい職場づくりをすることなどに取り組む必要があります。

# 4 会社のニーズと働く個人の ニーズのマッチング

　これからの時代、会社が従業員に求めるのは、各自が自らの能力の開発・向上に努め、自身の能力を活かして相互に協力し合い、効率よく業績向上に貢献してくれることにあります。一方、従業員が会社に求めるのは、自分の能力・適性に合った仕事に、自分の人生観や価値観、ライフスタイルに合った働き方で就業することです。

　ここでは、会社のニーズと個人のニーズを掘り下げたうえで、それぞれをどのようにマッチングさせていくかについて考えてみましょう。

## 1 会社のニーズ…自律した者同士が協力し合うことからの業績貢献

　ラグビー・ワールドカップ2019で日本代表チームは、ジェイミー・ジョセフ・ヘッドコーチがチームのスローガンとして掲げた「ワンチーム」を胸に一致団結して戦い、強豪国を次々と破りました。準々決勝では、優勝した南アフリカに惜しくも敗れましたが、私たち日本人に大きな感動を与えてくれたことは記憶に新しいものがあります。個々の選手の力は強豪国の選手に及ばなかったかもしれませんが、結束力や情熱などチーム力の素晴らしさをあらためて見せてくれました。

　言うまでもありませんが、企業の継続的発展には、常に収益力の向上が避けては通れません。そのためには、職場の従業員同士、ひいては会社全体が「ワンチーム」になることが必須ともいえるのではないでしょうか。

　大企業に比べ、中小企業では総じて経営の意思決定が早く、経営方針や経営戦略が早期に末端の従業員まで浸透することがメリットとして挙げられます。社内のコミュニケーションを活性化させ、会社と従業員の信頼関係や従業員同士の良好な人間関係を築くことができてくると、

チーム力もアップしていきます。その組織を構成するメンバーの個々が
自律し、かつ業績貢献度が高ければ、変化への対応力も生み出します。
このことは、組織を的確に管理するマネジメント、組織の目標達成に向
けて前進するリーダーシップによって、スピーディーに事業活動に活か
すことができるということを指しています。

　すでにジョブ型雇用の時代に入った、とはよく言われていますが、多
くの中小企業では、求職者を採用選考する際に、自社のメンバーの一員
とするにふさわしい人材であるかどうかを見極めたうえで、従事しても
らう職務の遂行に十分なスキル、能力、適性があるかどうかを判断して
いることには変わりありません。その人が特定の職務に関し高いスキル
や能力があるとしても、配属された職場でメンバーの一員としては歓迎
されない場合（「ワンチーム」の一員として職場のメンバーたちから承
認されない場合）、事業規模が小さいゆえに、配置転換にも限界があり、
その会社での勤務を継続することが困難になっていくからです。

　このように考えてみると、中小企業では、自分自身の能力・適性をわ
きまえたうえで自ら能力の開発・向上に努め、コミュニケーション能力
が高く、相互に協力しあえる総合的センスのある人材であることが必要
条件となり、そのうえで、職務の遂行に十分なスキルや能力があり、高
い業績貢献度が期待できる人材が求められているといえるのではないで
しょうか。大企業と同じ目線ではうまくいかないという現実について、
残念ながら一般的に理解されているとはいえないもどかしさを感じます。

## 2　働く個人のニーズ…理解ある職場で働く

　個人に目を向けると、ライフスタイルは多様化し、働き方も多様化し
てきています。人生観や価値観も多様化し、人によって企業に求める
ニーズも様々でこれまでのような人事マネジメントでは対応できなく
なってきていることに注目する必要があります。

## 3 会社のニーズと働く個人のニーズのマッチング

　この求人難を乗り越えていくために、会社のニーズと働く個人のニーズをどのようにすればマッチング（適応）できるのか考えてみましょう。

　期待する人材を市場で求めていくためには、求人活動を会社の重要な戦略として位置づけ、以下のような一連の業務フローを作成するとともにこれに従って進めていくことが効果的です。

① 自社の経営課題を具体的に洗い出し、自社が従業員全員に求める仕事に対する基本的な姿勢、適性、能力等（採用選考するうえでの最低必要条件）を洗い出してみる

② 求人する際の職務の具体的内容を書き出す

　　1）その職務をタスク（仕事の小さい単位を指す）ごとに分け、タスクごとの内容をその会社独自の言葉にしてみる

　　2）それぞれのタスクにどのような責任が求められるのか明らかにする

　　3）それぞれのタスクに求められる能力（職務遂行能力）、スキルおよび適性を明らかにする

③ 求人を行う職務に当てはまる労働条件（労働時間、休日、賃金額など）を具体的に設定してみる

④ 採用に関する可能な予算の概算を出し、この範囲内での求人に最適な方法を複数挙げてみて検討を重ねる

　　1）ハローワークを通じて募集する

　　2）自社のホームページに求人募集ページを掲載する

　　3）インターネットの求人サイトに広告を掲載する

　　4）その他

⑤ この求人の選考基準を定め、選考基準を満たす人を採用するために最適な選考方法を絞り込む

　　1）書類面からの選考

　　2）一次面接（人事担当者との面接）

　　3）採用試験（求人の職務に求められる能力や適性など、判断しうる内容を都度、考えてみる）

　　4）最終面接（社長、役員や所属部署の幹部などとの面接）

　この業務フローに従って1人の正社員を採用するための求人活動をしても、求める人材がなかなかみつからないときも現実では少なからずあります。その場合、②で書き出したタスクのすべてを1人の正社員に任せるというのではなく、頭を柔らかくして、例えば2人のパートを採用して各人の能力、スキルや適性に応じたタスクの振り分けを行って総合的に仕事を任せていくことが可能かどうかなどの検討を行うということも今後は必要になってきます。

　例を挙げてみましょう。正社員の募集に小学4年生の子をもつ母親からの応募がありました。子供が中学に進学するまでは1日の所定労働時間をできれば6時間にしてもらえないかとの相談がありました。最低の必要条件を満たすことは言うまでもありませんが、職務経験、能力、スキル、適性が選考基準を満たしているならば迅速に採用を決断することも考えられます。この場合、正社員とパートの待遇差がなければ、正社員の所定労働時間数に満たない時間を削減した賃金を設定して、当面パートとして勤務することを本人に提案します。

　ただし、職務の量をみると本人が時間的にやりきれないとすれば、主な職務の補助業務を切り出してみて、これを担う人（例えば、幼児2人をもつ母親で、週3日、1日当たり4時間ずつ勤務できる人）をさらに1人補助パートとして採用することも現実案として考えられるのです。このようにこれまでの延長ではなく柔軟に対応することによって、人材の選択肢が一気に広がることになるわけです。異なる能力の2人が協力しあう体制を整えることによって、お互いの残業時間を抑制する効果も期待できるでしょう。このような採用は、小学4年生の子をもつ母親にとっても、幼児2人をもつ母親にとっても、それぞれの事情に合致しているので、働きやすい職場となることはいうまでもありません。このように、それぞれの長い人生にとってその時その時点において、働きやすい職場として示せるかどうかが、今後の企業経営のカギを握るともいえるのではないでしょうか？

　これからの求人活動では、現在は選考基準に届かないけれども伸び代があって一定期間職務に従事することによって会社の求める人材になりうる人と、そうでない人とを見極めていくことが重要です。避けなくて

はならないのは、人手がなくて困っているからといって、会社の求める人材になりそうもない人をその場しのぎで採用することなのです。

さて、会社のニーズと働く個人のニーズのマッチングにおいて、採用の次に大切なことは、処遇面になります。

上述のケースのように、仮にパートの1人に正社員と同じ内容の仕事を同じ責任をもって担当させ、もう1人にはその補助業務を担当させるとした場合、前者の人に対しパートという理由だけで正社員の賃金水準を相当下回る賃金額を支給するとなるとどうなるでしょうか。例えば、正社員なら時給換算で1800円支払うところ、このパートに支払う時給を一般的なパートの相場だけを参考にして1100円に設定したとします。これまではパートは賃金が低いという先入観をもって応募する人も確かにいたかもしれませんが、これからはそうはいきません。意識が高い人であれば、正社員との歴然とした差を知ったとき、モチベーションが明らかに下がることは目に見えています。

一方、補助業務のみを担当するパートであったとしても、その業務の内容や責任の程度、その他の事情を総合的に考慮して、福利厚生面まで含めた待遇それぞれについて、正社員と不合理なまでの差を設けることは、パートのモチベーションに悪影響をきたすことが想定され、見直す必要がでてきます。

例えば、正社員には入社日に年次有給休暇が10日付与されるとします。週3日勤務のパート（雇用契約の期間の定めのない契約で勤務）に、労働基準法の定めに従って入社日から6ヵ月経過した日に年次有給休暇を付与することとされていたら、このパートは不合理な待遇差だと感じるのではないでしょうか。

なお、短時間・有期雇用労働法には、どのようなことが不合理な差であるかの判断基準が具体的に示されているわけではありません。運用の手がかりとしては「同一労働同一賃金ガイドライン（2018年12月28日厚生労働省告示第430号）」に示されています。

これらを参考にしつつ、人事責任者や担当者自らがパートの立場に立って、各待遇について正社員とどのような差があれば不合理と感じることになるのか、ここに焦点を当てて手当など一つひとつ検討し判断を

迫られることになります。

　全社一丸になってという表現があります。

　非正規社員も、会社の業績の向上に寄与する立場にあることは間違いないということを念頭に置く必要があります。会社と従業員および従業員同士がお互いを尊重して気を配りつつ、信頼関係をもって働くことができる職場づくりを目指していけば、ワンチームとしての連帯感が生まれ、これが市場における新たな競争力にも結び付きます。

　一中小企業であっても、それぞれの企業の特性を発揮しつつ、多様な人材が意欲的に働くことができる就業の場を提供することは、構成員たる従業員の幸福度が増すことにもなり、それによって企業の生産性もいっそう向上していくことが見込まれます。

　アメリカの心理学者、エド・ディーナー氏らの研究によれば、幸福度の高い従業員はそうでない従業員に比べ、「創造性は3倍、生産性は31%、売上げは37%高い」ということです。

　さらには、従業員の幸福度が増すことで、働きやすい企業として求職者の目に留まり、インターネットを通じて広く一般社会に好印象を与えることにも結び付きます。それはすなわち中小企業であっても、その企業が求める人材の確保につながっていくことが期待できるのです。

■ 使える！　資料集 ■

## ■資料1-1　在宅勤務規程

　在宅勤務について、従業員自身が希望するケースと会社が従業員に指示するケースの双方に対応した規程案です。労働時間について、在宅勤務の場合は「フレックスタイム制」の適用が望ましい場合もあります（家族も在宅勤務の場合など）。この規程案では「事業場外みなし制」を適用しないことを前提にしており、そのために従業員はいつでも会社と連絡が取れる状態にしておくことを第5条（服務規律）で定めています。

## ■資料1-2　正社員と正社員以外の雇用形態の従業員との処遇比較表

　処遇ごとの比較表です。「あり」となっていても、その内容が正社員とは異なっていることも多々あるのでご注意願います。

　次の段階として、それぞれの処遇ごとにその処遇の内容を詳細に記した定め（雇用形態別の就業規則や賃金規程の条項など）を並列した表を作成することも考えられます。その際には正社員との均等・均衡待遇の視点から処遇ごとに改定の必要があるか否かを検討し、改定する場合にはその内容を具体的に定めます。

## ■資料1-3　有期雇用契約社員　雇用契約書

　以下の①から⑧までの事項について定めをした場合には、記載しなければならないのでご注意願います。（①退職金制度がある場合、適用される従業員の範囲、金額の決定・計算方法・支払方法、支払時期　②臨時に支払われる賃金、最低賃金額　③従業員に負担させる食費、作業用品など　④安全・衛生　⑤職業訓練　⑥災害補償・業務外の傷病扶助　⑦表彰・制裁　⑧休職）

## ■資料1-4　無期労働契約転換申込書＆無期労働契約転換申込受理通知書

　当初は有期労働契約で勤務していた従業員が、無期労働契約への転換を会社に申し込むときの書式です。上段の申込書を会社に提出し、会社は有期労働契約期間の確認をしたうえで問題がなければ下段に必要事項を記入し本人に渡します。申込書には申込みができる二つのケースを明記してあります。いずれかのケースに該当していれば、会社は次の労働契約から無期に転換しなければならないことになっています。

| 資料 | 1-1 ▶在宅勤務規程 |

# 在　宅　勤　務　規　程

## 第1章　　総　則

（在宅勤務制度の目的）

第1条　この規程は、株式会社●●●●（以下「会社」という。）の従業員
　　が在宅で勤務する場合の必要な事項について定めたものである。

（在宅勤務の定義）

第2条　この規程で「在宅勤務」とは、従業員の自宅、その他自宅に準ず
　　る場所（会社があらかじめ承認した場所に限る。）において情報通信機器
　　を利用して業務に従事することをいう。

## 第2章　　在宅勤務の適用、在宅勤務時の服務規律

（在宅勤務の対象者）

第3条　在宅勤務の対象者は、就業規則第●条に定める社員、契約社員就
　　業規則第●条に定める有期契約社員および無期契約社員であって、次の
　　各号のいずれかに該当する者とする。

　⑴　在宅勤務を希望し、本規程第4条第1項の手続きを経て会社の許可
　　を受けた者

　⑵　会社から在宅での勤務を指示された者◀

2　会社が従業員に在宅勤務を許可し、または指示するに当たり、従業員
　　の在宅での執務環境およびセキュリティ環境を確認し、これらが適正で
　　あると認められない者、または家族の理解が得られない者には、在宅勤
　　務を認めない。

> 緊急事態宣言期間中など、本人の希望がなくても
> 会社が在宅勤務を指示できることとしました。

（申請の手続き）

**第4条** 在宅勤務を希望する者は、所定の許可申請書に必要事項を記入の上、遅くとも在宅勤務希望日の前日までに、所属長に提出し、所属長の許可を受けなければならない。

2　会社は、業務上その他の事由により、前項による在宅勤務の許可を取り消すことがある。

（在宅勤務時の服務規律）

**第5条** 在宅勤務に従事する者（以下「在宅勤務者」という。）は、就業規則第●章（服務規律）または契約社員就業規則第●章（服務規律）、並びにセキュリティガイドラインに定めるもののほか、次に定める事項を遵守しなければならない。

(1)　在宅勤務の際に所定の手続きに従って持ち出した会社の情報および作成した成果物を第三者が閲覧、コピー等しないよう最大の注意を払うこと。

(2)　勤務時間内は常時電話対応および出社・外出要請に対応できること。

(3)　在宅勤務中は業務に専念すること。

(4)　第1号に定める情報および成果物は紛失、毀損しないように丁寧に取り扱い、確実な方法で保管・管理しなければならないこと。

(5)　在宅勤務は、必ず自宅または自宅に準ずる場所としてあらかじめ会社の承認を受けた場所で行うこと。

(6)　在宅勤務の実施に当たっては、会社の情報の取扱いに関し、セキュリティガイドラインおよび関連規程類を遵守すること。

2　会社は、前項の定めに違反した者が生じた場合、またはその他の不都合な事情が生じた場合、全部または一部の在宅勤務者に在宅勤務を途中で止めさせることがある。

### 第3章　　在宅勤務時の労働時間等

（在宅勤務の労働時間）

**第6条** 在宅勤務時の労働時間については、原則として、就業規則第●条、

契約社員就業規則第●条の定めるところによる。

2　前項にかかわらず、会社の事前承認を受けた場合、始業・終業時刻を変更することができる。

3　育児休業等に関する規程第●条または介護休業等に関する規程第●条に基づき、育児または介護のための所定労働時間の短縮措置の適用を受けている者が在宅勤務をする場合、その者の始業・終業時刻、所定労働時間は、当該規程の定めるところによるものとする。

4　傷病の治療をしながら業務に従事する者について、医師の意見を聴いたうえでその者の所定労働時間を一定の期間短縮する場合、その者の始業・終業時刻、所定労働時間は、当該一定の期間につき、会社とその者とで話し合って決めたところによるものとする。

**（フレックスタイム制適用者の労働時間）**

> フレキシブルタイムの例です。

**第7条**　前条の定めにかかわらず、一賃金計算期間中に在宅勤務をすることが見込まれる従業員がいる場合、会社は当該賃金計算期間において、その者にフレックスタイム制を適用することがある。

2　フレックスタイム制が適用される者の始業・終業の時刻については、当該フレックスタイム制適用者の自主的決定に委ねるものとする。ただし、自主的決定に委ねる時間帯は、始業時刻については午前6時から午前10時まで、終業時刻については午後3時から午後10時までとする。

3　午前10時から午後3時までの間（休憩時間を除く。）については、原則として所定の業務に従事しなければならない。

> コアタイムの例です。

4　フレックスタイム制に関する詳細は、「フレックスタイム制に関する協定書」の定めるところによる。

> 他の家族も在宅勤務であったり、子供の面倒を見ながらの勤務ですと、休憩が伸びたり休憩回数が多くなったりすることがあります。

**（休憩時間）**

**第8条**　在宅勤務者の休憩時間については、原則として就業規則第●条または契約社員就業規則第●条の定めるところによる。ただし、家庭の事情等により休憩をとる時間帯を変更する場合、または休憩の回数を増やし休憩時間を出社時より多く取る場合は、その旨、事前に所属長に連絡し、承認を得るものとする。

**（移動時間）**

**第9条** 在宅勤務をしている日において、在宅勤務者の意思により自宅または自宅に準ずる場所（会社が指定した場所に限る。）と会社との間を移動した場合の移動時間は、原則として労働時間として扱わず休憩時間として扱う。

2　前項にかかわらず、在宅勤務をしている日において、会社より出社を指示され会社に出社する場合、または業務上の事由により移動する場合（取引先等に出向くなど）は、当該移動に要する時間を労働時間として扱う。

**（所定休日）**

**第10条** 在宅勤務者の休日については、就業規則第●条または契約社員就業規則第●条の定めるところによる。

**（時間外労働および休日労働等）**

**第11条** 在宅勤務者が時間外労働、休日労働および深夜労働をする場合は、事前に所定の手続きを経て所属長の許可を受けなければならない。

2　時間外労働および休日労働について必要な事項は、就業規則第●条または契約社員就業規則第●条の定めるところによる。

3　時間外労働、休日労働および深夜の労働については、賃金規程第●条または契約社員就業規則第●条に基づき、時間外勤務手当、休日勤務手当および深夜勤務手当を支給する。

**（欠勤等）**

**第12条** 在宅勤務者が、欠勤をし、または勤務時間中に私用のために勤務を一部中断する場合は、事前に所属長に申し出て許可を受けなければならない。ただし、やむをえない事情で事前に申し出ることができなかった場合は、事後速やかに所属長に届け出なければならない。

2　前項の欠勤、私用による業務中断中の賃金については、賃金規程第●条または契約社員就業規則第●条並びにフレックスタイム制に関する協定第●条の定めるところによる。

第4章　　在宅勤務時の勤務等

**（業務の開始および終了の届出）**

**第13条**　在宅勤務者は、勤務の開始および終了について、勤怠管理ツールに記録することにより届け出なければならない。

**（業務報告）**

**第14条**　在宅勤務者は、定期的に、または必要に応じて、会社の定めるビジネスコミュニケーションソフトウェア、電話または電子メール等で、所属長に対し所要の業務報告をしなければならない。

**（在宅勤務時の連絡体制）**

**第15条**　在宅勤務時における連絡体制は次のとおりとする。

(1)　事故・トラブル発生時には所属長に連絡すること。なお、所属長が不在の場合は所属長が指名した代理の者に連絡すること。

(2)　前号の所属長または代理の者に連絡が取れない場合は、人事総務部に連絡すること。

(3)　社内において従業員への緊急連絡事項が生じた場合、在宅勤務者には所属長が連絡すること。なお、在宅勤務者は、不測の事態が生じた場合に確実に連絡が取れる方法をあらかじめ所属長に連絡しておくこと。

(4)　情報通信機器に不具合が生じ緊急を要する場合は、システム部に連絡を取り指示を受けること。なお、システム部に連絡するも連絡が取れないときは、会社が契約しているシステムサポート会社に直接連絡を取ること。いずれの場合も、事後、速やかに所属長に報告すること。

(5)　前各号以外の緊急連絡の必要な事項が生じた場合は、前各号に準じて判断のうえ、対応すること。

## 第5章　　在宅勤務時の給与等

**（給与）**

> 通勤手当の支給基準を定めておくことをお勧めします。

**第16条**　在宅勤務者の給与については、賃金規程または契約社員就業規則
　　第●章の定めるところによる。

2　前項の定めにかかわらず、通勤手当については、在宅勤務（在宅勤務
　を終日行った場合に限る。）した月における1ヵ月の通勤定期券代相当額
　と実際に通勤に要した自宅と会社の往復交通費の実費を比較して低額と
　なるほうの額を支給する。この場合、賃金規程第●条または契約社員就
　業規則第●条にかかわらず、通勤手当は、当月1日から当月末日までの
　1ヵ月分を翌月の賃金支払日に支給する。

3　在宅勤務が一賃金計算期間の所定労働日数の半分以上のときは、当該
　賃金計算期間につき、在宅勤務手当として●●円を支給する。

> 在宅勤務手当を支給する場合、支給基準を定めておくことをお勧めします。

**（費用の負担）**

**第17条**　在宅勤務に伴って発生する水道光熱費、会社が貸与する情報通信
　　機器を利用する場合の通信費は、在宅勤務者の負担とする。

2　業務に必要な郵送費、事務用品費、その他会社が認めた費用は会社の
　負担とする。

3　その他の費用については、在宅勤務者の負担とする。

**（情報通信機器・ソフトウェア等の貸与等）**

**第18条**　会社は、在宅勤務者が業務に必要とするパソコンを貸与する。な
　　お、当該パソコンに会社の許可を受けずにソフトウェアをインストール
　　してはならない。

## 第6章　　災害補償、健康管理

**（災害補償）**

**第19条**　在宅勤務者が自宅または自宅に準ずる場所（あらかじめ会社の承

認を受けた場所に限る。）で業務に従事している間に災害に遭ったときは、就業規則第●条または契約社員就業規則第●条の定めるところによる。ただし、私的行為を要因とする災害については、この限りでない。

**（健康管理）**

**第20条**　在宅勤務者は、自己の健康を保持するために次の各号を守らなければならない。

(1)　恒常的な時間外労働、休日労働、深夜労働をしないこと。

(2)　適宜、体操をするなど、体の負荷を軽くするよう努めること。

(3)　適正な執務環境（照明、椅子の高さ、温度等）を保つこと。

(4)　その他、前各号に準ずる事項として会社が都度、定めて通知した事項を守ること。

**（安全衛生）**

**第21条**　会社は、在宅勤務者の安全衛生の確保および改善を図るため必要な措置を講じる。

2　在宅勤務者は、安全衛生に関する法令等を守り、会社と協力して労働災害の防止に努めなければならない。

**附　　　則**

1　この規則は、令和●年●月●日より施行する。

---

厚生労働省　モデル「テレワーク就業規則」（在宅勤務規程）をベースに作成しました。

**資料 1-2 ▶ 正社員と正社員以外の雇用形態の従業員との処遇比較表**

| 項　目 | | 正社員 | 定年後再雇用者 | 契約社員 | パート |
|---|---|---|---|---|---|
| 人数 | 本社 | ●名 | ●名 | ●名 | ●名 |
| | ●●支店 | ●名 | ●名 | ●名 | なし |
| | ●●支店 | ●名 | ●名 | ●名 | なし |
| | ●●工場 | ●名 | ●名 | なし | ●名 |
| 週の所定労働日数 | | 5日 | 4日の者<br>5日の者 | 5日 | 3日の者<br>4日の者<br>5日の者 |
| 主として従事する業務の変更 | | あり | なし | なし | なし |
| 配属先事業所の異動 | | あり | なし | なし | なし |
| 配属先事業所内異動 | | あり | なし | なし | なし |
| 昇進・昇格 | | あり | なし | なし | パートとしてのグレード異動あり |
| 子供手当 | | あり | なし | なし | なし |
| 住宅手当 | | あり（世帯主である者のみ） | なし | なし | なし |
| 通勤手当 | | あり（上限3万円/月） | あり（上限3万円/月） | あり（上限3万円/月） | あり（上限1万円/月） |
| 法定時間外勤務手当割増率（月60時間迄） | | 28％増 | 25％増 | 25％増 | 25％増 |
| 賞与 | | 夏・冬・決算期 | 夏・冬 | なし | なし |
| 慶弔金 | | あり | あり | なし | なし |
| 慶弔休暇 | | あり | あり | なし | なし |
| 記念日休暇 | | あり | なし | なし | なし |
| 私傷病等休職 | | あり | なし | なし | なし |
| 代休 | | あり | なし | なし | なし |
| 永年勤続表彰 | | あり | なし | なし | なし |
| スポーツクラブ割引利用制度 | | あり | あり | なし | なし |

※比較した結果をもとに、改める必要がある事項についてどのように改定するかを検討する。

**資料 1-3 ▶ 有期雇用契約社員　雇用契約書**

# 有期雇用契約社員　雇用契約書

年　月　日

| 雇用者（甲） | 被雇用者（乙） |
|---|---|
| 事業主 所在地：<br>事業主 名称：<br>代表者役職：<br>代表者氏名：　　　　　印 | 現住所：〒<br>Tel. ：（　　）　　－<br>氏　名：　　　　　印<br>生年月日：□昭和 / □平成　年　月　日 |

<甲→乙> 次の労働条件で契約します。 / <乙→甲> 次の労働条件で勤務することに合意します。

**契約期間**
→契約更新： □なし / □更新する可能性あり（□6ヵ月ごと / □1年ごと）①
　　年　月　日から　　年　月　日まで

**就業の場所**
所属事業所名称：
所在地：
※在宅勤務の場合、乙の自宅または自宅に準ずる場所としてあらかじめ甲の承認を受けた場所②

**従事すべき業務の内容**③

**始業・終業の時刻、休憩時間、所定時間外労働の有無に関する事項**

1. 始業・終業の時刻等③
・所定労働時間は1日8時間以内、週40時間以内とし、各日の始業・終業時刻は、毎月定める勤務シフトによる。
・始業・終業時刻の主なパターンは次のとおりとするが、乙の同意を得て次のパターンによらないシフトを設定することもある。
　i）午前　時　分～午後　時　分 ii）午前　時　分～午後　時　分 iii）午後　時　分 日までに甲乙でこの勤務を調整する。
・シフトは月ごとに甲が定め前月　日までに乙に明示する。設定にあたり前日　日までに甲が乙の希望を聞き調整する。

2. 休憩時間：　分④

3. 法定時間外労働（所定労働1日につき8時間超または週は8時間超の勤務）：●曜日起算　40時間超の勤務）： □なし / □あり⑤

4. 深夜労働（午後10時以降午前5時までの時間帯の労働）：●曜日、●曜日⑤
法定休日労働（午後10時以降午前5時までの週に7日間勤務した場合の●曜日の労働）： □なし / □あり

**休日**
□定例日：●曜日、●曜日、祝日、祝日の振替休日、国民の休日 / 非定例日：●曜日⑧
□月別シフト表に定めるとおりとする。⑦

**休暇**
契約社員就業規則第●章、育児・介護休業に関する規程に定めるとおりとする。⑥

**賃金**
1. 基本賃金： □月給制：月給＿＿＿円 / □時給制：時給＿＿＿円
2. 割増賃金 ①法定時間外労働：算定基礎時給×25%割増
　②深夜労働（午後10時以降午前5時までの時間帯の労働）：算定基礎時給×25%割増⑨

記述の各ポイントは次頁以降を参照。

③法定休日労働（●曜日を起算日とした週に7日間勤務した場合の●曜日の労働）：算定基礎時給×35%割増 ⑩
通勤定期券代相当額または往復交通費の実費のうち、いずれか低い額を支給。

3. 通勤手当　本手当は割増賃金の算定基礎に算入しない。
4. ●●手当　1ヵ月につき　●●円（本手当は割増賃金の算定基礎に算入する）
5. 賃金締切日　毎月　●日
6. 賃金支払日　翌月　●日（乙の同意を得ることができれば銀行振込み）
※乙が金融機関の定休日に当たる場合は、●日直前の金融機関営業日
7. 本契約期間中の昇給：□なし／□あり
8. 賞与：□なし／□原則として●●（●月、●月）※ただし、会社業績により支払うことができないこともありうる。 ⑩
9. 退職金：□なし／□あり

退職、契約更新基準、雇止め・解雇に関する事項 ⑫

1. 雇用契約の上限：65歳　65歳以上の再雇用制度：□なし／□あり（原則として●●歳まで） ⑪
2. 自己都合退職の手続き：退職を決意した段階でできるだけ早く所属長に書面にて申し出ること。
3. 自然退職の取扱い
乙が無断で欠勤し、甲に届出のある乙の連絡先に連絡しても連絡不能となり、乙の居所不明で雇用手続きをとることができず、無断欠勤の日数が30日に及んだときは、最終出勤日を退職日とみなし、最終出勤日の翌日から起算して30日目の日を退職日として取り扱う。 ⑬
4. 次の基準により契約更新の有無を判断する。（「契約更新する可能性あり」の場合）
・契約期間満了時の業務量　・乙の業務量　・乙の健康状態
・乙の従事している業務の進捗状況　・乙の勤務態度　・乙の業務遂行能力　・乙の勤務実績　・甲の経営状況 ⑭
5. 雇止めの事由
次の事由に該当したときは雇止めをする。
・前回の更新時に本契約を更新しないことが合意されている　・乙の所属部署の統廃合（他部署への配置転換困難）　・乙の業務遂行能力不良　・乙の職務命令違反　・甲の経営困難
・乙の健康状態の悪化により担当業務に耐えられないと見込まれたとき ⑮
6. 解雇
・契約社員就業規則第●条に定める解雇事由または同条第●条に定める懲戒解雇事由に該当したときは解雇する。
・契約社員就業規則第●条に定める解雇事由に予告をして解雇するか、または30日分の平均賃金を解雇予告手当として支払う。
・甲の経営困難
退職の日または、解雇予告手当の支払日から起算して30日目の日とする。ただし、この場合、解雇予告の日数が、解雇予告手当を支払った日数に応じた日数が短縮することがある。 ⑯

その他　休職、無期転換、その他、本雇用契約書に記載がない事項については、契約社員就業規則の定める事項にかかる相談 ⑰

相談窓口（※）　担当部署：　　担当者：　　（※）雇用管理の改善等に関する事項、契約社員就業規則の定める事項にかかる相談 ⑱

<乙→甲> □上記の契約社員就業規則参照箇所について、該当する条項の確認をしました。
<甲→乙> ※契約社員就業規則他諸規程は、甲のサーバー内に保管されているので、いつでも閲覧可能です。
※本契約期間中に乙の所属事業所または乙の担当業務を変更することがあります。

「有期雇用契約社員　雇用契約書」作成のポイント解説

❶ほとんどの場合、契約更新は「なし」か「可能性あり」です。契約更新について、「あり」と断言しないように注意してください。どれくらいの期間ごとに更新するかは任意に定めてください。

❷在宅勤務がありうる場合、記載してください。

❸変形労働時間制を適用せずに、シフト勤務を適用することとしています。始業時刻・終業時刻は雇用契約書に必ず記載を要する事項です。シフトによって異なることがありうる場合も、主なパターンの記載が必要です。

❹労働基準法では次のとおり定められています。

| 1日の労働時間 | | |
| --- | --- | --- |
| 6時間以内 | 6時間超8時間以内 | 8時間超 |
| ↓ | ↓ | ↓ |
| なし | 45分 | 60分 |

この定めより休憩時間を長くしても構いません。

❺週の起算曜日を就業規則や雇用契約書で定めておかない場合、行政では自動的に日曜日起算と考えることになります。

❻「4．深夜労働」「5．法定休日労働」の記載は省略しても構いません。

❼休日があらかじめ決まっている場合とシフトで定める場合のいずれかを選択できるようにしてあります。

❽週休3日制などを適用する場合、正社員の定例の休日のほか、特定の曜日を休日にすることになるので、非定例日にその休日を記載できるようにしてあります。

❾2023年4月1日より、中小企業でも1ヵ月60時間超の時間外労働にさらに25%増の割増率（60時間超の時給＝基本賃金時給×(1.25＋0.25)）が適用されます。

❿月のうち、何日か在宅勤務がある場合、このように支給基準を定めておいたほうがいいでしょう。

⓫有期契約の場合、定年という概念がないので、このように定めてあります。

⓬この定めを就業規則と雇用契約書に記載しておくことをお勧めします。この定めがないと行方不明者との労働契約を解消するに当たり、公示送達の手続きによらなければなりません。

⓭健康不良で契約更新しないケースが多いので、必ず記載することをお勧めします。

⓮「4．契約更新の基準」により雇止めするケースを列挙しました。

⓯労働契約法で、期間の定めのある労働契約について、「やむを得ない事由がある場合でなければ、その契約期間が満了する日までの間に労働者を解雇することができない。」と定められています。有期契約社員を労働契約の期間の途中で解雇する場合、やむを得ない事由があることを会社が労働者に立証しなければなりません。この定めがあっても現実的には解雇は相当困難です。

⓰短時間・有期雇用労働法により、正社員でない者について労働条件・雇用管理等に関し、相談できる体制を整備すべく相談窓口担当を設置することが義務付けられています。相談窓口担当の示し方は、担当部署名、担当者個人名のいずれでも構いません。

⓱雇用契約書に具体的に記載すると膨大になるときには関係条項を示せば足ります。

⓲本契約期間内において勤務地限定、担当業務限定の場合は、記載不要です。

**資料 1-4 ▶ 無期労働契約転換申込書＆無期労働契約転換申込受理通知書**

株式会社_____
人 事 部 長　殿

申出者

申出年月日　　　　　年　　　月　　　日
所属部署　_____
氏　　名　_____㊞

## 無期労働契約転換申込書

　私は、次の☑をつけた事由により、労働契約法第18条第1項に基づき、次期の労働契約より期間の定めのない労働契約（無期労働契約）への転換を申し込みます。

　□　現在締結している有期労働契約期間の末日までに、通算契約期間が5年を超えるため
　□　有期労働契約期間がすでに通算5年を超えているため

- - - - - - - - - - - - - - - - - - - - - - - - - - - - - - - - - - - - - - - - - - - - - - - - - -

受理年月日　　　　　年　　　月　　　日

_____様

株式会社　_____
人事部長　_____㊞

## 無期労働契約転換申込受理通知書

　貴殿から　　　　年　　月　　　日に提出された無期労働契約転換申込書を受理しましたので、次のとおり通知します。

1. 現契約期間満了日の翌日（　　　　年　　月　　　日）付で無期転換し、雇用形態を
　　□無期契約社員　／　□無期パート　に変更します。
2. 無期転換後の労働条件等については、
　　□契約社員就業規則　／　□パート就業規則　を適用します。
3. 個別に定める処遇等については、別途お渡しする労働条件通知書にてご確認ください。

以　上

注1）契約社員就業規則は、有期契約社員、無期契約社員のいずれにも適用できる内容にしてある前提です。
注2）パート就業規則は、有期パート、無期パートのいずれにも適用できる内容にしてあることが前提です。

## コラム　企業のダイバーシティ経営と働く個人の内的キャリア

### 女性の戦力化を目指したダイバーシティ 1.0

　我が国では、大企業をはじめ多くの企業で正社員として新卒者を一括採用し、年功序列的人事制度・賃金制度のもとに処遇する人事管理が行われてきました。昭和の時代には、新卒者のうち男性は勤務場所や職種が無限定の正社員、女性は正社員として新卒で採用されても男性社員の補助的な業務に従事することが慣例とされていました。

　我が国における「ダイバーシティ（Diversity）」は、1986 年の男女雇用機会均等法の制定施行により、性別による雇用や処遇の格差解消に端を発しました。その後、1999 年の男女共同参画社会基本法、2015 年の女性活躍推進法の制定施行により、女性の戦力化が企業に求められてきました。この流れを経済産業省では「ダイバーシティ 1.0」と呼びます。

### 社会の急速な変化に対応するダイバーシティ 2.0

　しかし、急速に進行している少子高齢化、グローバルな競争激化、産業構造の変化の加速化に対応するには、女性のみならず、多様な人材の戦力化が求められます。そこで、内閣府が「ニッポン一億総活躍プラン」を閣議決定した翌年の 2017 年 3 月に経済産業省は「ダイバーシティ 2.0 行動ガイドライン」を策定し、企業がとるべき 7 つのアクションを打ち出しました。「ダイバーシティ 2.0」は、「多様な属性[※1]の違いを活かし、個々の人材の能力[※2]を最大限に引き出すことにより、付加価値を生み出し続ける企業を目指して全社的かつ継続的に進めていく経営上の取組」と定義され、①グローバルな人材獲得力の強化、②リスク管理能力の向上、③取締役会の監督機能の向上、④イノベーション創出の促進、の 4 つの効果が期待されています。

　我が国の場合、一定の従業員規模以上の企業は、女性の活

コ ラ ム

躍状況、高齢者・外国人・障害者の雇用状況を行政に届け出る必要があります。そのため、まずはそれぞれの属性の人数を確保し、属性に応じた就労環境を整えることに関心が向きがちです。これはダイバーシティの入り口ですが、上述の効果をもたらすためには、「ダイバーシティ＆インクルージョン（Inclusion）」の取組み、すなわち、各人の多様性を、企業も、ともに働く各人も、相互に尊重しあい、各人が組織の一員として活かされている（最大限に自己の力が発揮できている）と感じられるマネジメントが必要とされます。

### 「働くこと」についての各自の思いに心を配る

そこで心しておきたいことは、それぞれの属性を一つのまとまりとしてとらえるのではなく個としてとらえることです。属性が同じ人たちが同じ仕事をしていても、人によってその仕事に対する思いが異なります。働くことの意味、意義、価値観（働きがい、生きがい）が人によって異なるからです。なぜその仕事をしたいのか、なぜこの会社で働きたいのか、の「なぜ」の部分（仕事に焦点を当てた人生に何を求めているのか）が「内的キャリア」であり、この部分に目を向けたマネジメントをすることが有益です。

ある関与先では、女性の活躍を推進するため、女性社員のうち一定割合の者を幹部候補として育成していました。ところが、ある年にこのうちの数人が一斉に退職届を提出し、同社で引き続きパートとして勤務したいと申し出てきたのです。本人たちの退職理由は次のとおりでした。——会社は好きだが、自分の私生活を重視したいので、時間外労働がほとんどないパートの方が気楽である。仕事は好きだが、昇格し、部門運営や部下を指導する立場に負担を感じる——

多様な人材それぞれの外的キャリア（履歴書や職務経歴書に記載できる領域）のみならず、内的キャリアを活かせるように

コラム

　各人に仕事を配分し、適切に処遇することにより、各人のパフォーマンスがより一層上がり、企業として「ダイバーシティ2.0」で求められる効果が期待できるのではないでしょうか。

（住　美賀子）

---

（※１）性別、年齢、人種や国籍、障害の有無、性的指向、宗教・信条、価値観などの多様性だけでなく、キャリアや経験、働き方などに関する多様性も含みます。
（※２）多様な人材それぞれの持つ潜在的な能力や特性などをも含みます。
経済産業省　関東経済産業局　ホームページより抜粋

# 第2章

## 雇用形態からみた
## 新たな働き方

# 1 非正規社員のライフイベントと就業形態

　本章では、雇用者（被雇用者、従業員）側が自らの働き方を選択する中で、非正規社員等がどのような背景があって非正規社員等として働いているのか、それぞれの特徴と短時間・有期雇用労働法との関連を考えてみたいと思います。

　まずは、現在、非正規社員で働く人が、非正規社員等に就いた理由を調査結果からみてみましょう。男女別にみた結果は**図表2-1**のとおりです。職業に対する意識や人生観が多様化するなか、男女別で傾向をとらえること自体に疑問は感じますが、調査をみると性別による違いがはっきりと見て取れるのも事実です。

　これをみると、回答理由の多いのは、男女共に「自分の都合の良い時間に働きたいから」が最も多く、次いで男性では「正規の職員・従業員

**図表 2-1 ▶非正規社員に就いた主な理由（男女別）**

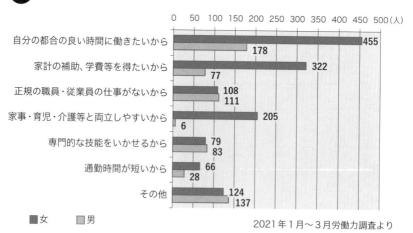

2021年1月～3月労働力調査より

の仕事がないから」、「専門的な技術等をいかせるから」となっており、女性では「家計の補助・学費等を得たいから」、「家事・育児・介護等と両立しやすいから」の順になっています。

このように、非正規社員等に就いている理由が男性と女性で異なっており、個人の人生観や出産育児や介護、または家庭の中での役割分担と就業形態の選択に当たって、少なからず男女間で差があることがわかります。

一生の過ごし方が多様化しているとはいえ、一般的に想定できるライフイベントとしては、卒業、就職、結婚、出産や育児、子の世話、家族の介護、退職ではないでしょうか。そのほかにも、就業可能な世代であっても自身が病気になって治療に専念せざるをえないこともあるでしょう。

社会全体からみると、高齢化とともに就労可能な年数も必然的に長くなってきます。このこととは裏腹に、長い就労可能期間においては、例えば癌や成人病などを発症し、仕事と治療の両立を図らざるをえなくなったり、また障害を持ちながらも仕事を継続していかざるをえなくなったりという状況も多くなってくるでしょう。

このような状況になった場合、個々の状況に応じて勤務時間を短くしたり、または出勤日数を減らしたりすることにより、安心して仕事を続けることができるようになるのではないでしょうか。また、もし元の働き方に戻ることを本人が希望すれば、例えば再び正社員に復帰することなどの措置も今後は考えていく必要があります。そうなれば、本人が希望する仕事のキャリアを蓄積していくことができ、企業にとっても貴重な人材を継続して雇用できるという双方のメリットが期待できるものとなります。

　筆者の関わったサービス業の事例からです。
　その会社のある営業所では、歩行に障害のある従業員を正社員として雇用しています。雇用契約書には営業支援事務を担当する

職務に限定しています。

　特定分野の能力、スキルに優れた社員で、入社前にデータ加工などの業務についてはハローワークの訓練を受講していました。担当職務を行ううえでは、本人の身体的な障害が直接影響することがないことから、人事評価から賃金決定に当たっては、他の正社員と同じ条件としています。

　一方、他の正社員と異なることは、時間外勤務をさせないということです。その理由として、就業時間後に補助用具の定期メンテナンスのために通院しなくてはならないことと、通勤の身体的負担が大きいために、疲労を蓄積させないように配慮したものです。障害のある社員と対等の立場で、よく話しあって労働条件などを決めることが重要だとあらためて思います。

　職場は、業種として営業用の販売促進用品やイベントの立て看板等備品が所せましと置かれてはいますが、その社員の歩行の妨げにならないよう通路の整理整頓を従来以上に心がけるようになりました。

　なお、その社員は水泳大会の地方大会で入賞を果たしたということです。職場の仲間にも大いに勇気を与えたと聞いています。

　また、私たちが現在体験している新型コロナウィルス感染症などのように否が応でも経済活動が大きく変化する時もあります。地球温暖化が言われていますが、大雨や洪水などのような自然災害も、予期せぬ出来事ではなく、いつか起こりうる変化として想定しておくべきでしょう。働く誰しもが、ライフイベントによって、就業スタイルを変えざるをえない時がやってくるということも含めて想定しておく必要があるといえます。

　これに加えて考えておきたいことは、女性のライフイベントと就業選択ということがあります。従来は、多くの女性が結婚や出産を機に退職を選択する傾向があり、20歳代後半から30歳代後半までの間に、いったん労働市場から抜けるいわゆるM字カーブが指摘されていましたが、

**図表** 2-2 ▶ **女性の年齢階級別就業率の推移（1986〜2016年）**

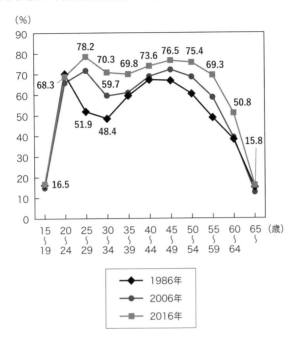

**図表2-2**をみると2016年では、その傾向があまり見られなくなっており、出産や育児休業を取得しながら就業しているか、非正規社員を含めて転職を重ねながら就業を継続しているものと思われます。

　このようにみていくと、雇用者の非正規社員等で就業する人のうち、生活と就業のバランスを考えて自ら非正規社員等を積極的に選択している人と、希望している正社員での就業がかなわず、不本意ながら非正規社員等を選んでいる人の双方が存在することに注目する必要があります。

　例えば、積極的に非正規社員という働き方を選択する人々のなかで、「自分の都合が良い時間に働けるから」または「学費を稼ぎたいから」という人は、将来目指す方向に沿っての準備期間、「家事・育児・介護と両立したいから」という人は、家庭生活の時間と両立する期間という見方が成り立ちます。こうみると当の本人には、その先の具体的な夢

や、世話をしなければならない家族がいるということになります。もしそうであるのならば、企業等が非正規社員等に対して、もう少し就業時間を延長することや、労働時間が長い正社員への転換を提示したとしても受け入れられる可能性は低いと思われます。しかしながら、現在の就業時間に制限がある人に対して、一定の時間帯に短時間で就業するとしても、その就業時間の中で最大の成果を追求することは十分に可能でしょう。働く側に立った労働条件や活用の仕組みを企業等が選択肢を多く用意できるかによって、時間の制約があっても最大の成果を発揮してもらえる余地が大きいというところに注目する必要があります。

　筆者の感覚では、非正規社員等を自らの意思で積極的に選んでいる人は、就業時間とそれ以外に抱えている社会的な役割を両立できる意思と工夫と持ち合わせている人が多いように思います。非正規社員等の個人ごとに持っている長所を積極的に活用していくことが課題となってきていると感じます。事例からみてみましょう。

## 【事例】時間を上手く活用して仕事と生活を両立するパート

　関与先のなかに、昼休みに食事を早々に済ませ、夕飯の食材を買いに行くパートタイマーがいました。夏には生鮮食品が傷まないよう簡易クーラーボックスをロッカーに置き、終業時刻とともにクーラーボックスを片手に帰宅していました。その非正規社員の終業時刻は16時であったので、帰宅の途中に買い物をすることも可能でしょうが、本人にインタビューする機会があったので話を聞いてみると「子供が塾に行くので、帰宅してすぐに調理にとりかからないと時間がない」という理由で、昼休みを有効に使って食材を買うことが日課になっていることがわかりました。

　それから3年経過してからのことです。「子供には手がかからなくなってきたので、今は趣味の読書時間が増えてきて楽しく働いている」と言っていました。よく観察してみると、このように時間の使い方が上手な人は少なからずいます。このパートタイマーは、仕事の納期を守り、計画的に進めていける人材であるとの評価も会社から聞きました。実際に適材適所で、納期が厳格な仕事を任せられる職務に配置されてい

ました。読者の方々の身近な会社などにもこのように時間のやりくりが
非常に上手な非正規社員が多くいることが想像できます。

　次にライフイベントと働き方に影響するもののなかに、税や社会保障
制度、および企業が定める家族扶養手当があります。ご承知のように所
得税法において、配偶者については一定の要件に該当する場合は、配偶
者控除・配偶者特別控除が受けられることになります。また、要件は異
なりますが、健康保険の被扶養者と国民年金の第3号被保険者認定のこ
とについても注意が必要です。

　非正規社員等の配偶者が勤務する多くの企業では、賃金制度で（扶養）
家族手当があり、被扶養者がいる社員に1万円～3万円程度を支給する
ケースなどでは、非正規社員等の中に配偶者の賃金規程についても考慮
したうえで自らの働き方を決めている人もいます。もし非正規社員に配
偶者がいて、夫婦の合計手取り額を最大にすることを優先して考えるな
らば、配偶者が満額の配偶者特別控除、または（徐々に減額されるも
の）一定の控除を受けられる範囲に抑えて働こうという選択は当然起こ
りうる話です。しかしそこには、非正規社員等の配偶者が勤務する企業
の配偶者家族手当の支給要件が立ちはだかることになります。

　もし、非正規社員の配偶者が勤務する会社の賃金規程で「家族手当は
配偶者控除を受けられる配偶者に限定して支給する」と定めている場合
には、年間の給与収入を103万円以下に抑えようと考えるのは当然です。

　一方で配偶者家族手当の受給はあきらめたとしても、健康保険の被扶
養者に認定される年間収入130万円未満で働くことを選択する人も多く
います。このようにどうしても身近な損得で判断する人が多いように見
受けられます。

　しかしながら、健康保険や厚生年金に非正規社員等が自ら被保険者に
なる要件に該当すると、保険料負担が発生する一方で、将来の厚生年金
受給額に反映されることになるわけですし、また仮に病気になって休ん
で給料が支給されなかったときには、休業後4日目から傷病手当金が支
払われることになります。家族単位での手取り額のみに終始することな
く、自らが得られるメリットを長期的かつ総合的にとらえ、勤務時間を

延長したり、正社員転換やパート管理職登用に希望を見出したりする非
正規社員もいるということに注目すべきと考えます。

　以上を踏まえ、それぞれ様々な事情がある非正規社員に対し、長期的
なキャリアアップや育成の観点からもきちんと説明を行い、非正規社員
に対しても昇給制度など賃金水準を上げる仕組みを設けたり、キャリア
アップの過程でより責任のある役職に就かせたりするなど、将来の所定
労働時間の延長も視野に入れて、「長い目でみてこの会社で積極的に働
きたい」と非正規社員からも選ばれる会社に変わっていく必要があると
考えます。

# ② 非正規社員の 働き方のタイプ

　短時間・有期雇用労働法が対象とする非正規社員とは、同じ事業所で働く正社員と比較して、雇用期間を定めて雇用される人や1日の所定労働時間や1週間等の一定期間での労働日数が少ない雇用者となります。しかしながら、筆者が中小企業の経営者の方々と話していると、パートやアルバイトだけが対象だと勘違いしていることも珍しくありません。

　同法の対象となるいわゆる正社員と比較して均等・均衡待遇の適用を受ける人々の働き方のタイプについては、あらためて**序章23頁**を参照願います。

# ③ 非正規社員の働き方の変化

　ここでは、働き方の変化について取り上げたいと思います。政府が推進している働き方改革には、場所や時間的な制約を克服し柔軟な働き方を進めることで、多様な人材が働ける環境を作ることが項目に含まれています。非正規社員等にとって働きやすい環境を目指していくことは、ひいては正社員等にとっても働きやすい施策を打ち出していくことであるともいえます。とは言いながら改革速度は緩やかでしたが、そこに2020年の新型コロナ感染予防対策が加わったことで、多くの企業で雇用者が事業所に日常的に出勤して仕事をするスタイルからの変革を迫られることになりました。

## 1 働く場所の柔軟化

### ①テレワークについて

　テレワークは情報通信技術を活用した、場所や時間にとらわれない柔軟な働き方を指しています。テレワークは、働く場所によって呼び方が異なっており、自宅であれば在宅勤務、移動中や移動の合間に行うモバイルワーク、サテライトオフィス等の施設を使う施設利用型テレワークのほか、リゾート地で行うワーケーションなどが挙げられます。

　テレワークは場所や時間にとらわれないというメリットがあり、時間に制約があって自ら非正規社員の働き方を選択している人には、大変都合がよい働き方であるといえます。

### テレワークに向かない仕事もある

　一方で、テレワークがなじまない業種や職種があります。例えば、食品加工工場の生産ラインで働くパートタイマーのテレワークは難しいでしょう。これは、正社員・非正規社員ともに同様です。さらに、業種でみた場合、飲食業・小売業および介護分野では、人と接して行う業務が中心となっており、一方でこうした現場業務についている比率は非正規社員が高く、この業種ではテレワークがなじみません。このことは2020年からのコロナ禍のなかでも話題になったところです。

　しかし、業種や職種によっては非正規社員にもテレワークが可能で、より多くの非正規社員に活躍の場を与えることになることが期待できます。非正規社員であるという理由だけで、一律にテレワークの対象とはしないと先入観を持つ企業もいまだに多く、非正規社員も対象にすることができるのではないかというこれまでとは異なる発想で検討してみることが大事だと考えます。

### 厚生労働省の見解

　厚生労働省の「これからのテレワークでの働き方に関する検討会報告書」によると、テレワークの対象者を選定する際の課題について、「正規雇用労働者のみをテレワークの対象とし、非正規雇用労働者にはテレ

ワークを認めていないケースもあると考えられる。短時間労働者及び有期雇用労働者の雇用管理の改善等に関する法律及び労働者派遣業の適正な運営の確保及び派遣労働者の保護等に関する法律に基づき、同一企業内において、正規雇用労働者と非正規雇用労働者との間で、あらゆる待遇について不合理な差を設けてはならないこととされている。企業においては、正規雇用労働者、非正規雇用労働者といった雇用形態の違いのみを理由としてテレワーク対象者を分けることのないよう留意する必要がある」となっています。正社員と非正規社員等との間でテレワークの適用に不合理な差をつけてはならず、対象にならないのであれば不公平感がないように労使でよく話し合うようにとしています。

### テレワークの在り方とは

　では、あらためてテレワークの労務管理の在り方について考えてみましょう。社員の職務状況を同じ職場で目視することができないことから起こるテレワークならではの留意点があります。また、とくに在宅勤務の場合、プライベート空間に近い場所で仕事をするため、労働時間とプライベート時間の境界線が曖昧になりやすく管理しづらいということも挙げられます。例えば、非正規社員等で子育てや介護と仕事の両立を図る社員であれば、いわゆる業務の途中での「中抜け」が多く発生することが想定できます。

　労働基準法上は、使用者は始業および終業時間を適正に把握していれば、こうした中抜けの時間については、把握することとしても把握せずにおいてもいずれでもよいということになります。しかしながらトラブルになる要因にもなるので、その扱い方法についてきちんと決めて就業規則やテレワーク規程などで明記し、周知しておくことが求められます。

### 運用上のポイント

　テレワーク中の勤務時間の記録については市販のアプリを使用して勤務時間を記録することも多いですが、Ｅメール報告としている場合に、終業時刻に行うメール報告の時の管理方法として、中抜けを把握して報告させる管理方法と、始業と終業時刻のみを報告させてあらかじめ決め

られた休憩時間を除いた時間全部を労働時間として扱う方法の双方が考えられます。

　テレワークは、一般的には場所や時間に影響されない働き方として提唱されてきたことから、ちょっとした中抜け時間を把握せずに、社員の仕事と生活のバランスを目指した働き方が実現できれば、社員の満足度が向上し、生産性も上がっていくことが期待でき、子育て中の非正規社員等にとって仕事と生活の両立が図られるものと考えます。

　このことから、中抜けした時間があっても、効率よく仕事を進めて結果を出せれば、所定労働時間を働いてもらうことのみに終始しないという、これまでとは異なる管理の仕方に変更することも選択肢の一つであると言えます。しかしながら、問題点としては、所定労働時間の全てを労働時間に充てることができて中抜けしない社員から不満が起こることも考えておかなくてはなりません。たとえ、一つひとつが小さな不満であっても、毎日のように重なってくると無視できない問題となりえます。

　中抜け時間が何分までならば、「報告や時間単位年次有給休暇等を取得する必要がない」などといった細かいルールを定めるとともに、根本的な解決としては、成果の評価を重視していくように人事評価制度の見直しも必要となってくるといえます。一方で、ある一定時間以上の中抜けであれば、休憩時間とするか、年次有給休暇を時間単位で付与する制度を正式に取り入れて、きちんと年次有給休暇を請求させることも考えられます。

　そこで、非正規社員等のテレワーク中の行動で、プライベート時間と労働時間の線引きが曖昧になりやすい行動を以下に列挙してみました。ここで、あらかじめ企業で合理的な判断基準を示しておけば、非正規社員間の不公平感を防止できると考えられます。筆者に相談があったケースからみてみましょう。このように一つひとつは細かい行為かもしれませんが、公平でやる気に結び付くように取扱いを具体的に検討して、ルール化を図っていくことが必要になってきているのです。

**2-3 ▶仕事・プライベートが曖昧になりやすい行動例**

＊以下は筆者の見解です。
（それぞれの企業風土もあるので、企業独自に検討してみてください）

| No | 在宅勤務中の行為例 | 労働時間・誠実勤務義務について |
|---|---|---|
| 1 | キッチンまで行って、飲み物を飲んだ | 出勤時も行っている小休憩程度であれば問題とはしないが、ベランダやリビングに移動し長時間戻ってこない場合は問題となりうる。どの程度で何分までなら良いのか、ヒアリングなどを行って独自のルールを決めると参考になる。 |
| 2 | お菓子を食べた<br>トイレをきっかけに仕事部屋を少し離れた | |
| 3 | 気分転換も含めて、テレワーク机の整頓のために少し掃除をした | 机周りの整頓程度であれば問題にはならず、むしろ仕事の効率化につながることになり望ましいといえる。ただし、部屋全体の掃除は労働時間外に行うべきである。 |
| 4 | 保育所へ子供を迎えに外出した<br>気分転換も含めて家の周りに出てみた | <u>仕事場を離れる行為は、たとえスマホを携帯して上司からの呼び出しに応じられる状態であっても誠実義務違反の懸念がある。煩雑かも知れないが、時間単位の有給休暇を導入することを推奨する。</u> |
| 5 | 家族や子供の学校等からメールが入り、急用の可能性もあるのでメールを読んだ | 緊急性を判断する必要があるものに限っては、まず一読する時間については問題ない。ただし、その後の行為はどの程度までなら良いか具体的なルールを決める必要がある。<br>スマホのニュース通知等で通知が多い場合は、通知表示の頻度を見直すなどを行うべきであるといえる。 |
| 6 | ニュース速報の通知、知人からのSNS通知がスマホに表示されたのでその内容を読んだ | |
| 7 | 終業後の時間がとれないので短時間で風呂の掃除をした<br>洗濯物を取り込んで、たたんでタンスにしまう一連の作業を行った | <u>短時間でも指揮命令下から離れているため労働時間にならない可能性がある。</u>家庭で恒常的に予測される作業であれば、緊急性があるとはいえないので本来なら勤務時間外にすべき行為である。 |

　事務職のアルバイトや派遣労働者で定型業務を行っている非正規社員には、テレワークの適用が可能な職種もあります。

　テレワークを運用し始めるときの具体的な手順を考えてみましょう。テレワーク中であっても、企業としては非正規社員の健康に配慮をする必要があり、またそもそもですが、前提条件として自律的に仕事を進めることができる人材かどうかを見極めることも重要になってきます。在宅勤務であれば、職務ができる環境が整っており、安全衛生法が求める環境を満たすかどうかを確認する必要があります。あわせて、会社が通信機器等で貸与すべきものはどこまで、どのようなものかを検討しておく必要もあります。ここでは、申出によってテレワークの希望を受け、上司が適正等を確認し推薦書を添付し、人事所管の部署が許可する制度を想定した書式を紹介します。

〔資料2-1　テレワーク許可申出書、テレワーク適正チェックリスト、テレワーク勤務辞令（92頁）を参照〕

### ②勤務地限定非正規社員

　雇用される人にとって、転居を伴う転勤は多くの知識と経験を積み、社内外の人材交流を深めることにより、長期的なキャリアアップを図るメリットがあることは事実です。この一方で、生活環境の変化を伴うために負担が大きい制度であることは間違いなく、とくに非正規社員等に転勤をさせるケースは極めて少ないと思われます。これを受けて、非正規社員の場合にはもう少し狭い範囲での転居を伴わない勤務地の変更がどこまで可能かを見極めたうえでの勤務地限定制度とすることが考えられます。

　これについて、同じエリアで小型のスーパーやクリーニング店を複数運営している企業例を挙げて見ましょう。

### 【事例】兼業のために、勤務地の限定を希望する非正規社員

　A店で勤務する非正規社員に対し、B店への異動を命じたとき、本人の事情で「B店では働くことは難しい」といったケースがありました。よく話を聞いてみると、A店から自宅へ帰る途中に兼業でインストラク

ターをしているスポーツジムがあって都合がよかったので勤務したのに、B店勤務になると時間の都合で兼業としてうまくいかなくなるとのことでした。このようなケースでは、非正規社員はA店だけに勤務する勤務地限定とすることが望ましいといえるでしょう。

　さて、非正規社員等を勤務地限定で募集するとき、応募者の中には通勤に公共交通機関を使わないで徒歩や自転車を使って自宅の近くで勤務することを条件として応募してくる人が少なからずいます。この場合、自転車や原付バイクの通勤については、あらかじめ会社が定める要件を満たした場合のみに許可する許可制とすることが考えられます。非正規社員等の安全に加え、交通事故の加害者にならないようにすることもねらいの一つです。筆者は関与先企業に対し、運転に十分注意をして交通事故を起こさない宣言をしてもらうこと、および損害保険に加入することを前提に自転車通勤等を認めることを提案した経験があります。また、万一の時の通勤災害の補償対象として認められるには、生活必需品の購入等、厚生労働省令にあるごく一部の行為を除いて自宅と事業所を合理的な経路で通勤している途中の災害に限定されることから、寄り道をしないように説明をすると同時に通勤経路地図を提出させておくべきです。その書式を紹介します。

〔資料2-2　通勤の特例許可申請書兼誓約書（96頁）を参照〕

　では、異動などの配置転換について、あらためて短時間・有期雇用労働法との関連で考えてみましょう。

　同法第9条をみると、すでにご説明したとおり、非正規社員等の「職務の内容が通常の労働者と同一であって、職務の内容及び配置が当該通常の労働者の職務の内容及び配置の変更の範囲と同一の範囲で変更されることが見込まれるもの」については、短時間・有期雇用労働者であることを理由に基本給、賞与その他の待遇のそれぞれについて、差別的取り扱いをしてはならない」となっています。

　例えば、小売店の店長の役職に就いている人の中に、正社員とパート店長がいるとき、どちらも同じ程度の広さのエリアを担当し複数の店舗

を統括するエリアマネージャーである場合は、両者の差別的な取扱いが禁止されることになるわけです。ただし、よく確認してみると、店舗アルバイトが急に休んで欠員が発生したとき、「正社員のエリアマネージャーは店舗に入って時間外労働を行うが、パートのエリアマネージャーはそれを行うことはない」などといった職務内容の差は実際にありえます。職務内容に応じた基本給等の処遇差であって、しかも適正に説明できるものであれば問題ありませんが、もし両者の差が大きく、合理性を逸脱しているとみなされる場合には、待遇を見直す必要がでてきます。

　一方で、パートのエリアマネージャーを正社員に転換して処遇したほうが会社経営にとっても望ましい場合もありえます。一律にどのように対応すれば良いという単純なものではなく、非正規労働者等の能力ややる気を中長期的にいかに引き出してパフォーマンスを発揮できるかまで検討したうえで差別的取扱いを解消する施策を見つけ出すことが必要だと考えます。

### 2　副業・兼業との関連

　新しい働き方の関連では、時間や組織にとらわれない働き方として副業・兼業があります。

　政府が促進する副業・兼業に関する資料では、「人生100年時代を迎え、若いうちから、自らの希望する働き方を選べる環境を作っていくことが必要であり、副業・兼業などの多様な働き方への期待が高まっています。……」（副業・兼業の促進に関するガイドライン　わかりやすい解説　厚生労働省2020年11月）となっており、副業等は、新たな技術の開発や産業革新、起業や第二の人生の準備として有効であるとしています。

　実のところ筆者は関与先の企業に積極的に副業を取り入れていくよう助言したほうが良いのかどうかしばらくの間悩んでいました。そうこうしている時、副業を推進している企業の人事担当役員がセミナーで、企業にとって副業のメリットは何かという受講者の質問に回答された内容が副業を勧めるきっかけとなりました。それは、「商品開発などの発想

**図表 2-4 ▶副業している人の割合**

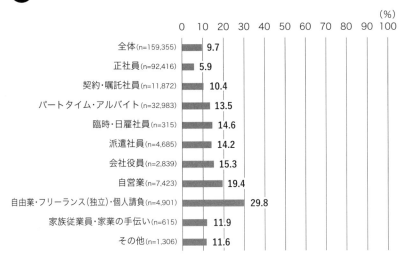

副業・兼業に関する実態把握の内容等ついて　労働政策審議会安全衛生分科会（2020年８月）より

に役立つ人材が育つというよりも、一つの企業に定年まで一心に働くことはマンネリや惰性を引き起こすため、むしろ副業をもって生き生きと仕事に取り組む姿勢そのものから派生して、本業で成果を出せる人材になる可能性に期待している」というものであり、大変印象的なものでした。

　ところで、副業等によって長時間労働を招いて健康に害を及ぼすことになっては、まさに本末転倒です。調査によると、副業をしている人の雇用形態別の割合は、労働者全体からすれば9.7％となっていますが、「契約・嘱託社員10.4％」、「パートタイム・アルバイト13.5％」、「臨時日雇社員14.6％」、「派遣社員14.2％」でした（**図表2-4**）。これに対して「正社員5.9％」ですから、非正規社員等のほうが副業をしている人の割合がかなり高いことがわかります。

　これを受けて、非正規社員等の一人当たりの労働時間が過重労働にならないよう、届出制として副業の有無と内容を確認する制度を設け、就業規則に定めておくことを提案したいと思います。あわせて、労働時間

は、複数の就業を通算して管理する必要があり、労基法第38条1項には「労働時間は、事業場を異にする場合においても、労働時間制に関する規定の適用については通算する」と規定されており、異なる事業主のもとで働く時間についても管理する必要がでてきます。したがって、あらかじめその管理方法を明確に定めておく必要があります。ここでは副業・兼業を届出制とし、すでに勤務している非正規社員等が他の会社で副業を始めるために届出をする場合を想定し、事前に2社での法定時間外労働をあらかじめ決めておく「管理モデル方式」をとるときの書式を紹介します。

〔資料2-3　副業・兼業届出書（97頁）を参照〕

# 雇用契約によらない働き方の今後の展望

　これまで、雇用形態からみた新たな働き方という観点から、短時間・有期雇用労働法との関連について見てきました。この章の最後に、雇用形態によらない働き方として業務委託契約によって個人事業主として仕事を受注するフリーランスや、プラットフォームサービスを経由して仕事を受注するギグワーカーを取り上げたいと思います。これらの組織に属さない働き方をする人の才能を社会がうまく取り込むことにより新しい価値が創造され、ひいては新しい労働力として総合的に活かしていく社会が見えてきていると思います。

　なお、雇用形態を選択しない働き方に関連して、労働者災害補償保険施行規則の改正もされています。以下の業種が労災の特別加入の対象になる事業に追加されているので注意が必要です。

---

**2021年4月から新たに労災特別加入<sup>(注)</sup>となった事業者**

　芸能従事者

　アニメ制作者

　柔道整復師

　高年齢者雇用安定法の創業支援措置等によって事業を行う事業者

**2021年9月から労災特別加入となった事業**

　　情報処理システムの設計等の情報処理作業を行う事業

　　自転車を使用するフードデリバリー等の貨物の運送事業

注；雇用者（労働者）以外のうち、業務の実態や災害の発生状況からみて雇用者に準じて保護することがふさわしいと見なされる者に対し、一定の要件の下に労災保険に特別に加入することを認めているもの。

---

> ※以下、2021年9月から特別加入の対象になった情報処理作業と自転車を使う運送業に従事する個人事業主は、複数の発注者（受注元）から仕事を受けている人もいますが、発注者からみた区分けを行ってみると、直接仕事を受けているフリーランスと、ウェブ等のプラットフォームサービス事業者から都度単発の仕事を受けているいわゆるギグワーカーに分類できます。

　なお、自営業者として業務委託で働くフリーランスは、フリーターと混同されることがあります。フリーランスは業務委託契約であり、フリーターは雇用契約による雇われた労働者であることから明らかな違いがあります。さらにフリーランスには、特定の発注者から繰り返し受注する人と、その都度異なる発注者から受注する人がいます。現在、その定義が確立してはいないために曖昧な部分は残りますが、ここではフリーランスとギグワーカーに一応分類して、その特徴と雇用契約で働く非正規社員等との関連について整理しておきたいと思います。

## 1　フリーランスについて

　例えば、アニメ制作のキャラクターデザイナーを考えてみましょう。雇用契約で採用する中には、雇用期間の定めのないいわゆる正社員と期間を定める非正規社員がおり、これとは別に業務委託のフリーランスや、プラットフォームサービス経由でギグワーカーとして契約することも想定されます。

　上記の制作企業ではキャラクターデザイナーをもともと雇用契約の正社員で雇用していましたが、新型コロナウイルス感染症予防でテレワークにしたところ、キャラクターデザインの企画から完成まで自分の仕事として完結できることが明らかになったということもあったようです。このことによって、必ずしも正社員が行わなくともよい仕事が見つかってきており、フリーランスの需要は高まりつつあります。個人の専門技術が市場から客観的にみて高ければ高いほど個人事業主というフリーランスの働き方が適しているとはいえないでしょうか。

　フリーランスになれば、専門性を活かして自身で仕事内容を選びスケ

ジュールを管理し、成果物についての料金交渉も可能になります。仕事が完成するまでの過程に対し自己責任で関与しているために満足度が高いことが何よりのメリットとして挙げられます。

しかしながら、一方のデメリットとして、成果物の納品やサービスの提供が最終的に期待どおりにいかなければ、クレームやトラブルによる個人で負う責任が大きく、このダメージによるものと受注の不安定さということも考えておく必要があります。

余談ですが、これは、筆者のような社会保険労務士などいわゆる士業としての仕事にも共通したものがあります。言うまでもないことですが、日頃の実績と信頼の積み重ねで継続した依頼が成立する点が個人事業主としての共通点であるわけです。そしてフリーランスになるとなくなってしまうものとして、補償面では雇用保険（雇用者であれば受けられる）、社会保険（健康保険や厚生年金等）、労災保険（通勤中の怪我や業務に起因した腰痛、長時間労働の過労からくる疾病等に補償がある）が、賃金面では最低賃金制度、事業主都合による休業補償、労働条件の団体交渉権、雇用契約関係の解雇制限などといったものがあるということは考えておかなくてはなりません。

ただし、フリーランス契約をしていても実態からみて雇用関係が成立しているとみなされる場合は、労働基準法や労災の補償などに関する労働法や、労働組合法が適用になるケースもないとはいえません。したがって労働者かフリーランスなのかの判断は、法に則って厳格に運用しなければなりません。形式面だけ押さえればよいとはいえないことに注意が必要となります。

このことを受けて、「フリーランスとして安心して働ける環境を整備するためのガイドライン」（経済産業省／2021年3月発表）では、他人の指揮監督下で行われ、他人に従属して労務を提供しているかどうかと、報酬が「指揮監督下における労働」の対価として支払われているかを総称して「使用従属性」と呼んでおり、これが認められた場合は雇用形態の実態があると判断するとなっています。

同ガイドラインでは、1985年12月に労働基準法研究会報告書で示された基準を採用していると追記しており、以下のように「使用従属性」

を判断する具体的基準を示しています。

---

（1）「使用従属性」に関する判断基準
　①「指揮監督下の労働」であること
　　ａ．仕事の依頼、業務従事の指示等に関する諾否の自由の有無
　　ｂ．業務遂行上の指揮監督の有無
　　ｃ．拘束性の有無
　　ｄ．代替性の有無（指揮監督関係を補強する要素として）
　②「報酬労務対償性」があること
（2）「労働者性」の判断を補強する要素として
　①　事業者性の有無
　②　専属性の有無

---

　フリーランス契約とするか雇用契約とするかは、以上を総合的に判断することになります。
　また、2021年4月に改正施行された高年齢者雇用安定法により、個人事業主の新しいタイプが発生してくることが想定されます。
　この新制度の概要は以下のとおりです。

---

〇定年を65歳以上70歳未満に定めている事業主
〇65歳までの継続雇用制度（70歳以上まで引き続き雇用する制度を除きます）
を導入している事業主は、以下のいずれかの措置を設けて70歳までの就業を確保する措置を講じることが努力義務になりました。

| 雇用の措置 | 創業支援措置<br>（ただし、過半数組合／過半数代表者の同意が必要となる） |
|---|---|
| ①70歳まで定年引上げ<br>②定年制の廃止<br>③70歳までの継続雇用制度 | ④70歳まで継続的に業務委託締結<br>⑤70歳まで継続的に以下の事業に従事<br>　ａ．事業主が自ら実施する社会貢献制度<br>　ｂ．事業主が委託出資等する社会貢献事業団体 |

---

　ここで取り上げるのは前表右の**創業支援措置**等④に該当するもので、雇用ではなく、業務委託契約を締結したうえで新たなフリーランスに分類されることになります。

　同法の改正に伴って制度改定を検討することになれば、一般的な手順としては以下が適当と考えます。

　まず組織内の年齢構成を把握し、人件費の中長期的な推移を予測します。次に従業員数が少ない組織であれば、在籍者に対して「60歳を超えて65歳以下の就業希望と65歳を超えて70歳以下の就業希望」をアンケート等により調査を行い、これをもとに中長期的な高年齢者の活用方針を決定し、雇用する形態か創業支援措置を採るのか等を具体的に検討します。

　アンケートと個別面談を行う場合の書式もあわせて参照してください。

〔資料2-4　定年後勤務希望アンケート・面談シート（99頁）〕

## 2　ギグワーカーについて

　個人が単発で仕事を請け負うギグワーカーは、インターネットやスマートフォンのプラットフォームサービスを経由して受注する場合が多く見受けられます。ITエンジニア、ウェブデザイナー、セミナー講師、フードデリバリー配達員などの職種が挙げられます。働く側のメリットとしては、自分の都合に合わせてより柔軟に働くことができるということが挙げられます。しかしながらフリーランスと同じく請け負った結果への責任はそれぞれ個人にあり、また収入の安定が保証されているわけではなく雇用保険や社会保険、労働保険の適用対象にはならないことがデメリットとなります。

　フードデリバリープラットフォームサービスを開始した6社の登録数は約15万7千人となっており、そのうちの9万人程度が自転車配達員で登録しています（厚労省資料「フードデリバリー配達員への労災保険加入適用について（(一社)日本フードデリバリーサービス協会)」11頁より）。

　自転車配達中に交通事故に遭遇する危険性が高いことから、2021年

9月より労災保険特別加入への個人事業主加入が可能となりました。

　このギグワーカーには、コロナ禍で収入が減った非正規社員等が副業を始めたという傾向も見受けられます。これからも非正規社員等の仕事を中心として、ギグワーカーを副業にする人が多くでてくる可能性があり、長時間労働を防止するために副業は届出制にすることが望ましいと考えます。

〔前述の資料2-3　副業・兼業届出書（97頁）を参照〕

## ■■■■ 使える！　資料集 ■■■■

### ■資料2-1　テレワーク許可申請・テレワーク適正チェックリスト、テレワーク勤務辞令

　在宅勤務等テレワークを希望する従業員が会社に申し出るときの書式です。
　当従業員が回数や期間等についての希望事項を記入し、これを受けて会社が自宅等における仕事の環境が整っていること、通信機器貸与の条件等について確認するためのものです。これを受け取った直属の上司が適正等を確認し、条件を満たしていれば推薦を与え、人事担当部署長が許可することになります。

### ■資料2-2　通勤の特例許可申請書兼誓約書

　自転車やバイク通勤を希望する従業員の通勤経路や自賠責保険加入状況を確認したうえで、自転車通勤等を許可するかどうか決定するための書式です。安全運転宣言を求めることにより、通勤災害を防止する目的も兼ねています。

### ■資料2-3　副業・兼業届出書

　副業を希望する従業員が届け出る際の書式です。
　従業員が自社以外の企業等での勤務を開始するにあたって、あらかじめ両社の法定時間外労働を定めておく「管理モデル方式（厚生労働省）」に準拠したもので、日々の労働時間管理をより簡易な方法で運用していくことを想定したものです。

### ■資料例2-4　定年後勤務希望アンケート・面談シート

　65歳を超える従業員の雇用機会を提供する制度を検討するに当たって、実態に応じて、しかも従業員の希望をできるだけ反映した制度とすることが望まれます。このことを前提として、この書式は雇用条件を決定する前のアンケートと面談の結果を記録しておくためのものです。
　本書式は、60歳を定年とする会社が、定年後から70歳までの労働意識を調査するときを想定したものです。各質問事項は、現在の定年年齢や定年後の雇用制度など、それぞれの会社の実情に応じて読み替えて頂ければと思います。
　アンケートの趣旨を丁寧に説明し、研修などを効果的に行うとともに、実際の制度に従業員の希望を反映させていくための企業努力が求められます。

| 資料 | 2-1 ▶ テレワーク許可申請・テレワーク適正チェックリスト、テレワーク勤務辞令 |

年　　　月　　　日

□在宅勤務
□サテライトオフィス勤務　　許可申請書
□モバイル勤務

氏名　　　　　　　　印

　私はテレワーク規程第○条により、□在宅勤務・□サテライトオフィス勤務・□モバイル勤務を希望しますので、以下のとおり申請します。なお、適正チェックリストを添付します。

| テレワーク希望業務 | |
|---|---|
| テレワーク希望期間 | 　　年　　　月　　　日　～　　　　年　　　月　　　日<br>□1週間　　□2週間　　□1か月　　□その他<br>（　　　　　　　　　　　　　　　　　　　　　　　　　） |
| テレワークの頻度 | □毎日<br>□週　　　　　　日<br>　（希望曜日に○印を記入　　　月・火・水・木・金　）<br>□月　　　　　　日<br>　　　特定の期間がある場合はその時期を記入 |
| 勤務場所 | □自宅（住所　　　　　　　　　　　　　　　　　　　　）<br>□サテライトオフィス（　　　　　　　　　　　　　　　）<br>□モバイル勤務の主な場所（　　　　　　　　　　　　　） |
| 設備　電話回線・FAX機器 | □固定電話（　　　　　　　　　　　　　　　　　　　　）<br>□携帯電話（　　　　　　　　　　　　　　　　　　　　）<br>□FAX（　　　　　　　　　　　　　　　　　　　　　） |
| 　在宅勤務者のみ：<br>情報通信回線 | |
| 　私物パソコン使用許可時の機種・OS・使用ソフト | |
| 　設置を希望する設備 | □無（　　　　　　　　　　　　　　　　　　　　　　　）<br>□有（　　　　　　　　　　　　　　　　　　　　　　　） |
| テレワークの理由 | □育児（対象者の続柄と年齢　　　　　　　　　　　　　）<br>□介護（対象者の続柄と年齢　　　　　　　　　　　　　）<br>□業務の生産性向上<br>□その他（　　　　　　　　　　　　　　　　　　　　　） |

| 所属長 | | |
|---|---|---|
| | | |

□**在宅勤務**
□**サテライトオフィス勤務**　　**適正チェックリスト**
□**モバイル勤務**

対象者氏名：
対象者所属：
対 象 業 務：
判定年月日：　　　　年　　　月　　　日

|  |  |  |
|---|---|---|
|  |  |  |

（　　　　）勤務は　適 ・ 不適　と判定する。　上司氏名：

（上司コメント：不適である場合の理由）

| チェック項目 | 適否 | 問題点・対策等 |
|---|---|---|
| （1）対象業務の適性<br>　①（　　　　　　　　　　　　　）<br>　②（　　　　　　　　　　　　　） |  |  |
| （2）在宅勤務等により期待される効果<br>　・業務の効率性<br>　・仕事と家庭の両立性 |  |  |
| （3）在宅勤務等の実績の有無<br>　・実績がない場合の事前研修の有無<br>　・実績がある場合に過去の問題発生の有無 |  |  |
| （4）在宅勤務等の頻度の適性<br>　・別添申請書の頻度の適性 |  |  |
| （5）在宅勤務等の期間の適性<br>　・別添申請書の期間の適性 |  |  |
| （6）経験・勤続年数の適性<br>　・対象業務の経験年数（　　　　年）<br>　・勤続年数　　　　　　（　　　　年） |  |  |
| （7）在宅勤務等の健康管理<br>　・過去の健康診断での異常の有無 |  |  |
| （8）在宅勤務等を行う者への研修<br>　・事前研修の受講（　有・無　）<br>　（研修日：　　　年　　　月　　　日） |  |  |

| (9) 在宅勤務等を行う者の上司への研修<br>　・在宅勤務等管理者研修への受講（有・無）<br>　（研修日：　　　年　　月　　日） | | |
|---|---|---|
| (10) 情報通信機器の知識 | | |
| (11) セキュリティ<br>　・情報セキュリティ面に対する理解<br>　・パソコンのセキュリティ対策<br>　・ネットワークのセキュリティ対策 | | |
| (12) 執務環境についての自己申告 | | |

## 執務環境等自己申告書

| 項　　　　　目 | 自己申告 |
|---|---|
| (1) 秘密情報管理規程を理解しているか | |
| (2) 健康状態は良好であるか | |
| (3) 執務環境は下記基準を満たしているか | |
| (4) 同居人の理解を得ているか（在宅勤務者のみ） | |
| (5) 上司との話し合いはしているか | |
| (6) 育児者または介護者は執務と両立できるか | |
| (7) 同僚と話し合いをして協力と理解を得ているか | |

　　　　　　　　　　　　　　　　　　　　　　　　　　年　　月　　日

上記のとおり申告します　　　　　　　　氏名：　　　　　　　　　㊞

## 執務環境基準

| 1 | デスク・椅子に調整機能があるか<br>（机：高さ65cm〜70cm、椅子：座面37cm〜43cm） |
|---|---|
| 2 | 照明および採光について明暗の対照が著しくなくかつまぶしさを生じていないか |
| 3 | ディスプレイ面にグレアが生じていないか |
| 4 | 騒音は執務環境に影響がないか |
| 5 | 作業姿勢は適切に保てるか |
| 6 | 執務スペースと室内は作業に適した広さがあるか |
| 7 | 室温は作業に適したものであるか |
| 8 | Web会議に適した環境を用意できるか（音：機密会話の音漏れ・音の入り込みの遮断、人：映り込みの遮断、機器：マイクとカメラの準備） |

年　　　月　　　日

# テレワーク勤務辞令

　　　　　様

　　　　　　　　　　　〇〇株式会社

　　　　　　　　　　　　　　　　　　　印

　あなたに　　　年　　月　　日よりテレワークとして（　　　　　）
勤務を命じます。

記

| テレワーク期間 | 　　　年　　月　　日　～　　　年　　月　　日 |
|---|---|
| 実施頻度 | 週　　　日間<br>　曜日（　　　　　　　　　　　　　　　　　　）<br>出社する曜日（　　　　　　　　　　　　　　　　） |
| 就業の場所 | |
| 従事すべき業務の内容 | |
| 始業および終業時刻 | 所定労働時間と同じ |
| 給与 | 通常の給与と同額を支給する |
| | 出社した日数に応じて通勤に要した実費を通勤手当として翌月に支給する |
| 連絡体制 | 緊急時の連絡先は、　　　　　　　　　　　　　とする<br>情報通信機器サポート会社は、　　　　　　　　とする |
| その他 | テレワーク規程およびその他これに付随する規程による |

以上

**資料 2-2 ▶ 通勤の特例許可申請書兼誓約書**

## 通勤手段の許可申請書　兼　誓約書

□は該当項目に☑する

　下記の理由により、特例による（□原付バイク・□自転車）通勤の許可をいただきたく、申請します。

許可申請期間　　　　　　　　　年　　月　　日 ～ 　　年　　月　　日

申請理由

原付バイクは車種

　　　　　登録番号

任意保険加入会社名

　　　　加入内容　　　対人：　　　　　　　　　　　対物：

　＊バイク通勤の許可申請は、任意保険の対人無制限と対物無制限に加入すること。

　　添付書類を提出すること。

　　　① 自賠責保険証明書コピー

　　　② 任意保険証券コピー（対人と対物とも無制限に加入すること）

　＊自転車通勤の許可申請は、任意保険の個人賠償責任保障付きに加入すること。

　　添付書類を提出すること。

　　　① 任意保険証券コピー（対人の個人賠償責任保障付きに加入すること）

## 誓　約　書

株式会社○○　御中

　私は、（□原付バイク・□自転車）を使用した通勤を特例として許可していただくに当たり、下記の事項を遵守することを誓約いたします。

　1．上記車両を通勤に使用するに当たっては、道路交通法その他関係諸法令を順守し、安全運転を徹底します。

　2．上記車両の使用は通勤に限るものとし、それ以外の業務等に使用することはありません。

　3．通勤途上で発生した事故については、会社に一切迷惑をかけることはありません。

<通勤ルート>

　点線枠内に通勤ルートを記載すること（地図を貼付しルートを付記してもよい）。

通勤距離（片道）：　　　　　Km

所用時間（片道）：　　　時間　　　分

　　　　年　　月　　日

　　　　　　　申請者　住所＿＿＿＿＿＿＿＿＿＿＿＿＿＿

　　　　　　　　　　　氏名＿＿＿＿＿＿＿＿＿＿＿

　　　　　会社使用欄

**資料** **2-3** ▶副業・兼業届出書

年　　月　　日

〇〇株式会社　人事部長様　※1

社員番号：　**123456**
氏名：　**〇〇　〇〇**

### 副業・兼業届出書

　私は、下記の副業・兼業（以下は副業といいます。）を行いたく届け出ます。届け出に対する会社からの承認が得られてから副業を開始します。

1　副業の内容（AまたはBのどちらかを記載）
　予定している副業の内容は、以下のとおりです。

（A副業先に雇用される場合）※2
① 　副業先の名称：**□□株式会社**
② 　副業先の事業内容：**システム開発、保守等**
③ 　副業先での担当業務：**システム保守のサポート業務**
④ 　副業先での就業日、就業時間：**毎週土曜日、午前8時から午後5時まで**※4
⑤ 　副業先での残業、就業日以外の労働の有無：**なし**
⑥ 　副業先での勤務日は当社と同じ日で労働時間制の対象となるか：**違う日です**
⑦ 　副業先での業務開始日・終了日：**〇年〇月〇日から同年〇月〇日まで**

（B副業先に雇用されない場合）※3
① 　仕事の内容：
② 　副業に要する時間：
③ 　副業をする曜日等：
④ 　副業の期間と契約更新の有無：

2　表明・保証
　私は、前項記載の副業が、下記のいずれにも該当しないことについて表明します。万一、届け出後に下記のいずれかに該当することが判明した場合には、会社の指示に従い、副業を直ちに中止するほか、必要な措置を取るものとします。
① 　会社に対する労務提供に支障がある場合
② 　会社の企業秘密が漏洩するおそれがある場合
③ 　会社の名誉や信用を損なうおそれがある場合

④　会社との信頼関係を破損する行為のおそれがある場合
⑤　副業先での業務が会社の事業と競業し会社の利益を害する場合

3　報告義務
⑴　1項で届け出た副業の内容に変更が生じる場合には、事前に会社に対して報告します。
　　当該変更の結果、2項の①～⑤のいずれかに該当する場合にも報告をして会社の指示に従います。
⑵　会社の時間外労働時間は月**5時間**以内とし、**副業の会社で**時間外労働に当たる労働は、**45**時間から**5時間**を引いた**40時間**以内にします。副業先の時間外労働に当たる時間が**40時間**を超える懸念がある場合には、速やかに会社に報告します。この場合、会社の指示に従い副業先の労働時間を短縮する等の措置を取るものとします。*4

4　企業秘密の保護
　私は、副業先に、会社の企業秘密を一切漏洩・開示しません。また、副業先の業務のために、会社の企業秘密を利用しません。また、私が会社を退職した後も会社の企業秘密を、副業先を含めて他に漏洩・開示しません。

以　　　上

＊1　太字は記載例です。
＊2　A欄については、副業の内容が副業先に雇用される場合に記載をします。この例では□□株式会社で雇用される者として働く想定をして記載例を示しています。
＊3　B欄については、副業の内容が副業先に雇用されない場合に記載をします。フリーランス等で個人事業主として契約を締結する場合などが該当します。この例ではA欄に記載をしたためB欄には記載をしません。
＊4　時間外勤務の管理モデル方式を想定した記載例を示しています。

**資料 2-4 ▶ 定年後勤務希望アンケート・面談シート**

## 定年後勤務希望アンケート・面談シート*¹

| 所　属 | | | 役職 | | 氏名 | |
|---|---|---|---|---|---|---|
| 入社年月日 | 年　月　日 | | 勤続 | 年　月 | | (生年月日　　満　　才) |

①自分の定年がいつかを把握していますか（□はい把握しています　，　□いいえ）

②定年後も働きたいですか（□はい　，　□いいえ）

③定年後も働きたい上限年齢とやりたい仕事を聞かせてください（②ではいと回答した人のみ）




④自分の老後の支出と資産を把握していますか（□はい把握しています　，　□いいえこれから把握します）*²

⑤定年後に勤務する際に考慮する項目は何ですか（複数選択可能）
　□給料の額と決め方　　□昇給の有無　　□賞与の額と決め方　　□始業および終業時間
　□週の労働日数　　　　□仕事の内容　　□残業の有無　　　　　□上司との人間関係
　□同僚との人間関係　　□自分の健康　　□家族の状況
　そのほか（　　　　　　　　　　　　　　　　　　　　　　　　　）

⑥勤務日数、勤務時間、賃金水準において会社に希望することがあれば記載してください




⑦就労に対する不安と会社に配慮して欲しいことがあれば具体的に記載してください




⑧高年齢期の働き方について自由に記載してください




| 人事面談記録欄　60歳　　←希望者の雇用確保→　　65歳　　←雇用の機会措置努力→　　70歳 |
| ＊3 |

**（書式例の解説）**
＊1　書式は定年が60歳で、65歳まで定年後継続雇用としつつ、65〜70歳までの雇用機会措置をどのように策定するか検討している企業が社内アンケートを実施するときを想定しています
＊2　調査結果によって老後の資産把握等ができていない人が多いときは、研修実施を予定している企業の例です
＊3　65歳で区切って前後の希望を聞き取れるように65歳で区切って記載する書式例です

## 配偶者の転勤に同行する家族の働き方選択肢

　共働き夫婦2人がともに正社員であることは珍しくなく、もし配偶者が転勤になったときは、日本では女性が会社を退職して配偶者の転勤先へ同行することが多いそうです。もしその時、転勤に同行する女性の会社に転勤希望制度があって、たまたま引っ越し先に勤務できる支店等があれば、夫婦ともに転勤をして正社員のキャリアを中断することなく勤務することができます。

　さらに、元の事業所にテレワーク制度があってウェブ会議やデータへのアクセス等が完備されていれば、配偶者の転勤で元の事業所から遠い全国のどこに住んでいても勤務が可能になる可能性がありますし、海外赴任に同行してテレワークを継続することも可能です。引っ越しがあっても夫婦2人がキャリアを中断せずに働くことが、ある程度可能になりつつあると思います。

　しかしながら、転勤に同行する正社員が、勤務を断念することもあります。その理由は、テレワークや転勤希望制度が整っていないことのほかに、海外赴任では配偶者の会社が共働きを望まないことや、赴任先の就業ビザの問題や、税制上の問題があることもあります。そうすると夫婦ともに正社員で勤務していたのに、どちらか一方は途中でキャリアを中断することになります。もしくは、単身赴任を選択するかもしれません。

　また、配偶者の赴任期間が4年程度と期間の見通しがつくケースであれば、同行者は移転先で就職先を探すとき、短い期間でまた引っ越すと思うと短期間で勤務をする想定になりますから、有期雇用契約や、短時間勤務の仕事に就くこともあります。いったん非正規社員になるわけです。

　ところで、正社員から非正規社員勤務を経験することには、実はメリットもあって、これまでの正社員と違った環境で職務に取り組むことができ、次の引っ越し先では正社員勤務に戻るかもしれませんし、起業をすることもできます。そのときに非正規社員で勤務した経験がプラスに転じます。少なくとも、筆

者はそのような体験をしたことがあります。

　こうした好循環を実現して活力を生み出すには、テレワーク制度や、働く側の選択による正社員と非正規社員間の移動がしやすく、そして本当の意味で年齢によらない転職のしやすい社会を実現する必要があると思います。


（大関　ひろ美）

# 第3章

ガイドラインと
判例からみた
"同一労働同一賃金"

# 1 諸手当と同一労働同一賃金

　ここに、同じ仕事内容で同じ責任のある2人の従業員がいるとします。仮にその2人が正社員、非正規社員と社内での立場が違っても、賃金は同じであるべきというのが同一労働同一賃金の考え方です。そしてそれは、基本給や賞与だけでなく、各種手当についても当てはまります。

　そこで、まずは同一労働同一賃金ガイドラインに挙げられている手当について、正社員と非正規社員をどう扱うべきであるのか整理してみましょう。

| | | |
|---|---|---|
| 1. 役職手当 | 仕事内容が同じであれば同一の手当が基本 |
| 2. 特殊作業手当 | 危険度が同じであれば同一の手当が基本 |
| 3. 特殊勤務手当 | 勤務形態が同じであれば同一の手当が基本 |
| 4. 精皆勤手当 | 仕事内容が同じであれば同一の手当が基本 |
| 5. 時間外労働手当 | 非正規社員も正社員と同一割合の手当が基本 |
| 6. 深夜・休日労働手当 | 非正規社員も正社員と同一割合の手当が基本 |
| 7. 通勤手当 | 勤務条件などが同じであれば同一の手当が基本 |
| 8. 食事手当 | 支給条件を満たしていれば同一の手当が基本 |
| 9. 単身赴任手当 | 支給条件を満たしていれば同一の手当が基本 |
| 10. 地域手当 | 勤務条件などが同じであれば同一の手当が基本 |

　また、ガイドラインでは、これに原則となる考え方が示されていない住宅手当や家族手当等の待遇についても、正社員と非正規社員の間における不合理と認められる待遇の相違の解消が求められており、労使で個別具体の事情に応じて議論していくことが望まれるとしています。これを受けて、住宅手当、家族手当についても、原則として次のようになると考えられます。

| 11. 住宅手当 | 支給条件を満たしていれば同一の手当が基本 |
| 12. 家族手当 | 支給条件を満たしていれば同一の手当が基本 |

　以下、上記の各種手当について、ガイドラインに沿って実際の例や判例を参照しながら、詳しく説明していきたいと思います。

## 1 役職手当について

　「役職手当」とは、役職の内容（責任の重さなど）に応じて支給される手当をいい、一般的には、部長や課長などの管理職に対して支給するものをいいます。役職手当についてはガイドラインに、正社員と同一の内容の役職に就く非正規社員には、正社員と同一の役職手当を支給しなければならないと記されています。また、役職の内容（責任の重さなど）に違いがある場合は、その違いに応じた役職手当を支給することが求められます。違いに応じて支給する場合の「判断要素」としては、担当部署の予算規模、業務内容と責任の範囲、目標達成責任、部下の人数などでどれだけの違いがあるかで判断されることになります。

　なお、勤務時間が異なる場合には、手当の性質によって比例的に対応することも考えられます。例えば、正社員で店長のAさんと、非正規社員の店長のBさんの働く時間や仕事内容が同じであるならば、基本的には同一の手当を支払う必要があります。ただし、Bさんが店長でありながらも短時間勤務である場合などは、その勤務時間に応じた役職手当とすることは合理的であるといえ、必ずしも同一額である必要はありません。例えば、Bさんの勤務時間が6時間の場合、Bさんの役職手当を、8時間勤務のAさんの手当額の8分の6の額とすることについて問題はありません。

　このように、短時間勤務の非正規社員の手当額を、正社員の勤務時間に対する勤務時間比率で設定する考え方は、これから述べる他の手当についても、通勤手当を除き、原則として適用することは可能です。正社

員と非正規社員の手当額の差が、手当の基準となる額は同じで、勤務時間比率に応じた差であるならば、それは不合理な待遇差とはならないからです。

## 2　特殊作業手当について

「特殊作業手当」とは、業務の危険度や、作業環境に応じて支給される手当をいいます。危険な業務とは、例えば、高所における作業や、高熱・低温な場所における作業、坑内における作業など、他の従業員に比較して高い危険性のある業務をいいます。

特殊作業手当についてガイドラインでは、正社員と同一の危険度、または作業環境の業務に従事する非正規社員には、正社員と同一の特殊作業手当を支給しなければならないとしています。正社員、非正規社員とどんな雇用形態であっても同一作業の危険度は同じであるため、基準額に格差をつけることは不合理な待遇に当てはまるでしょう。

## 3　特殊勤務手当について

「特殊勤務手当」とは、交替制勤務等の勤務形態に応じて、特定の時間帯や曜日に就労した従業員に対して支給される手当をいいます。ガイドラインでは、正社員と同一の勤務形態で業務に従事する非正規社員には、正社員と同一の特殊勤務手当を支給しなければならないとしています。ただし、交代制勤務を行うことが明確であり、手当相当の金額を基本給に含めて他の従業員よりも高くしている場合は、別途手当を支給する必要はありません。

このように、勤務形態や賃金体系の違いによって、支給の有無が合理的に説明できる場合には、差を設けることが認められます。もし、支給に差をつけるのであれば、例えば一方を、あらかじめ決められた時間帯で不規則とならないような勤務形態とすることも一つの方法です。

## 4　精皆勤手当について

　「精皆勤手当」とは、一定期間中において、無欠勤（または欠勤が少ない）を条件として支給される手当をいいます。精皆勤手当は、企業が任意に定めている手当です。したがって、支給方法や基準、金額についても企業が独自に就業規則や賃金規程で内容を定めることになります。

　しかしながら、精皆勤手当について、同一労働同一賃金ガイドラインでは、職務内容が正社員と同じ場合には、非正規社員にも同様に支給することが求められるとの記載があります。したがって、正社員のみに精皆勤手当を支給することはガイドラインに抵触します。ただし、例えば正社員は欠勤が査定（人事評価）に響き、非正規社員は欠勤が査定に影響しない場合は、手当を支給しなくても合理的な理由となり、問題はないとされています。

　正社員には精皆勤手当が支給され、非正規社員は支給されていない場合は、そのことが不合理でない理由を、非正規社員が納得するよう説明することができるかどうかがポイントになります。現実的には、非正規社員であるからといって、欠勤を査定にまったく反映しないということは考えにくいのではないでしょうか。欠勤や遅刻、早退の有無が、昇給などの判断の際に考慮されて賃金等の処遇に反映されることは、正社員、非正規社員のどちらであっても変わりないことの方が一般的であると思われます。したがって、精皆勤手当については正社員と非正規社員とで同様に支給することが望ましいと考えます。あるいは、制度の見直しに当たって、正社員の手当を廃止して相当額を基本給に組み入れるなどの措置をとることも一つの方法です。

## 5　時間外労働手当について

　「時間外労働手当」は、所定労働時間を超えて働いた場合に支給する手当であり、いわゆる「残業代」や「残業手当」を意味します。なお、法定労働時間（原則、1日8時間）を超える場合には、法律によって当然に2割5分以上の割増賃金（月の時間外労働60時間以上の超過分に

対しては５割以上の割増賃金）を支給しなければならないことになっており、非正規社員に対してこれが守られていなければ、法律に違反することになります。ここで問題となるのは、所定労働時間（法定労働時間未満）を超えた場合に支給するもの、または法定の割増率（２割５分）を超えて支給するものについてです。

　時間外労働についてガイドラインでは、正社員の所定労働時間を超えた時間につき、正社員と同一の割増率等で、時間外労働に対して支給される手当を支給しなければならないとしています。例えば正社員の所定労働時間が７時間の場合に、７時間を超えると正社員には時間外労働手当がつくが、非正規社員には法律どおり８時間を超えた分からしか手当をつけないとなれば問題となり、非正規社員も正社員と同等の扱いとすることが必要となってきます。正社員の時間外労働に対して３割の割増賃金を支払っているのに対し、非正規社員に対しては２割５分の割増賃金しか支払っていないような場合も同様です。

## 6 深夜・休日労働手当について

　「深夜・休日労働手当」とは、労働者が深夜や休日に働いた場合に支給する手当をいいます。深夜（原則として午後10時～午前５時）に労働させた場合には２割５分以上、法定休日に労働させた場合には３割５分以上の割増賃金を支払わなければなりません。

　深夜労働が同時に法定時間外労働である場合は２割５分以上の割増賃金の支払いも必要となるため、時間外の深夜に労働させた場合は５割以上の割増賃金を支払わなければならず、また、法定休日の深夜に労働させた場合は６割（３割５分＋２割５分）以上の割増賃金を支払わなければならないことになります。法律で定められている深夜・休日における割増賃金は、雇用形態にかかわらず支給しなければならないため、ここでも、法律を上回る支給（法律を上回る割増率や法定休日以外の所定休日における手当）についての問題が考えられます。

　例えば、正社員であるＡさんと同じ職務内容に従事しており、同じ時間の深夜・休日労働を行っている短時間勤務の非正規社員のＢさんに対

して、深夜・休日労働以外の労働時間が短いことを理由として、深夜・休日労働に対して支給される手当の割増率や単価を、正社員のＡさんよりも低く設定して支給しているようなケースが当てはまります。このような場合、Ｂさんに対しても、Ａさんと同一の基準での深夜・休日労働手当を支給する必要があります。

## ( 7 ) 通勤手当について

　「通勤手当」とは、従業員の通勤に要する交通費（電車・バス・車など）を支給するものをいいます。法律で支払うことが義務とされている手当ではありませんが、多くの企業で支払われています。

　通勤手当については、同一労働同一賃金ガイドラインに、非正規社員にも、通常の労働者と同一の通勤手当を支給しなければならないとの記載があります。出勤する以上、正社員、非正規社員にかかわらず通勤費用は発生するため、正社員に支給して非正規社員に支給しなかったり、非正規社員に正社員と異なる上限額等を設けたりすることは、基本的に不合理な待遇に当てはまります。具体的対応は以下のようになります。

### ①非正規社員が正社員と同じ所定労働日数の場合

　通勤手当の支払方法や上限額等で差をつけずに、同一の支給基準にすべきです。所定労働日数が正社員と同じであるにもかかわらず「パート・アルバイトは有期契約だから、通勤費は支給しない」などというのは問題となります。

### ②非正規社員が正社員よりも少ない日数で勤務している場合

　所定労働日数が少なかったり、出勤日数が変動したりするような非正規社員の場合は、出勤日数に応じた形で通勤手当を支給することが認められます。ただし、所定労働日数が正社員に近い非正規社員の場合には通勤のために定期券を購入することも考えられるため、実費弁済的な観点から、定期券購入相当額を支給することが望ましいでしょう。例えば、就業規則等で「正社員、週４日以上勤務のパートは会社が認める最

適経路の1ヵ月の定期券購入相当金額を支給する」などと規定しておくことにより、非正規社員にとって本人の持ち出しを避けることができ、余計な不満を抱かせることもなくなります。

　このほかに、本社採用の正社員には通勤手当として交通費の実費の全額を支給しているものの営業所で地元採用のパートには、近隣から通勤可能な交通費の上限額を設定し支給するケースがあります。この場合は、採用時にそのように取り決めてあり、また地元採用のパートについては勤務地が限定されていれば問題にはなりません。またこのパート労働者が、交通費の上限額を超える地域に本人の都合により引っ越した場合でも、それまでの上限額の範囲内で通勤手当を支給することについては問題にならないとされています。通勤手当は採用したその日から発生するということもあって、どのケースが不合理な待遇差になるのか、採用前に把握して対応する必要があります。

## 8　食事手当について

　「食事手当」とは、就業時における食費支出を補填することを目的とした手当です。

　一定時間以上の勤務者に食事をとるための休憩を設けることは、法律で定められています。休憩や食事は正規・非正規といった雇用形態に関係なく必要とされるものであり、支給の有無はもちろん、支給額に格差をつけることは原則できません。ガイドラインにも、非正規社員にも、正社員と同一の食事手当を支給しなければならない旨が記されています。これは、食事手当を支給する目的が、会社によって異なることは想定できず、かつ、職務内容等との関連がないことが一般的であると考えられるため、同一の取扱いが求められると思われます。

　したがって、正社員であるAさんに支給されている食事手当に比べ、非正規社員であるBさんには低額の食事手当を支給している場合や、Bさんには食事手当が支給されていないといった場合は問題になります。しかしながら、勤務時間帯が昼食休憩の時間にかからないため休憩時間

がないパート（例：午後1時〜午後4時勤務）などの場合は、食事の必要はないので手当を支給しなくても問題はありません。一方、正社員と同一の支給条件を満たす非正規社員には、同一の食事手当を支給しなければなりません。または制度の見直しに際して、正社員の手当を廃止してこれを基本給に組み入れるなどの措置をとることも一つの方法です。

## 9 単身赴任手当について

「単身赴任手当」とは、会社から転勤を命じられたことにより、同居していた家族（配偶者、子供など）と別居を余儀なくされることになった単身赴任者に対して、その生活費の補償として毎月一定額を支給したり、帰省するための旅費を支給したりするものをいいます。単身赴任手当についても、ガイドラインでは正社員と同一の支給条件を満たす非正規社員には、正社員と同一の単身赴任手当を支給しなければならないとしています。したがって、支給条件は企業によって異なるかと思われますが、それを満たしているのであれば正社員・非正規社員を理由に格差をつけることはできません。

## 10 地域手当について

「地域手当」とは、勤務する地域の環境によって生じる生活費を調整することを目的に支給されているものです。地域手当をどのように設定するかは企業によって異なり、例えば、寒冷地手当（燃料手当）、物価手当（都市手当）、特殊勤務地手当といった名目で支給している企業もなかにあります。地域手当についても、ガイドラインでは正社員と同一の地域で働く非正規社員に対して正社員と同一の地域手当を支給しなければならないとしています。

ただし、転勤のために全国基準の賃金体系を適用している正社員と、地域限定社員としてその地域ごとに設定された基本給を適用している非正規社員では条件が同一とはいえないため、その理由を適切に説明できる場合には、正社員にのみ手当が支給されることは合理的であるといえ

ます。

## (11) 住宅手当について

　「住宅手当」とは、従業員の生活の負担を軽減するため、企業が従業員の住宅費用を補助する目的で支給されるものです。ガイドラインでは、住宅手当についての原則となる考え方は示されていませんが、不合理と認められる待遇とみなされる場合には、相違の解消が求められることになり、各社の労使で個別の事情に応じて議論していくことが望まれるとしています。

　判例をみると、2018年６月の最高裁判決（ハマキョウレックス事件）では、住宅手当について、無期契約の正社員には広域の転勤が予定され住宅費用が高くなること等の理由により、転勤等のない有期雇用労働者と相違を設けることも不合理とはいえないとしています。これに対し下級審裁判例では異なる判断もみられ、2019年２月の東京高裁判決（メトロコマース事件）では、住宅手当は従業員の住宅費を中心とした生活費を補助する趣旨で支給されるものであるとし、正社員に扶養家族の有無によって異なる額の住宅手当の支給がある一方で契約社員に支給がなかった相違については不合理としています（この部分については確定判決）。

　判例の傾向から判断して、正社員のみ転居を伴う人事異動がある場合には支給の相違が認められることがあるものの、非正規社員にも転居を伴う人事異動があり、住宅手当の趣旨、目的が該当する場合には非正規社員にも支給することが求められるとするのが妥当と考えます。非正規社員に転勤制度が適用されるケースはきわめてまれであると思いますが、正社員について、本人が転勤を希望した場合を除き、転居を伴う転勤の実態がほとんどない場合、そうした正社員に対して住宅手当が支払われているならば、非正規社員にも支払わなければならないという解釈も成り立つので注意が必要です。

## （12）家族手当について

　「家族手当」とは、配偶者や子供をもつ従業員の生活の負担を軽減するため、企業が一定金額を支給するものです。ガイドラインでは、住宅手当同様に家族手当についても原則となる考え方は示されてはいないものの、不合理と認められる待遇の相違の解消が求められ、各社の労使で個別具体の事情に応じて議論していくことが望まれるとしています。

　判例をみると、2018年6月の最高裁判決（長澤運輸事件）では、幅広い世代の労働者が存在する正社員に住宅費を補助することに相応の理由があり、定年後再雇用の嘱託乗務員には老齢厚生年金報酬比例部分支給までの間に調整給が支給されていたことなどから、支給の相違は不合理とはいえないとしています。これに対し、2020年10月の最高裁判決（日本郵便〔大阪〕事件）では、有期雇用労働者が契約の更新を繰り返し「相応に継続的な勤務」が見込まれる場合には相違（不支給）が不合理であるとしました。したがって、「継続的な勤務が見込まれない」と判断される契約社員について、本件と同様の結論になるかどうかについては不明です。本件はあくまでもこの事例についての判断といえ、この点は注意を要するところです。

　統計によれば、多くの企業が家族手当を導入している一方で、最近の傾向として配偶者に対する家族手当の廃止や見直しを検討している企業も増えてきています。その背景としては、共働き世帯の増加、配偶者控除の改正や賃金の成果重視などがあります。家族手当を廃止し、代わりに結婚や出産に対する祝い金の額を増やすことなども選択肢の一つとして挙げられます。

# ② 基本給・賞与と同一労働同一賃金

## （1）　正社員と非正規社員の賃金制度

### ①同一労働同一賃金ガイドラインから

　ガイドラインでは、基本給について、正社員と同じ能力または経験を有する非正規社員には、「能力または経験に応じた部分につき、正社員と同じ基本給を支給しなければならない」とし、また、もし能力または経験に一定の違いがある場合には、「その違いに応じた基本給を支給しなければならない」としています。そしてこの原則は、「能力・経験に応じて支給するもの」だけでなく、「業績・成果に応じて支給するもの」、「勤務年数に応じて支給するもの」についても当てはまるとしています。また、賞与についても、正社員と同一の貢献である非正規社員には、「貢献に応じた部分につき、通常の労働者と同一の賞与を支給しなければならない」としています。

　ただし、例えば「能力・経験に応じて支給するもの」については「同一能力・経験には同一支給」が「原則となる考え方」であるからといって、企業に正社員や非正規社員に職能給等の能力・経験に応じる基本給の採用まで求めているわけではありません。賞与についても、非正規社員の賞与制度を正社員と同じにすることを求めているわけではないといえます。

　もし正社員、非正規社員ともに能力、経験に基づいた基本給をとらなければならないとすると、正社員と非正規社員の基本給制度が同じであることが前提になります。しかし現実は、正社員には、職能資格制度や役割等級制度のもとに職能給や役割給が適用されている一方で、非正規社員には等級制度（社員格付け制度）がなかったり、正社員とは別の等級制度のもとに職務給などが適用されていたりするといったように、両

者を異なる制度としている企業が多いです。またそれ以前に、一般的には賃金体系の大枠自体が異なっていることも事実でしょう。すなわち、正社員の月額賃金は基本給＋諸手当からなり、賃金の各要素に明確な定義がなされているのに対し、非正規社員については、明確とはいえないある意味総合決定給的な賃金となっており、基本給という概念が薄いのではないでしょうか。

　さらには、正社員とパートを比べた場合、正社員は月給制（完全月給制または日給月給制）であるのに対し、パートは時給制（時給月給制など）であるといったように、賃金の計算方法からして異なることが多いという事実もあります。

　このような現状を踏まえると、ガイドラインが企業に正社員と非正規社員に同じ賃金制度をとることを求めることは現実的ではなく、また仮に同じ制度を求めるとすれば、多くの企業が非正規社員の等級制度を整備、見直しを行い、賃金制度自体から変更しなければならなくなってしまいます。そうした場合、多くの混乱を招くことは間違いありません。

　このようにみると、ガイドラインで取り上げている、「業績・成果に応じて支給するもの」、「勤務年数に応じて支給するもの」は、それらが正社員、非正規社員の両方に適用されているという現実にはあまりない状況を想定しており、「使えない基準」に陥っているのではないでしょうか。それでいて、正社員と非正規社員の賃金制度は同じであるべきだとも言っていません。この点は今後どのように見直していけばよいのか、判断に悩むところです。


## ②判例から

　正社員と非正規社員の基本給および月給制・時給制の違いによる部分を、裁判所はどのように判断しているのでしょうか。

　2019年2月の大阪高裁判決（大阪医科薬科大学事件）では、有期契約のフルタイムアルバイト職員と正職員との間で、職務内容等にそれほど大きくはないが一定の相違があり、基本給は約2割の相違があった事案について、不合理ではないと判断しています（この部分については確定判決）。また、2019年2月の東京高裁判決（メトロコマース事件）で

は、職務内容に一定の相違があり、本給の相違が25％強だった事案について、これも不合理ではないと判断しています（この部分については確定判決）。

さらに、2018年5月の福岡高裁判決（日本郵便〔佐賀〕事件）では、日給制か月給制かという賃金の計算・支払方法の違いや、それに起因する賃金保障の違いについて、勤務日数や労働時間の長さという勤務体制の違いに基づくものであり不合理とはいえないと判断しています。さらに、基本給・勤務体制が異なるので、正社員については月給制をとり、契約社員については、例えば勤務日数が短い、労働時間が短いというのであれば、時給制により時給で計算してもよいとしています（この部分については確定判決）。月給制と時給制で、賃金の支払いの仕方の違いが不合理でなければ、その結果としての賃金額の違い、つまり労働日数が少ないときは有期契約社員の月収は減ってしまうということは、支払形態の相違に基づく相違であり、支払形態自体の相違が不合理でなければ非合理ではない、という判断をしています。

賞与については、2020年10月の最高裁判決（大阪医科薬科大学事件）で、支給の相違について不合理と認められるものに当たる場合はありうるとしたうえで、本件賞与の労務対価の後払い、一律の功労報償、将来の労働意欲向上等の趣旨、正職員とアルバイト職員間の職務内容、配置変更の範囲の一定の相違の存在、その他高度な業務・責任を担う多数の正職員の存在、正職員への登用制度の存在を考えると、アルバイト職員への賞与の不支給は不合理とはいえないとしています。また下級審裁判例においても、同事件の高裁判決を除き、賞与の支給の有無や支給額の格差を不合理としたものは、最近ではありません。

基本給や賞与について今後様々な判決が出てくることも考えられ、それらを参考にしつつ実務面でどのように対応していくか、独自に判断していくことが求められることになります。

## 2　人事管理からみたポイントと企業のとるべき対応

　今一度、同一労働同一賃金ガイドラインに戻ってみましょう。ガイドラインでは基本給についても多くが書かれていますが、この最後に「注」として、「通常の労働者と短時間・有期雇用労働者との間に賃金の決定基準・ルールの相違がある場合の取扱い」として以下のように書かれています。

　「通常の労働者と短時間・有期雇用労働者との間に基本給、賞与、各種手当等の賃金に相違がある場合において、その要因として通常の労働者と短時間・有期雇用労働者の賃金の決定基準・ルールの相違があるときは、「通常の労働者と短時間・有期雇用労働者との間で将来の役割期待が異なるため、賃金の決定基準・ルールが異なる」等の主観的又は抽象的な説明では足りず、賃金の決定基準・ルールの相違は、通常の労働者と短時間・有期雇用労働者の職務の内容、当該職務の内容及び配置の変更の範囲その他の事情のうち、当該待遇の性質及び当該待遇を行う目的に照らして適切と認められるものの客観的及び具体的な実態に照らして、不合理と認められるものであってはならない。」

　一般的に正社員は管理職など幹部社員を目指して長期的に育成し活用する社員、非正規社員は特定の定型的な業務に従事する人材として雇用される社員とされ、長期的な役割の違いに合わせて両者に異なる賃金制度を採用することは、人事管理からみると合理的な対応となります。

　この観点から「注」をあらためてみると、①長期的な役割期待の違いから正規労働者と非正規労働者の賃金に異なる決定基準・ルールを適用することについては問題なく、②ただしその場合、なぜ決定基準・ルールに違いがあるのかを、長期的な役割期待の違いから起こる職務内容の違い、職務の内容・配置の変更範囲の違い、その他の事情の観点から説明できることが必要になる、ということが人事管理からみたポイントになると思われます。言い換えると、企業に対して正社員と非正規社員の雇用契約の差で、「不合理な賃金の差がないこと」についての立証責任

を企業側に課すことを法律で定めたものと解釈できます。

　以上を踏まえて企業が行うべきことは、法律やガイドラインが求める個々の内容にどう対応するかということよりも、現行の賃金制度を人材の育成・活用戦略に沿って、より公正で合理的な制度に改善を行い、その中で非正規社員の処遇改善に取り組んでいくことにあると考えます。

# 第4章

その他の労働条件と
"同一労働同一賃金"

# 1 はじめに

　本章は、賃金以外の面での労働時間、休暇、妊娠・出産・育児・介護関連諸制度、休職、福利厚生などについて見ていきたいと思います。

　一般的な取組み手順は、厚生労働省のパンフレット「パートタイム・有期雇用労働法対応のための取組手順書」などで詳しく解説されていますが、ここでは法令に抵触しないようにするという段階から一歩進めて、"多様性の推進と組織的公正を通じた人材確保の実現"に向けてどのように考え、取り組んだらよいかという視点から筆者の関与企業の事例なども含めてわかりやすくまとめてみました。

　なお、同一労働同一賃金を踏まえた規定例も参考として添付しましたのでご参照願います。

# 2 同一労働同一賃金を踏まえた労働時間管理

## 　1　中小企業と労働時間管理

　同一労働同一賃金は、2018年7月に公布された働き方改革関連法に盛り込まれた施策の一つですが、このほかに同法では長時間労働の是正や多様・柔軟な働き方の実現等を図るため、下記のような労働時間法制の見直しも行われています。

　・残業時間の上限規制

- ・勤務間インターバル制度の導入促進
- ・年5日間の年次有給休暇の取得（企業に義務づけ）
- ・月60時間超の時間外労働にかかる割増賃金率引上げ
  - ※ 中小企業は2023年4月施行
- ・労働時間の客観的な把握（企業に義務づけ）
- ・フレックスタイム制の拡充
- ・高度プロフェッショナル制度の創設

　少子高齢化の進展に伴って人手不足が進むなか、各企業が人材確保を図るためには多様な従業員を受け入れ、活かしていくことができる職場作りが求められます。そして、その実現のカギを握るのが労働時間の見直しです。単に法令遵守を目指すことにとどまらず、業務フローの見直しやムダの削減などを通じて生産性向上を図った結果として法律も遵守できていたという状態が理想であるといえるのではないでしょうか。

　ただしその前提として、労働時間の基本的なルールを踏まえたうえで適切な管理を行うことができる体制を整備する必要があります。例えば、記録や集計の方法に誤りがあると労働時間を正しく計算できず、残業時間の上限規制を遵守できているかどうかチェックできなくなってしまいます。また、労働時間に関しては、就業規則等の規定を根拠として、残業命令権、代休の付与や休日の振替を行う権限、変形労働時間制や裁量労働制といった各種労働時間制度を実施・適用する権限といった様々な権利が企業（使用者）に認められていますが、こうした権利を濫用することなく的確に行使していくことも求められます。

　労働時間の法的ルールには複雑な点も少なくなく、必要に応じて社会保険労務士などの専門家による助言等も活用しながら、効率的な処理システムの構築を図ることが最初の重要な一歩と考えます。

## （2）労働時間管理のポイント

　労働時間管理に関する権限は、言い換えれば従業員にどのような勤務時間で働いてもらうか（労務を提供させるか）を決定する権利であり、

会社の裁量に属するものです。したがって、その意味では、短時間・有期雇用労働法が定める均等待遇・均衡待遇が規制の対象としている「待遇」には当たらないものといえます<sup>(注1)</sup>。

(注1) 行政通達は、「待遇」の範囲について「基本的に、全ての賃金、教育訓練、福利厚生施設、休憩、休日、休暇、安全衛生、災害補償、解雇等の全ての待遇が含まれる」としています。（2019.1.30 基発0130第1号、職発0130第6号）

ただし、多くの中小企業の現場では、次のようなケースが見られることも少なくありません。

- （シフト勤務などの場合）所定労働日をいつにするか、従業員が自ら決定している
- 所定休日の変更、休日振替、代休取得などを現場の従業員に任せきりにしている
- 労働時間の繰上げ・繰下げ（時差出勤）を会社の許可なく行うことができるようになっている
- 従業員から同意を得られない残業や休日出勤をさせないなど、残業拒否を実質的に認めることになっている
- 遅刻、早退、中抜けをしても賃金カットや懲戒処分等の対象とせず、事実上黙認する状態になっている

こうした措置は、本来会社が有する権限（権利）の一部を従業員に譲り渡す行為ともいえます。従業員は、譲り渡された「権利」を自らの意思で行使することを認められることになりますから、その意味で一種の待遇と考えることができます。そして、それが"正社員のみ"に認められている場合には、待遇格差の問題として同一労働同一賃金の俎上に載る可能性もあるといえるでしょう。仮に正社員を優遇する目的でそのような措置をとるわけではなかったとしても、まじめに勤務している非正規社員に差別感や不公平感を与えかねず、こうした措置が管理のルーズさなどに起因している場合は早急に見直しを図る必要があります。

なお、同一労働同一賃金と労働時間管理については同一労働同一賃金ガイドライン（以下「ガイドライン」といいます）ではふれられておら

ず、現時点（2021年9月）で言及された判例もまだありません。

## 3　同一労働同一賃金と労働時間管理

　まずは、自社の労働時間管理の実情をあらためて把握し、前述した「待遇」に当たるような措置を認めている場合には、それを継続するかどうかを検討してみます。継続するのであれば、非正規社員も正社員と同様に取り扱うか、または一定の客観的な基準を満たす従業員のみを対象とする（例えば「シフトの決定・変更権限を有する者」に限って認める等）など、取り扱い方を明らかにすべきでしょう。

　一方、廃止する場合には、それまで適用を受けていた従業員から不利益変更として受けとめられるおそれもあり、廃止の理由について丁寧に説明して理解と了承を得るべきです。同意を得る見込みが期待できなかったり、代償措置を設ける必要があったりする場合は、社会保険労務士等の専門家の助言を受けて慎重に対応することをお勧めします。

　ところで、同一労働同一賃金をきっかけとして、変形労働時間制やフレックスタイム制、あるいは裁量労働時間制や事業場外労働みなし労働時間制といった労働時間に関する制度（以下、あわせて「各種労働時間制度等」といいます）の適用について相談を受ける機会が増えてきているように筆者は感じています。例えば、適用対象者を正社員に限定すると同一労働同一賃金に抵触するのかといった内容のものが典型的ですが、とくにフレックスタイム制やみなし労働時間制には柔軟な働き方を可能とする側面があることから、非正規社員から適用を希望する声が出ている例も見受けられます。

　各種労働時間制度等の適用自体は、「待遇」とはいえず、仮に正社員に限定していても直ちに違法とはいえないと思われます。しかし、合理的な理由がなく対象者を正社員に限定するのは、とくに適用を希望する非正規社員からは納得を得られないことは言うまでもありません。こうした点も踏まえてあらためて考えると、対象者は正社員か非正規社員かで区別するのではなく、（対象者に関する法的要件をクリアすることを前提として）部門や職種、担当業務の内容、社内における立場、役割や責任

の大きさ、勤続年数といった客観的な基準に基づいて適用するべきといえるでしょう。

　最後に労働時間に密接に関連するものとして、残業代などの割増賃金についてもふれておきたいと思います。ガイドラインや判例をみると、正社員と非正規社員の間で割増率に格差を設けることは原則として不合理であるという立場をとっています。割増率に差異を設けている中小企業はほとんどないというのが筆者の印象ですが、例外として社内の正社員で構成する労働組合がある企業では、過去の労使交渉を経て正社員のみ法定を超える割増率になっているというケースをたまに見受けることもあります。

　割増率の差異に言及した判例（2019.2.20東京高裁判決「メトロコマース事件」）を詳しく見ると、労使交渉の結果として正社員の割増率を引き上げたという事実（証拠）があれば格差が認められる余地があるようにも読みとれます。ただし、それが実際の訴訟でどの程度考慮されるかは予測が難しいと言わざるをえません。そうなると非正規社員の割増賃金引上げがコストとして重くのしかかる企業にとっては対応が悩ましいところですが、不利益変更となるだけに、賃金制度の抜本的な見直しや生産性向上による残業時間の削減なども視野に入れながら労働組合や従業員代表へは説明、協議をしっかり積み重ねていくことが重要となるでしょう。

　また、いわゆる固定残業手当（定額残業手当）を正社員のみに支給している場合、問題がないかという点ですが、支給対象者が恒常的に一定の残業をしており、かつ時間外手当も適法に支給されている場合には、非正規社員に固定残業手当を支給していなくても原則として違法とはされないと考えます。しかしながら、残業の実態がほとんどない、残業時間の集計業務を行っていない、または固定残業手当の金額が極端に大きい場合などでは、ある意味、賃金の補填（見かけ上の賃金総額を大きく見せる）が目的とみることもでき、均等・均衡待遇に抵触する場合も否定できないといえます。実際、固定残業手当についてはその取扱いをめぐってトラブルに発展するケースも少なからず見受けられるので、導入や見直しを行うに当たっては注意が必要です。

# 3 同一労働同一賃金を踏まえた休暇制度の設計・運用

## 1 休暇とはなにか

　休暇と休日は、ともに「働く義務がない日」という点で共通しているため、混同されるケースも少なくありません。例えば、お盆や年末年始は休みだという会社の担当者に「夏休みや年末年始の休みは休暇ですか？　それとも休日ですか？」などと聞いてみると、「そのあたりは曖昧なまま、これまできました」と回答されることも少なくありません。

　しかし休日と休暇は、以下のようにまったく別のものです。

　●休日：労働契約において、（最初から）労働義務を課さないと定めてある日
　●休暇：労働契約において、いったん労働義務を課した（所定労働日）うえで、後から労働義務を免除した日または時間

　休日と休暇の運用については、とくにシフト制を導入している企業（飲食業・小売業、介護事業など）からの相談が目立ちます。

　よくある例からみてみましょう。

　「6月のシフトが確定する前に、従業員から6月X日に休みたいという要望があった場合、シフト上6月X日は休日と休暇のどちらになるのか」というものです。

　先述のとおり、特定の日を休暇とするためには、前提としてその日があらかじめ出勤日（所定労働日）として確定していなければなりません。

　しかし、シフトが確定する前段階では、それぞれの日が出勤日なのか休日なのかがまだ決まっていないわけですから、休みたいという要望があったとしても、その時点では処理のしようがないのです。すなわちこ

のケースの場合、まずシフト設定にあたり、「６月Ｘ日」を休日とするか所定労働日とするかを確定させ、その日を出勤日とした場合には本人からあらためて休暇を申請してもらう、というのが適切な処理方法です。

　他にも例えばシフトで決められた出勤日に急遽出勤できなくなったため、当人が別の従業員に依頼して代替勤務をしてもらうことにとなり、当人自身はお休みする、といった場合、休んだ日を休日、休暇または欠勤のいずれで処理すべきか、などといった相談もよくあります。このような場合、休暇を含めた勤怠処理の明確なルールがあれば、それに従うことになりますが、ルールがないとその都度対応がバラバラで処理が一貫性を欠くことになります。

　休暇を適切に管理、運用していくことが同一労働同一賃金対応に当たっての前提条件となるため、まずは休暇の概念（休日や欠勤との違い）と自社の休暇制度の内容をしっかり把握する必要があります。とくにシフト制を採用している場合、現場の責任者がシフトの作成・運用を適切に行うための具体的な勤怠ルールの策定やこれをサポートする体制の構築に取り組んでいくべきでしょう。

　さて、休暇には様々なものがありますが、大きくは次の二つに分類できます。

## ①法定休暇

　労働基準法など労働関係諸法令によって、一定の要件を満たす労働者に付与することが義務づけられている休暇です。年次有給休暇、生理休暇、産前産後の休業、育児休業、介護休業などが代表的なものですが、このうち有給での休暇は年次有給休暇のみです。
〔産前産後の休業や育児休業などの制度については、**4 同一労働同一賃金と妊娠・出産・育児・介護関連諸制度（133頁）**、いわゆる私傷病休職については **5 同一労働同一賃金と休職制度の設計・運用（139頁）** をご参照ください〕

## ②任意休暇（法定外休暇）

　企業がそれぞれ任意に設ける休暇です。法律上義務づけられたもので

はなく、対象者の範囲や有給・無給の取扱い等について広く会社の裁量で定めることができます。代表的なものが慶弔休暇ですが、この他にも次のように多様です。

・**病気休暇**：病気療養のための休暇
・**夏期休暇、冬期休暇**：お盆の時期や年末年始などの休暇
・**一般健康診断の受診時間**：一般健康診断や雇入れ時の健康診断の受診時間に対する休暇（一般健康診断の受診時間は労働時間として取り扱う義務はなく、所定労働時間中に受診させる時間については、見方を変えれば一種の休暇とみることができます）
・**リフレッシュ休暇**：心身の疲労回復のため、勤続年数等に応じて与える休暇
・**ボランティア休暇**：社会貢献（ボランティア）活動に参加する従業員に与える休暇
・**アニバーサリー休暇**：従業員が各自設定した「記念日」に与える休暇
・**ワクチン休暇**：新型コロナウイルスなど感染症のワクチン接種日や、接種後の副反応が発生した日に与える休暇

## 2　休暇制度の留意点

### ①法定休暇に関する留意点

**１）法定水準どおりに休暇を与える場合**

　法定休暇は、法令で取得できる労働者の範囲が規定されており、法に基づいて対象者を決定しているのであれば、同一労働同一賃金について問題となることは原則としてありません。しかしながら、休暇制度の運用全般について、「法令の定めに従っていれば、同一労働同一賃金には一切抵触することはない」と割り切ってしまってもいいのでしょうか。

　例えば、年次有給休暇を取得した日の賃金は、通常の賃金のほか、健康保険の標準報酬月額や労働基準法上の平均賃金で支払うことも一方では認められています（労働基準法第39条第９項）。この定めに従い、「月給制の正社員には通常の賃金を、時給制の非正規社員には平均賃金を支払う」とするケースも見受けられますが、このような取扱いをする理由

127

として、通常の賃金よりも平均賃金で支払うほうが支払額を低く抑えることができる場合がある、ということが想定できます<sup>(注2)</sup>。

（注2）平均賃金は、平均賃金を算定すべき事由の発生した日以前3ヵ月間で支払われた賃金総額を、その期間の総日数で除して算出します（労働基準法第12条）。ただし、この方法は総日数、すなわち暦日数で計算するので、実際の労働日数が少ない労働者ほど平均賃金額が少なくなります。そこで、時給制や日給制などの労働者に対しては、最低保証額（上記の賃金総額を「総日数」ではなく「労働日数」で除した額の60%にあたる額）が定められており、当該額が原則の平均賃金額を上回る場合は、最低保証額が平均賃金になるとされています。ただし、最低保証額は1日当たりの賃金額に6割を乗じた程度の額になるわけですから、最低保証額のルールが適用される非正規社員の平均賃金は、通常の賃金で支払う場合よりも低くなることがありうることになります。

　人件費抑制のみを目的としてこのような取扱いを行うことは、労働基準法上は違法ではなくても、厳密にとらえれば均等待遇や均衡待遇に抵触するリスクが全くないとはいえません。また、自社の非正規社員が納得できるような説明をすることも難しいでしょう。このように、休暇の根拠法令では認められても、同一労働同一賃金という観点からみるとどうか、という視点も今後は常に意識する必要があるのです。

### 2）法定水準を超える休暇を与える場合

　法定休暇に関していっそう問題になるのは、“法定の水準を超える”待遇や取扱いをしているようなケースです。

　例えば、正社員に対してのみ
・法の定める日数以上の年次有給休暇を与えている
・生理休暇を有給休暇としている
・半休（半日単位の年次有給休暇）を利用できる

などを認めているといったものが典型的な例です。さらに年次有給休暇については、

・年休付与要件である「全労働日の8割以上出勤」の算定において優遇する
　（例えば、長期間の病気欠勤期間を出勤日とみなして出勤率を算定

するなど）

・年次有給休暇の当日請求や欠勤との事後振替を認める

・斉一的取扱い<sup>(注3)</sup>等により、年次有給休暇の付与日を前倒しする

**（注3）斉一的取扱いとは、入社日にかかわらず、一律の基準日を決めて一斉に付与（例えば、 毎年4月1日を全員一律の付与日とするなど）することをいいます。年休管理の煩雑さが軽減されることから、比較的規模が大きい会社などではよく見受けられます。**

を認めるなど、制度の運用面において非正規社員との違いが生じるケースは少なくありません。すなわち、それぞれの休暇制度の付与日数や有給・無給の違いのみならず、社内手続きを含めた運用上の差異についてもあらためて確認を行うとともに、差異の趣旨や目的などを踏まえ、必要であれば見直しを図るべきでしょう。

なお、上記の例のうち、正社員のみに斉一的取扱いを実施することについては、「年休手続の省力化や事務の簡便化」を理由に不合理な待遇差とはいえないとした裁判例（2018.1.24大阪地裁判決「大阪医科薬科大学事件」、この点についてはその後の控訴審でも同様の判断がなされ、同判決で確定しています）がありますが、この判決は非正規社員（契約社員）の長期継続勤務が原則として想定されていなかったという前提での事例判断です。したがって、非正規社員が長い期間勤務している企業や非正規社員の人数が正社員よりも多い企業などでは、判断が異なってくる可能性もあるので注意が必要です。

## ②任意休暇に関する留意点

任意休暇のうち、いくつかは判例やガイドラインで採りあげられていますが、大まかに分類すれば次の二つに分けられます。

### 1）（原則として）正社員と同等の取扱いをすべきであると示されたもの

・夏季冬期休暇（2020.10.15最高裁判決「日本郵便事件（佐賀）事件」）

・夏季特別有給休暇（2018.2.15大阪高裁判決「大阪医科薬科大学事件」）

・慶弔休暇（ガイドライン）

・健康診断に伴う勤務免除、当該勤務免除時間の給与保障（ガイドライン）

　これらの休暇は、とくにフルタイムで勤務する非正規社員に関して、それぞれの休暇の目的・趣旨を踏まえ、判例・ガイドラインともに原則として正社員と同等の取扱いとすべきであるという考え方を示しています。

**2）「相応に継続的な勤務」が見込まれるかという基準に基づいて判断すべきという考え方が示されたもの**

・有給の病気休暇（2020.10.15最高裁判決「日本郵便事件（東京）事件」）

・私傷病欠勤中の賃金（2020.10.13最高裁判決「大阪医科薬科大学事件」）

・リフレッシュ休暇（ガイドライン）

　これらは、1）の休暇に比べてより福利厚生的な性格が強く、長期に勤続する人材を確保することを目的としています。すなわち正社員を対象とすることを認めつつも、一方で非正規社員のうち「相応に継続的な勤務」が見込まれる者については、正社員と同等または不合理とされない程度の差にとどめるべき、としているのです。

　このように、任意休暇の内容に応じて不合理性の判断も変わりますので、検討に当たっては、休暇制度の趣旨・目的のほか、自社の非正規社員の実情（長期継続雇用に関するこれまでの実績や今後の予定など）もあわせて把握、分析しておく必要があります。

## ③　休暇制度の設計・運用

　正社員のみに認められた休暇制度がある場合、同等ないし均衡のとれた制度を非正規社員にも導入すれば、言うまでもないことですが、理想的な解決となります。しかし、なかには、正社員のみに認められた休暇制度の廃止や縮小、すなわち不利益変更によって均等・均衡待遇を図るように見直す動きも見受けられます。とくに、働き方改革関連法によっ

て年5日の年次有給休暇の取得義務化が施行されたことによって、付与
日数が少ない休暇や利用頻度の少ない休暇を廃止ないし縮小（ここでい
う休暇は法定を超える休暇または任意休暇です。法定休暇について、法
で定められた日数などの基準を下回ることは違法となります）し、その
代替策として年次有給休暇の消化促進を行う企業も見受けられます。

　このような不利益変更によって均等・均衡待遇を図る方策は、これま
で正社員に手厚い制度を設けてきた企業ほど、紛争やモラール低下のリ
スクが高まります。

　筆者が関与した事例では、有給かつ長期間の病気休暇制度を、人数の
多い非正規社員にそのまま導入することはコストの面などから困難なた
めに、有給の取扱いを廃止して健康保険法で定められた傷病手当金の活
用を検討せざるをえないと考えたものの、正社員側からの大きな反発が
予想され、結果として踏み切ることができなかったケースがありました。

　検討の結果、やむをえず不利益変更を行う場合には、まず正社員に十
分な説明を行うことが必須です。その際、単に「このままでは同一労働
同一賃金の法律に抵触することとなるので、それを回避するために行う
不利益変更について理解して欲しい」といった後ろ向きなメッセージだ
けでは、正社員の不満や不安を喚起するのみならず、利害の衝突が表面
化して正社員と非正規社員の間の溝をいっそう深めることにもなりかね
ません。正社員の主張や要望にまず真摯に耳を傾け、多様性を重視する
自社のポリシーと将来に向けた具体的な取組み等もしっかり伝えると
いったことを地道に積み重ねて、可能な限り正社員の理解、納得を得ら
れるように努力することが避けられません。

　ところで、最近のベンチャー企業などでは、自社のポリシーとして正
社員と非正規社員は当然に同等の存在であるとして、休暇制度について
も一切差別しないというケースも出てきています。ただし、それぞれの
休暇の趣旨や内容を吟味することなく一律に同じルール・待遇としてし
まうと、かえって公正さを欠いてしまう場合もありえます。

　個別の休暇制度を挙げて考えてみましょう。


●週の所定労働日数が1日であるパートに、正社員と同様に5日間の

結婚休暇を与える。（結果として、計5週間出社しなくなる可能性がある）

●正社員に認めている最長6ヵ月の病気休暇制度（有給）を3ヵ月契約の有期雇用者にも同期間適用する。

●一般健康診断の実施義務がないパート（週の所定労働時間が正社員の4分の3未満の者）について、（所定休日での受診が可能な場合であっても）勤務時間中の健康診断受診を認め、その時間について賃金を支払う

　これらは、非正規社員に対して必要性を超えて厚遇することとなり、バランスを欠いた例といえます。最近では新型コロナウイルスのワクチン接種日や副反応が出た日に有給の任意休暇を付与する企業も出てきましたが、例えば所定労働日数や所定労働時間数が正社員よりも大幅に少ない非正規社員に対して、ワクチン休暇の対象外とする（すなわち、特段の事情がない限り所定休日に接種するように勧める）といった措置は、公平性の観点からも不合理とはならないと考えます。

　このように休暇制度を設計するに当たっては、非正規社員が被差別感を感じることがないよう配慮するとともに、制度の趣旨や自社の非正規社員の役割と働き方などを総合的に踏まえ、現場の実情に沿った独自の休暇制度を構築することが重要ではないでしょうか。

# 4 同一労働同一賃金と妊娠・出産・育児・介護関連諸制度

## 1 妊娠・出産・育児・介護関連諸制度の概要

　妊娠・出産に関する諸制度は労働基準法や男女雇用機会均等法において、育児や介護に関する制度は育児・介護休業法においてそれぞれ以下のとおり定められています。

### ①妊娠・出産に関する制度

- ・産前産後休業（いわゆる「産休」ですが、原則として産前６週、産後８週の休業が可能となっています）
- ・妊婦の軽易業務への転換（妊娠中の従業員が請求した場合には、他の軽易な業務に転換させなければなりません）
- ・妊産婦等の危険有害業務の就業制限
- ・妊産婦に対する変形労働時間制の適用制限
- ・妊産婦の時間外労働、休日労働、深夜労働の制限
- ・育児時間（生後満１年に達しない新生児を育てる女性従業員は、１日２回各々少なくとも30分の育児時間を請求することが認められます）
- ・妊産婦の母性健康管理措置
  （健康診査等の時間の確保、勤務時間の変更や勤務の軽減措置等）

### ②育児・介護に関する制度

- ・育児休業、介護休業
- ・子の看護休暇、介護休暇
- ・所定外労働の制限、時間外労働の制限、深夜業の制限
  （育児・介護いずれの場合もあり）

・所定労働時間の短縮措置等

　上記のうち、誤解されるケースで目立つのは、介護に関する「所定労働時間の短縮措置等」です。事業主は、育児については短時間勤務制度を設ける義務がありますが、介護については、①短時間勤務制度、②フレックスタイム制、③始業・終業時刻の繰上げ・繰下げ、④労働者が利用する介護サービスの費用の助成その他これに準ずる制度、のいずれか一つを講じればよく、①の介護短時間勤務制度としなければならないわけではありません。

　これらの制度を利用できる法定期間は最長3年と長期間となるものもあり、どの施策を採用するのかについては従業員のニーズや自社の人材確保の実情なども踏まえ、先々を見据えて総合的にかつ慎重な検討が必要になってきます。

　また、近年は、ワークライフバランスの浸透という社会的背景のもと、法定の水準を超える支援策を積極的に設ける中小企業も増えてきています。なかには妊娠・出産については、つわり休暇、法定を超える日数の産前休業、配偶者出産休暇のほか、最近は不妊治療のための休暇など従業員のニーズを強く意識した施策を導入する例も見受けられます。こうした支援は、直接的な賃金処遇ではありませんが、現場のニーズに合致した施策を実行できれば働きやすい職場環境につながり、人材確保にも好影響を及ぼすことが期待できるでしょう。

　参考までに、育児・介護について最近よく見られる施策を以下に挙げておきます。

・法を上回る日数の休暇付与
・法を上回る期間の短時間勤務制度
・有給の子の看護休暇、介護休暇
・育児、介護のための送迎等のための早退、中抜け、遅刻の許可
・1週間の所定労働日数を少なくする短時間勤務制度
・育児関連の特別休暇（保育園・幼稚園、学校等の行事、子供の誕生日等）

## ② 妊娠・出産・育児・介護関連諸制度の留意点

　妊娠や出産に関する判例に、無期契約職員（いわゆる正社員）に設けている出産休暇（産前休業の期間について法定の6週間を超える8週間とし、有給休暇として賃金も支給）を有期契約職員に適用しないことは不合理ではないとするものがあります（2020.2.13横浜地裁判決「社会福祉法人青い鳥事件」）。出産休暇を適用しなくても不合理ではないとされた有期契約職員は1年の有期契約を5回更新しており、必ずしも短期間雇用とはいえない勤続期間でしたが、同判例は無期契約職員と有期契約職員の間で職務内容に違いがあった点や、女性職員の比率が高く中核業務を担う無期契約職員の離職防止を図る必要性が高い点など、被告である法人の実態を考慮した判断となっています。

　したがって、女性比率が高いとはいえない企業や、非正規社員が長期継続勤務で職務内容も正社員とそれほど変わらない実態がある企業が同様の取組みをした場合には不合理と判断されるおそれもありますので注意が必要です。

　なお、2022年4月施行の改正育児・介護休業法では、それまで設けられていた有期雇用労働者の育児休業および介護休業の要件が緩和（引き続き雇用された期間が1年以上という要件が廃止）されることになります。今後も正規と非正規の垣根を取り払うことを目的とした法改正が行われる可能性がありますので、引き続き目が離せません。ところで中小企業の場合、厚生労働省のモデル規程をたたき台に育児・介護休業規程を作成しているケースが多く見られます。そのこと自体は問題ないですが、モデル規程の内容を精査せずに"そのまま"使っているために、用語の使い方が自社の他の実情と矛盾していたり、手続きなどが規定どおり運用されていなかったりといった例がよく見受けられます。育児・介護休業法が定める内容や手続きは複雑で、そもそもこれを理解することは簡単ではありませんが、少なくとも自社の実態に合わない規定になっていないかどうかはチェックしなくては話になりません。また、このところは法改正が頻繁に行われている分野でもあり、自社の規定（規程）が古くなっていないかどうか定期的に確認しなくてはなりません。

## 3　妊娠・出産・育児・介護関連諸制度の設計・運用

　政府の調査によると、夫婦共働き世帯数はすでに専業主婦世帯数の2倍以上となり、この増加傾向はますます加速しています（**図表4-1**）。また、男性の育児参加促進を図る厚生労働省の"イクメンプロジェクト"の影響もあり、とくに共働き世帯では育児や介護を夫婦の一方に任せきりにせず、互いに協力し合いながら仕事と家庭の両立を目指す生活スタイルが珍しくなくなってきています。

　かつて正社員といえば、働く場所も従事する仕事も制約がなく、長時間労働も厭わないというイメージが強くありました。しかしながら、上記のような生活スタイルが浸透してくると、正社員もライフステージに応じて働く時間・場所・担当業務などに一定の制約を設ける働き方をする時期と、これらの制約のない働き方をする時期を自ら選択できるようにしたいというニーズが今後いっそう高まってくることが予想されています。とくに、大きなライフイベントである妊娠・出産・育児・介護をサポートする支援策と柔軟な働き方を実現できる職場環境の整備は、人

**図表 4-1 ▶共働き等世帯数の推移**

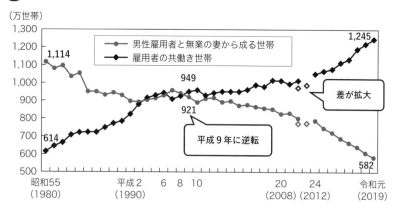

※平成22年・23年の値（白抜き表示）は岩手県、宮城県および福島県を除く全国の結果
（出所）男女共同参画白書（2020年版）より抜粋

材確保を図るうえでますます重要な施策になっていくことは間違いあり
ません。

　これら妊娠・出産・育児・介護の支援策を同一労働同一賃金の観点も
踏まえて検討していく場合、法定水準どおりの制度とする場合と法定水
準を超える制度とする場合とでは大きく異なってきます。法定どおりに
施策を実施する場合には、適用対象者や制度内容について法令で詳しく
定められていることから、これに従えばよく、同一労働同一賃金の観点
からの検討は原則として必要ないといってもよいでしょう。

　そこで、ここからは法定水準を超える独自の制度を設ける場合につい
て考えていきます。

　妊娠・出産・育児・介護の支援策が前述〔**③ 同一労働同一賃金を踏
まえた休暇制度の設計・運用を参照。125頁**〕の休暇と異なる点の一つ
は、支援が必要な期間が比較的長期間に及ぶことが多いということで
す。この点を踏まえつつ、例えば妊娠・出産・育児・介護に関する（法
定水準を超える内容の）支援策の対象者を長期継続勤務が想定される従
業員とすることは合理性があるといえるでしょう。その場合、対象者は
正社員および長期継続勤務が見込まれる非正規社員とし、所定労働時間
が一定基準に満たなかったり、あるいは短期の雇用が見込まれていたり
する等の非正規社員については原則として非適用としても、社内の不公
平感の醸成につながるものではないと考えます。

　しかしながら、妊娠・出産・育児・介護の支援策のなかでも、子の看
護休暇や介護休暇など、比較的短期間あるいは少ない頻度での利用が想
定されるものもあります。これらについて法定を上回る制度（有給の休
暇としたり、中抜けを認めたりするなど）を設けている場合には、すべ
ての非正規社員を対象とする余地があると考えます。

　さらに一歩進んで、法定の制度をベースとした支援策とは別に、自社
に適応するきめ細かい施策を検討することにも今後はチャレンジしたい
ところです。大企業の例ですが、化粧品メーカーの資生堂は、女性社員
の比率が高いことが特徴として挙げられますが（国内勤務の約７割が女
性）、子育て中の働き方については育児短時間勤務制度を一律に適用せ
ずに、個別の事情に応じて次のステップを選択できる施策を実施してい

ます（**図表4-2**）。

　どのような支援策が適応するかはそれぞれの企業によって異なりますが、妊娠・出産・育児・介護に関してきめ細かく支援しようとする場合は、正社員を含むすべての従業員の意見や要望に真摯に耳を傾け、個別のニーズをしっかり把握することが求められてきているといえるのではないでしょうか。

**図表** 4-2 ▶**子育て中の働き方４ステップ（資生堂）**

| ステップ４ | 育児時間を使わずにフルタイム勤務者と同等の勤務 |
|---|---|
| ステップ３ | 早番、遅番、休日勤務の回数はフルタイム勤務者と同様 |
| ステップ２ | 個別事情に応じて遅番・休日勤務にも入る（2014年4月からの標準） |
| ステップ１ | 早番に入り、遅番・休日勤務は免除（2014年3月までの働き方） |

出典：石塚由紀夫『資生堂インパクト』日本経済新聞出版社 67頁掲載の図を一部改変

〈筆者注〉
　ここでいう「育児時間」は、いわゆる育児短時間勤務制度を指しています。
　したがって、ステップ１〜３は、育児短時間勤務の適用者に対する施策、ステップ４は育児短時間勤務からフルタイム勤務になる段階となります。単に短時間勤務制度の実施にとどまらず、あらかじめ一定の選択肢を設定して、短時間勤務期間中も従業員の個別事情に沿った働き方が叶えられる制度としています。

# 5　同一労働同一賃金と休職制度の設計・運用

## 1　休職とはなにか

　休職に関する法規で定めたものはとくにありません。その意味では、導入する場合にどのような制度とするかは各企業の裁量に委ねられています。ちなみに、菅野和夫『労働法〈第12版〉』によると、「ある従業員について労務に従事させることが不能または不適当な事由が生じた場合に、使用者がその従業員に対し労働契約関係そのものは維持させながら労務への従事を免除することまたは禁止すること」とされています。

　休職には私傷病休職を始めとして、事故欠勤休職、起訴休職、出向休職、自己都合休職などいくつかのタイプがあります。ここでは頁数の関係から、実務で扱うことの多い私傷病休職（以下、私傷病休職を「休職」といいます）に絞って以下に述べます。

　一般的な休職は、業務外の傷病による欠勤が一定期間に及んだ後、引き続き療養に専念する必要がある場合に、就業規則の定めに基づいて所定の期間の勤務を免除するといったものですが、その意義は"解雇の猶予"にあると考えられます。すなわち、私傷病により長期間労働できない状態は、就業規則の解雇事由に該当するものの、あえて解雇を一定期間猶予し、療養に専念させて将来の復帰を図るための制度といえます。休職と休暇は、特定の期間における労働義務を免除するという点では同じですが、休職は解雇猶予という趣旨のもと、休職期間満了時に復職できない場合には就業規則等の定めに基づいて解雇ないし自動的に退職となる、という点で休暇とは異なります。

## 2 休職制度の留意点

　ガイドラインをみると「短時間労働者（有期雇用労働者である場合を除く）には、通常の労働者と同一の病気休職の取得を認めなければならない。また、有期雇用労働者にも、労働契約が終了するまでの期間を踏まえて、病気休職の取得を認めなければならない」と、無期労働契約の短時間労働者については同一の制度を適用することを求めています。

　一方判例をみると、休職の対象者を正社員に限定していることについて「有為な人材の確保、定着を図るという観点から制度を設けているものであり、合理性を有するものと解されるところ、時給制契約社員については6か月の契約期間を定めて雇用され、長期間継続した雇用が当然に想定されるものではなく、休職制度を設けないことについては不合理なこととはいえない」として、契約社員に私傷病休職を適用しなくても不合理とはいえないとしたものがあります（2018.10.25東京高裁判決「日本郵便（休職）事件」）。

　ここで注意したいのは、同じ非正規社員でも、有期雇用者と無期雇用者とで取扱いが異なる考え方が示されている点です。さらに有期雇用者でも長期継続勤務が想定されているかどうかによって結論が変わる場合があるという点に注目する必要があります。とくに中小企業の場合には、職種などによっては実質的には無期雇用と変わらない長期継続勤務の有期雇用者が多く存在しています。まず自社の非正規社員の実情を把握することが同一労働同一賃金対応の最初のステップとなります。

## 3 同一労働同一賃金と休職制度の設計・運用

　先述の判例で争われた休職制度の休職期間は、最長で3年とかなり手厚いものでした。しかし、中小企業の休職制度をみてみると、1年を超える長期の期間を定めているケースもありますが、1ヵ月から3ヵ月程度の短期の期間となっていることも少なくありません。休職制度は会社の裁量で自由に設計できますので、休職期間が短いこと自体は違法ではありませんが、長期勤続人材の確保を図るという目的は相対的に低くな

らざるをえず、均衡待遇の判断にも影響を及ぼすと考えられます。

　そこで、以下それぞれのケースごとに考えてみましょう。

## ①休職期間を長期間にしている場合

　まず、長期間の休職期間を設けている趣旨、目的を確認してみます。先述の判例では"有為な正社員を確保し定着を図る"という趣旨が認定されていますが、慢性的な人手不足に悩んでいる中小企業にとっては非正規社員も重要な戦力であり、正社員と同様に確保する必要があるともいえます。例えば、保育園や幼稚園、学習塾、介護事業などがその典型ですが、現場で実際に取り組む業務の内容は正社員も非正規社員もそれほど変わらず、しかも採用も難しい業種は少なくありません。そのような企業では、正社員と同等の休職制度を設けることにより、非正規社員が被差別感を覚えることなく安心して働ける環境作りにつながることが期待できます。

　また、長期の休職期間を設けている企業では、あわせてリハビリ勤務の制度を導入しているケースも見受けられます。このような復職支援の施策は非正規社員にも同様に適用することが望ましいといえます。

　一方で、長期間の休職を認める場合、休職者の代替人材を新たに採用すべきかどうか、代替人材の採用後に休職者が復職した場合の配置をどうすべきかについては、組織規模やコストの面で制約がある中小企業にとっては悩ましい問題です。この対応策の一つとして"予防に力を入れる"、つまりすべての従業員が常に健康に働くことができる環境作りを同時に目指す"健康経営"を新たな経営課題として掲げることが考えられます。

　ここでいう健康経営とは、経済産業省によれば「従業員等の健康管理を経営的な視点で考え、戦略的に実践すること」を言い、「企業理念に基づき、従業員等への健康投資を行うことは、従業員の活力向上や生産性の向上等の組織の活性化をもたらし、結果的に業績向上や株価向上につながると期待」できるとしています(注4)。

（注4）経済産業省ホームページ　https://www.meti.go.jp/policy/mono_info_service/
　　　healthcare/kenko_keiei.html より抜粋。

　すなわち、従業員の心身の健康維持を通じて生産性やモチベーションの向上を図ることによって、中長期的にみれば休職制度の利用頻度の減少に結び付く、というわけです。この健康経営の具体的施策の例としては以下のものがあります（これらについては、従業員の意見や要望なども積極的に採り入れつつ、実効性がある独自の施策を導入することをお勧めします）。

●ストレスチェックの実施と、その結果を踏まえた対策の実行
●長時間労働の抑制、勤務間インターバルの実施
●法定外健康診断の実施、人間ドック受診の援助
●禁煙サポート、受動喫煙対策の実施
●健康相談窓口の設置

### ②休職期間を短期間にしている場合

　短い休職期間を設定する理由としては、長期の休職後に復職しても担当する適当な仕事がないこと、社会保険料等のコストが発生すること、休職期間満了による自動退職の規定を適用することによって解雇を避けること等が考えられます。その場合、長期勤続の従業員の確保を図ることが制度の目的であると主張しても納得を得ることは難しいのではないかと思われます。

　しかしながら、休職期間が短いということは当然ながら会社の負担も小さくなるということであり、その点を考慮したうえで適用対象者は長期勤続人材に加えて、一定期間以上勤務している有期雇用者も限定的に含めることを検討する余地はあるといえます。

　また、近年は精神疾患に罹患して休職するケースが増加しています。精神疾患に関する社会の意識も変わってきており、完治まで比較的長い期間を要することや再発しやすいという特徴なども浸透してきています。これを受けて、精神疾患など一定の傷病については通常よりも長い休職期間を設定し、従業員を手厚くサポートする姿勢を示すことも考えられるでしょう。

　ところで休職期間が短い場合には、残念ながら期間中の回復が見込めないこともありえます。筆者はこのようなとき、休職者が自社にとって

有用な人材である場合には、療養を終えて回復したとの連絡があった場合には再雇用を約束、もしくは検討する用意がある旨を本人に伝えることも有効ではないかと助言することがあります。このように事前に伝えることで本人も安心して療養に専念できると同時に、会社へのエンゲージメント（愛着心）を高めることにも結び付き、結果として休職に準じた効果を得られる場合があります。

　以上、休職期間の長短に応じた対応策を挙げてみましたが、有期雇用者を休職させる場合の注意点についてもふれておきたいと思います。

　ガイドラインでは、1年の有期雇用者の休職期間満了日を契約期間終了日とするケースを「問題にならない例」として挙げています。しかし、例えば休職発令日から契約期間満了日まで数日程度しかないにもかかわらず、上記のとおり取り扱った場合、解雇猶予という休職制度本来の機能を果たすといえるのか疑問です。また、契約更新を何度も繰り返して実質的に無期雇用と異ならない有期雇用者については、長期勤続の実情を考慮したうえで、契約期間終了日ではなく、所定の休職期間が経過した日を満了日とすることも検討の余地があるのではないでしょうか。就業規則などに、「原則として、契約期間満了日を休職期間満了日とする」旨の定めを設けることについては問題ありませんが、例外的なケースに対しては柔軟に制度を運用したいところです。

# 6 同一労働同一賃金と福利厚生、労務管理

## 1 福利厚生制度

　福利厚生制度は、もともとは寄宿舎や食事施設など生活扶助を図るものから始まったものです。これが最近では財産形成、ワークライフバランス支援、健康経営、自己啓発など従業員のニーズを幅広く支援する多様な施策が見受けられるようになり、導入状況も企業によって大きく異なります。以下、とくに中小企業でよく実施されている施策を抽出したうえで、同一労働同一賃金の観点から留意点を考えてみたいと思います。

### ①福利厚生施設

　給食施設・休憩室・更衣室といった福利厚生施設については、非正規社員にも利用の機会を与えなければならないとなっています（短時間・有期雇用労働法第12条、同法施行規則第5条）。特段の事情がなければ区別する理由も考えられないので、正社員と同様の使用を認めるべきといえます。

　なお、例えば社内施設について通常の目的外の利用を認めている場合、例えば食堂を就業後に従業員が集まるパブとしての利用を認めるなどですが、以前は非正規社員を前提から除外していたケースもなかに見受けられましたが、今後は総合的に見直したうえで同等に取り扱っていくべきです。

### ②慶弔見舞金

　慶弔見舞金は多くの中小企業でも見受けられる施策ですが、制度の目的を聞いてみると、「他社でもそのような制度があるから…」、「社長が以前勤めていた会社にも同じような制度があったので…」といった明確

な意思で設けられたとは言えないケースも少なくありません。今回の同一労働同一賃金に関わる制度改革を受けて、自社の福利厚生制度の趣旨をあらためて明確にし、独自性を強く打ち出す良い機会になるのではないでしょうか。

　制度の趣旨・目的が、長期勤続人材の確保を図るということであれば、長期雇用を予定していない非正規社員を対象外としても直ちに違法とはならないと思われます。しかしながらとくに中小企業では、家族主義的な経営を重視し、従業員同士の親密な雰囲気を大切にすることを強調しているところは多く見受けられます。それらの企業において、人生の重要な節目である慶事・弔事に対し、個々の雇用形態にとらわれることなく一律に制度を適用することは会社のポリシーに合致し、非正規社員にとっての納得感や一体感にも結びつくものと思われます。

### ③永年勤続表彰

　非正規社員に永年勤続褒賞を行わないのは不合理であるとした判例があります（2019.2.20東京高裁判決「メトロコマース事件」）。勤続年数に応じて一律に賞品・賞金・休暇等を与えるといった制度であれば、長期勤続の非正規社員にも適用すべきでしょう。その場合、パートの所定労働時間の長短に応じて賞金額等を調整するなどは不公平とはいえず、従業員の納得も得やすいと思われます。

### ④社員旅行

　社員旅行の目的を有為な人材の確保と位置づけ、参加者を正社員のみに限るとした場合、ただちに違法とはならないと思われますが、非正規社員の被差別感を助長する可能性は否定できません。予算や参加可能人数等の制約の範囲で、非正規社員も参加できるように配慮する、または正社員・非正規社員いずれも希望者のみの参加とするなどの方法が適当であると考えます。非正規社員の人数が正社員を大きく上回る企業などは、新たに全員を参加者とすることは難しい場合が多いと思われますので、従業員全体の意見やニーズを踏まえ、例えば日帰りツアーや、全員参加の運動会を実施したりするなどこれまでの延長ではない新しい発想

のイベントを企画するのも一案です。

### ⑤その他の福利厚生

ここまで見てきたもの以外では、

- ・財産形成：財形貯蓄、従業員持株制度、ストックオプション、住宅資金融資など
- ・仕事と家庭の両立支援：治療と仕事の両立施策、育児介護関連サービスの利用補助など
- ・健康管理：運動・医療施設等の利用補助、人間ドック受診補助、健康相談窓口の設置など
- ・自己啓発支援：社内の自己啓発プログラム提供、社外サービスの提供・経費補助、情報提供など
- ・余暇の充実：保養所の整備、宿泊施設やレクリエーション施設等の利用補助

などが一般的な福利厚生施策として挙げられます。また、福利厚生代行サービスなどを利用してカフェテリアプラン（多様なメニューの中から、保有するポイントなどに応じて利用するサービスを選択する）を導入する中小企業も近年増加してきているように思われます。

これらはそれぞれ程度の違いはあるものの、長期勤続人材の確保という目的で実施するのであれば、短期雇用の非正規社員には適用しないとしてもただちに違法とはされないと思われます。しかしながら筆者の関与先をみると、アルバイトにも長期勤続を期待してストックオプションを付与するなど、福利厚生全般についても正社員と同等に扱うケースも現れ始めています。福利厚生面で正規・非正規の垣根をなくす取組みは、従業員を含めたステークホルダー（利害関係者）全体に自社のポリシーや独自の価値観を強く訴えることができるでしょう。

## 2　その他の人事労務管理

### ①教育訓練

短時間・有期雇用労働法をみると、職務遂行に当たって必要な能力を

付与するための教育訓練は、職務内容が正社員と同一の短時間・有期雇用労働者に対しても原則として実施しなければならない（同法第11条第１項）とする一方で、職務内容が異なる場合には正社員との均衡に考慮して教育訓練を実施するよう努めることとしています（同条第２項）。すなわち、法律上は職務内容が正社員と異なる非正規社員に関しては努力義務が課されているに留まり、教育訓練を実施しなくてもただちに違法とされるわけではありません。正社員と職務内容が全く同一である非正規社員はそれほどいないと思われますので、多くの中小企業では努力義務を定めた規定が適用されるケースに当てはまることになるでしょう。

　とはいえ、教育訓練を一切行わないということは、成長意欲のある非正規社員のモチベーションや士気を損ねることになりかねません。教育の機会について雇用身分で一律に区別しないことは、被差別感を解消し、多様性を確保するためにこれから一層重要になってきます。筆者は労務管理の社内研修講師を務めることがありますが、ハラスメントや社会保障制度といったテーマを扱うときなどは、可能な限り非正規社員にも参加機会を与えるよう企業に依頼しています。快適な職場環境の実現や将来の人生設計について皆が考えるきっかけになるとともに、教育訓練に関しても同一労働同一賃金の実現を図ろうという会社の姿勢を伝える良い機会になるからです。

### ②安全管理（衛生管理）

　安全管理について、ガイドラインでは正社員と同一の業務環境で勤務する非正規社員には、正社員と同一の安全管理措置および給付を行わなければならないとされています。これは当然でしょう。また、ガイドライン上は明確ではありませんが、安全管理には衛生管理（健康診断や感染症対策など、健康の保持増進や健康障害防止等を図るための管理）も当然ながら含まれると考えるべきです。

### ③その他

　正社員の就業規則と非正規社員の就業規則の対応規定を一つひとつチェックしてみると、細かい部分で何らかの格差が設けられていること

が少なくありません。例えば、合理的な理由なく通勤手当の上限額に違いが設けられていたり、退職関係の規定における日数基準（解雇事由で定められている傷病欠勤日数や、退職事由で定める行方不明日数など）が異なっていたりといったものです。就業規則の規定をあらためて比較し、こうした取扱いが不合理な取扱いになっていないか、注意深くチェックしてみなくてはなりません。

# 7 まとめ

　同一労働同一賃金、とりわけ均衡待遇への対応を検討するに当たって、多くの担当者が悩むのは、「ここまでやっておけば違法とされない、そのラインはいったいどこにあるのか」ということです。合法と違法の境目となるラインがわかれば、その後の検討も一気に進むからです。しかし判例を見てもわかるように、均衡待遇において違法とされるラインはそれぞれの企業の実態によって異なり、自社の境目を予測することは困難なことが少なくありません。したがって、"違法とされない待遇にすること"を目的とすると、袋小路に入ってしまいます。実際、筆者も「ここまでやっておけば違法にはなりませんね？」という担当者からの質問に「断定できません」と回答せざるをえなかったことは一度や二度ではありません。

　もちろん合法と違法のラインを意識することは重要ですが、それよりも中小企業で大切なのは、従業員とこれまで以上に十分なコミュニケーションを図って相互理解を深めることではないでしょうか。常日頃から正社員・非正規社員双方の声に積極的に耳を傾けることにより、次の効果を期待できると考えられます。

●現場の実情や従業員のニーズに即した施策・待遇にできる
●従業員との意見交換を通じて各待遇の趣旨や基準がいっそう明確になり、待遇に関して非正規社員が納得できる説明 (注5) も可能になる
●意見や要望を真摯に聞く姿勢を示すことで従業員の不満や不安が軽減され、いわゆるガス抜きの効果も生じて紛争の未然防止にもつながる
●万一紛争に発展した場合であっても、それまでのコミュニケーションの経緯が均衡待遇の判断要素の一つである「その他の事情」とし

て採用され、不合理性を否定する（違法でないとする）ことに結び付く可能性がある

（注5）短時間・有期労働法では、事業主に対し、非正規社員を雇い入れた際に雇用管理上の措置の内容（賃金、教育訓練、福利厚生施設の利用、正規雇用転換の措置等）に関して説明する義務や、雇用する非正規社員から求めがあった場合に正社員との待遇差の内容・理由等を説明する義務を課しています（同法第14条第1項、同第2項）

　そして、こうした取組みを着実に積み重ねることが一人ひとりの従業員を尊重すること、ひいては多様性を活かすこれからの新たな中小企業経営につながっていくと考えます。

　今後、人手不足がますます進み、「無制約」一辺倒だった正社員の働き方もこれからは多様化していきます。環境が目まぐるしく変化し不確実性が高まる時代に中小企業が生き残っていくためには、多様性を尊重して正規・非正規といった雇用形態に関係なく自社にとって必要な人材を確保し育成していくこと、そのために正規・非正規の垣根のない働き方、待遇、職場環境を実現することが要諦になると確信しています。

　5年後、10年後の"自社のあるべき姿"を具体的に描き、同一労働同一賃金対応にぜひ前向きに取り組んで頂ければと思っています。

# 使える！　資料集

## ■資料4　就業規則規定例・正社員／非正規社員対照表

　本規定例は、同一労働同一賃金を踏まえた規程の作成・見直しをする場合にポイントとなる規定をピックアップし、正社員と非正規社員それぞれの規定内容を比較できる対照表の形式にしたものです。双方で異なる点には下線がついており、その趣旨や理由などを備考欄で解説しています。

　非正規社員の規定例は便宜上、契約社員・有期パート・無期パートなどすべての区分に適用されるとしていますが、非正規社員のうち特定の者にのみ適用されるものもあります（詳しくは、個別の規定例をご参照ください）。

　なお、均衡待遇（旧労働契約法第20条）に違反した場合に、正社員と契約社員それぞれの就業規則が別に定められているときは、正社員の労働条件がそのまま契約社員に適用されることはない、という考え方が最高裁の裁判例で示されており（2018.6.1最高裁二小判決「ハマキョウレックス事件」）、これは現行の短時間・有期雇用労働法第8条においても同様と解されます。この点のほか、読みやすさやわかりやすさ、規程管理のしやすさなども考慮すると、基本的にはそれぞれの雇用区分ごとに就業規則を整備することが望ましいといえます。

| 資料 4 ▶就業規則規定例・正社員／非正規社員対照表 | | |

| 正社員の規定例 | 非正規社員の規定例 | 備　考 |
|---|---|---|
| （適　用）<br>第●条　本規則は、会社に勤務する社員に適用する。 | （適　用）<br>第●条　本規則は、社員就業規則第●条第2項第1号に定める非正規社員に適用する。 | ⇒ここでは便宜上「非正規社員」という用語を使用していますが、差別感を感じさせないような呼称で自社に合った用語を使用するとよいでしょう。<br>⇒本規定例では、契約社員や有期パートは短期雇用を、無期パートは長期雇用を想定しています（本条以降、短期雇用と長期雇用のいずれを想定しているかに応じて適用範囲が異なる規定が出てきます）。 |
| 2　本規則で社員とは、第●章の定めによって採用された者をいい、次の各号に該当する者は含まない。<br>①　非正規社員<br>　有期雇用契約を締結し、またはパートタイムで勤務する者をいう。<br>②　嘱託社員<br>　本規則第●条または非正規社員就業規則第●条の定めにより、定年後再雇用された者 | 2　本規則において、非正規社員は次の3つに区分する。<br><br>①　契約社員<br>　期間を定めて雇用し、フルタイムで勤務する者<br><br>②　有期パート<br>　期間を定めて雇用し、パートタイムで勤務する者<br><br>③　無期パート<br>　第●条の正社員等登用制度により無期契約に転換され、かつパートタイムで勤務する者 |  |
|  |  | ⇒本規定例における無期パートは、原則として有期パートから無期転換した者のみとする（入社当初から無期パートとして採用することはない）ケースを想定しています。<br>⇒それぞれの規定の適用範囲（対象者）を明確にするための定めです。 |
| 3　前項第1号および第2号に該当する者の労働条件その他の事項については、別に定める。 | 3　本規則において、前項各号のいずれか一つの勤務形態に適用するときには「契約社員」、「有期パート」または「無期パート」とし、それ以外はすべての非正規社員に適用する。<br><br>（雇用期間）<br>第●条　契約社員および有期パートの雇用期間は、原則として1年以内とし、雇用契約書によって個別に定める。<br>2　前項の期間満了後、個別の雇用契約書に定める基準に基づき契約を更新することがある。ただし、更新し |  |
|  |  | ⇒規定例では、有期契約期間の上限（5年）を設けていますが、有期契約従業員の実態や無期転換 |

| 正社員の規定例 | 非正規社員の規定例 | 備　考 |
|---|---|---|
| | た場合の通算雇用期間は、新たに採用した日から起算して５年を限度とする。 | （労働契約法第18条）に対する方針等をふまえ、自社に合った規定とすることが望ましいといえます。 |
| （試用期間）<br>第●条　第●条の定めにより採用した社員については、入社の日から３ヵ月間を試用期間とする。ただし、会社が特に認めた者については、試用期間を設けないことがある。<br>２　前項の試用期間中に社員としての適格性を判断し難いときは、試用期間を延長することがある。ただし、延長する期間は３ヵ月を超えないものとする。 | ＜なし＞ | ⇒有期契約者に試用期間を設けることは可能ですが、有期契約者の本採用拒否が認められるためのハードルは低いとはいえません（労働契約法第17条第１項）。その意味では、有期契約者に試用期間を設けるメリットは必ずしも大きいとはいえませんが、無期契約の非正規社員を採用する場合には、一定の意義があるといえるでしょう（本規定例の無期パートは、有期パートから無期転換した者を想定しているため、試用期間の定めは設けていません）。 |
| （異　動）<br>第●条　会社は、業務上の必要があるときは、就業の場所または従事する職務を変更し、もしくは関係会社等への出向を命ずることがある。この場合、命令を受けた社員は、正当な理由なくこれを拒むことはできない。 | （異　動）<br>第●条　会社は、あらかじめ本人の同意を得た場合を除き、職場および職種の変更を行わない。ただし、所属する事業場の移転、新設、廃止その他やむを得ない事情がある場合は、職場または職種の変更を要請することがある。 | ⇒短時間・有期雇用労働法第８条、第９条の均衡待遇・均等待遇の定めは、職務内容や配置を変更する場合の変更範囲を判断要素の一つとしています。勤務地や職種を限定する場合は、就業規則や雇用契約書などでその旨を明確に定めておく必要があります。 |
| ＜なし＞ | （社員等登用制度）<br>第●条　勤続６ヵ月以上の契約社員で、本人が希望し上長の推薦があった者は、社員に転換することがある。<br>２　勤続６ヵ月以上の有期パートで、本人が希望し上長の推薦があった者は、社員または無期パートに転換することがある。<br>３　無期パートになって６ヵ月以上経過した者で、本人が希望し上長の推薦があった者は、社員に転換するこ | ⇒正社員登用制度については、第２編第２章６で詳しく解説されていますので、ご参照ください。本規定は、とくに登用制度をシンプルなものにした場合の例です。厚生労働省のキャリアアップ助成金を申請する場合でも、こうした規定の有無や内容がチェックされます。 |

| 正社員の規定例 | 非正規社員の規定例 | 備　考 |
|---|---|---|
| | とがある。<br>4　前三項の転換措置は、本人の希望および上長の推薦のあった都度随時実施する面接試験に合格した者について行うものとする。<br>5　転換時期は、前項の試験合格後に本人と協議のうえ決定する。 | |
| （フレックスタイム制）<br>第●条　フレックスタイム制にかかる労使協定を締結したときは、次のいずれも満たす社員について、フレックスタイム制を適用することがある。<br>①　本社管理部または研究所に所属すること<br>②　勤続年数が3年以上<br>③　自律して業務遂行ができるとして直属の上長の承認を得ていること<br>2　前項にかかわらず、高度な専門知識、スキル等を有すると会社が認めた社員については、勤続年数にかかわらずフレックスタイム制を適用することがある。 | （フレックスタイム制）<br>第●条　フレックスタイム制にかかる労使協定を締結したときは、次のいずれも満たす非正規社員について、フレックスタイム制を適用することがある。<br>①　本社管理部または研究所に所属すること<br>②　勤続年数が3年以上<br>③　自律して業務遂行ができるとして直属の上長の承認を得ていること<br>2　前項にかかわらず、高度な専門知識、スキル等を有すると会社が認めた契約社員については、勤続年数にかかわらずフレックスタイム制を適用することがある。 | ⇒適用対象者の詳細については、就業規則よりも労使協定で定めることが実務上は多いと思われますが、ここではフレックスタイム制の適用対象者を正規・非正規で区別しないことを示すために、あえて就業規則で詳しく定めています。<br><br>⇒契約社員については、高度な専門能力を有する人材の活躍がありうるものとして、会社が認めた場合には勤続年数の要件を除外することがある旨を定めています。なお、労使協定の内容などにもよりますが、各種労働時間制度の適用対象者は、原則として会社（使用者）の裁量で決定することができます。 |
| 3　フレックスタイム制を適用する社員の始業および終業の時刻については、第●条の始業および終業の時刻の定めを適用せず、本人の自主的決定にゆだねるものとする。<br>4　フレックスタイム制の具体的な内容については、労使協定に定める。 | 3　フレックスタイム制を適用する非正規社員の始業および終業の時刻については、第●条の始業および終業の時刻の定めを適用せず、本人の自主的決定にゆだねるものとする。<br>4　フレックスタイム制の具体的な内容については、労使協定に定める。 | |
| （事業場外労働みなし労働時 | （事業場外労働みなし労働時 | ⇒正社員・非正規社員に |

| 正社員の規定例 | 非正規社員の規定例 | 備　考 |
|---|---|---|
| 間制）<br>第●条　社員が業務の全部または一部を事業場外で行う場合で勤務時間を算定し難いときは、原則として所定就業時間勤務したものとみなす。 | 間制）<br>第●条　非正規社員が業務の全部または一部を事業場外で行う場合で勤務時間を算定し難いときは、原則として所定就業時間勤務したものとみなす。 | かかわらず、一定の要件を満たす在宅勤務者等のテレワーカーには事業場外労働みなし労働時間制を適用することができます。要件の具体的な内容等については、「テレワークの適切な導入及び実施の推進のためのガイドライン」（2021年３月25日）でも言及されていますので、参考にするとよいでしょう。 |
| （専門業務型裁量労働制）<br>第●条　従業員の過半数を代表する者と労使協定を締結したときは、次に掲げる業務に従事する社員で会社が相当と認めた者に専門業務型裁量労働制を適用する。<br><br>①　新商品もしくは新技術の研究開発<br>②　情報処理システムの分析または設計<br>2　会社は、前項に基づき裁量労働制を適用された者に業務遂行の手段および時間配分等を委ねるものとする。<br>3　前項の場合、１日の労働時間については、労使協定の定める時間労働したものとみなす。<br>4　本条に定めのない事項は、労使協定の定めるところによる。 | （専門業務型裁量労働制）<br>第●条　従業員の過半数を代表する者と労使協定を締結したときは、次に掲げる業務に従事する非正規社員で会社が相当と認めた者に専門業務型裁量労働制を適用する。<br><br>①　新商品もしくは新技術の研究開発<br>②　情報処理システムの分析または設計<br>2　会社は、前項に基づき裁量労働制を適用された者に業務遂行の手段および時間配分等を委ねるものとする。<br>3　前項の場合、１日の労働時間については、労使協定の定める時間労働したものとみなす。<br>4　本条に定めのない事項は、労使協定の定めるところによる。 | ⇒規定例では、正社員・非正規社員にかかわらず、担当業務の内容等に応じて裁量労働制の適用者を決定する旨を定めています。 |
| （休日の振替）<br>第●条　会社は、業務上の必要があるときは、社員の所定休日を他の日と振り替えることがある。<br><br>2　前項により休日を振り替えるときは、振り替える日を事前に指定して、これを | （休日の振替）<br>第●条　会社は、業務上の必要があるときは、非正規社員の所定休日を他の日と振り替えることがある。<br><br>2　前項により休日を振り替えるときは、振り替える日を事前に指定して、これを | ⇒休日の振替（変更）は、会社の権限であることを明確にしています。したがって、従業員の一存で休日振替はできず、会社（管理職など一定の権限を有する者）の許可や承認が必要となります。<br>⇒休日振替により所定労働時間が40時間を超える週が発生すると、労働 |

| 正社員の規定例 | 非正規社員の規定例 | 備　考 |
|---|---|---|
| 行う。この場合、<u>原則として同一週内の他の日に振り替えるものとする。</u> | 行う。この場合、<u>振り替えられた週の所定就業時間が40時間を超えない範囲で行うものとする。</u> | 基準法第32条に違反することになります。シフトの管理責任者はこうした知識も習得しておく必要があります。 |
| 3　前項の定めによって振り替えられた日に正当な理由なく勤務しないときは、欠勤として取り扱う。 | 3　前項の定めによって振り替えられた日に正当な理由なく勤務しないときは、欠勤として取り扱う。 | |
| （時間外勤務および休日勤務）<br>第●条　会社は、業務上の必要があるときは、<u>社員</u>に対し、時間外および休日労働に関する労使協定に定める範囲で、所定就業時間を超え、または休日に勤務することを命ずることがある。 | （時間外勤務および休日勤務）<br>第●条　会社は、業務上の必要があるときは、<u>非正規社員</u>に対し、時間外および休日労働に関する労使協定に定める範囲で、所定就業時間を超え、または休日に勤務すること<u>（以下、時間外勤務等という。）</u>を命ずることがある。 | ⇒会社が残業命令を発する根拠となる規定です。 |
| 2　<u>社員</u>は、前項の命令を正当な理由なく拒むことはできない。 | 2　<u>非正規社員</u>は、前項の命令を正当な理由なく拒むことはできない。<br><u>3　前二項にかかわらず、あらかじめ勤務時間について合意した有期パートおよび無期パートについては、時間外勤務等を合意の範囲内とし、または原則として時間外勤務等をさせない。ただし、第●条に定める非常災害時の場合については、この限りでない。</u> | ⇒パートは勤務時間に一定の制約がある従業員であると位置づけ、残業等はあらかじめ合意した時間の範囲内に限るとする場合の規定例です。就業規則ではなく、個別の雇用契約書で定めることでも差し支えありません。 |
| （特別休暇）<br>第●条　<u>社員</u>が次の各号のいずれかに該当するときは、それぞれに定める日数を限度として特別休暇を与える。<br>①　結婚休暇<br>　1）本人が結婚したとき<br>　　　　連続7日<br>　　　（休日を含む。）<br>　2）子女が結婚したとき<br>　　　　連続2日<br>　　　（休日を含む。）<br>②　忌引休暇 | （特別休暇）<br>第●条　<u>非正規社員</u>が次の各号のいずれかに該当するときは、それぞれに定める日数を限度として特別休暇を与える。<br>①　結婚休暇<br>　1）本人が結婚したとき<br>　　　　連続7日<br>　　　（休日を含む。）<br>　2）子女が結婚したとき<br>　　　　連続2日<br>　　　（休日を含む。）<br>②　忌引休暇 | ⇒「休日を含む」とすることで、パートも正社員と同じ期間を休めるようにして公平性を担保しています。 |

| 正社員の規定例 | 非正規社員の規定例 | 備　考 |
|---|---|---|
| 1）配偶者、父母、子が死亡したとき、または本人が喪主の場合<br>　　　　連続5日<br>　　　　（休日を含む。）<br>2）祖父母、兄弟姉妹、配偶者の父母が死亡したとき<br>　　　　　　　　1日<br>③　その他休暇<br>　会社が必要と認めた時間または日数<br>2　前項の特別休暇は有給とし、通常の給与を支払う。ただし、前項第3号の休暇中の賃金については、都度個別に決定する。 | 1）配偶者、父母、子が死亡したとき、または本人が喪主の場合<br>　　　　連続5日<br>　　　　（休日を含む。）<br>2）祖父母、兄弟姉妹、配偶者の父母が死亡したとき<br>　　　　　　　　1日<br>③　その他休暇<br>　会社が必要と認めた時間または日数<br>2　前項の特別休暇は有給とし、通常の給与を支払う。ただし、前項第3号の休暇中の賃金については、都度個別に決定する。 | ⇒非正規社員の休暇中の賃金は平均賃金ではなく通常の賃金としています（平均賃金だと、通常の賃金を下回る額になることがあるため）。 |
| （リフレッシュ休暇）<br>第●条　会社は、<u>社員</u>が心身をリフレッシュして健康の増進を図るため、勤続年数に応じて次に定める日数のリフレッシュ休暇を与えるものとする。 | （リフレッシュ休暇）<br>第●条　会社は、<u>無期パート</u>が心身をリフレッシュして健康の増進を図るため、勤続年数に応じて次に定める日数のリフレッシュ休暇を与えるものとする。 | ⇒ここでは、有期契約の非正規社員（契約社員と有期パート）を短期雇用と位置づけ、規定上は制度の対象外としています。ただし、所定の勤続年数に達した契約社員や有期パートがいる場合には、（根拠規定はなくても）休暇を付与する、という運用が望ましいといえます。 |
| 勤続10年　連続5日以内<br>　　　　　（休日を含む。）<br>勤続20年　連続5日以内<br>　　　　　（休日を含む。）<br>勤続30年　連続10日以内<br>　　　　　（休日を含む。） | 勤続10年　連続5日以内<br>　　　　　（休日を含む。）<br>勤続20年　連続5日以内<br>　　　　　（休日を含む。）<br>勤続30年　連続10日以内<br>　　　　　（休日を含む。） | ⇒非正規社員の所定労働時間等に応じて付与日数を決める方法もありますが、時期によって所定労働時間にバラツキがある非正規社員（たとえば、入社時はフルタイム勤務だったが、途中からパートタイム勤務に変わったなどの場合）などの取扱いが煩雑になる可能性もあります。そこで、規定例では、特別休暇の規定例と同様に休暇期間に「休日を含む」として、正社員と同じ期間を休め |

157

| 正社員の規定例 | 非正規社員の規定例 | 備　考 |
|---|---|---|
| | | ることに主眼を置いた制度としています。 |
| 2　リフレッシュ休暇は、原則として前項に定める勤続年数に到達する日の属する年度内に取得するものとする。<br>3　リフレッシュ休暇の取得を希望する者は、休暇開始予定日の３ヵ月前までに所属長に届け出なければならない。<br>4　前項の届出があった場合で、業務の都合その他やむをえない事情があると会社が判断したときは、本人の要望等を配慮したうえで休暇の取得時期を変更させることがある。<br>5　本条に定めるリフレッシュ休暇は有給とし、通常の給与を支払う。 | 2　リフレッシュ休暇は、原則として前項に定める勤続年数に到達する日の属する年度内に取得するものとする。<br>3　リフレッシュ休暇の取得を希望する者は、休暇開始予定日の３ヵ月前までに所属長に届け出なければならない。<br>4　前項の届出があった場合で、業務の都合その他やむをえない事情があると会社が判断したときは、本人の要望等を配慮したうえで休暇の取得時期を変更させることがある。<br>5　本条に定めるリフレッシュ休暇は有給とし、通常の給与を支払う。 | |
| （子の看護休暇）<br>第●条　小学校就学の始期に達するまでの子を養育する社員は、会社に申し出ることにより、１年（４月１日から翌年３月31日までの期間）につき５日（２人以上の場合は10日）を限度として、負傷しまたは疾病にかかった子の世話を行うため、または子に予防接種や健康診断を受けさせるための休暇（以下「看護休暇」という。）を取得することができる。 | （子の看護休暇）<br>第●条　小学校就学の始期に達するまでの子を養育する非正規社員は、会社に申し出ることにより、１年（４月１日から翌年３月31日までの期間）につき５日（２人以上の場合は10日）を限度として、負傷しまたは疾病にかかった子の世話を行うため、または子に予防接種や健康診断を受けさせるための休暇（以下「看護休暇」という。）を取得することができる。 | ⇒子の看護休暇（本規定例では有給の休暇としており、法定の制度を上回るものとなっている点にご留意ください）は、育児休業や育児短時間勤務などと比べると利用期間も短いことから、規定例では原則として短期雇用の者を含むすべての非正規社員をも対象としています（ただし、日雇労働者など法令が定める適用除外者については対象外とする旨を育児・介護休業規程で定めることを想定しています）。 |
| 2　前項の看護休暇の適用対象者、手続き等については、育児・介護休業規程の定めるところによる。<br>3　本条に定める看護休暇の期間は有給とし、通常の賃金を支払う。 | 2　前項の看護休暇の適用対象者、手続き等については、育児・介護休業規程の定めるところによる。<br>3　本条に定める看護休暇の期間は有給とし、通常の賃金を支払う。 | ⇒法定水準の制度とする場合は、「有給」ではなく「無給」となります。 |

| 正社員の規定例 | 非正規社員の規定例 | 備　考 |
|---|---|---|
| （休　職）<br>第9条　社員が、次のいずれかに該当するときは、休職を命じることがある。<br><br>①　私傷病休職<br>　業務外の傷病による欠勤が1ヵ月を超え、または断続的な欠勤が3ヵ月間に30日に達し、以後もその状態が継続する可能性があると認められるとき<br><br><br>勤続年数1年未満<br>　　　　　　　　6ヵ月<br>勤続年数1年以上10年未満<br>　　　　　　　　　1年<br>勤続年数10年以上<br>　　　　　　　1年6ヵ月<br><br><br><br><br>②　その他休職<br>　前号のほか、特別な事情があり休職させることが適当と認められるとき<br>　　　　　　　必要な期間<br>2　社員が私傷病休職をしようとするときは、医師の診断書を提出しなければならない。この場合、医師について会社が指定することがある。<br>3　休職期間中は、療養に専念するとともに、所定の方法によって現況報告をしなければならない。<br>4　会社は私傷病休職の判断に当たり必要と認めた場合は、診断書を作成した医師および家族などの関係者に事情聴取等を求めることがある。社員はこれに協力しなければならない。 | （休　職）<br>第9条　無期パートが、次のいずれかに該当するときは、休職を命じることがある。<br><br>①　私傷病休職<br>　業務外の傷病による欠勤が1ヵ月を超え、または断続的な欠勤が3ヵ月間に10日以上に達し、以後もその状態が継続する可能性があると認められるとき。<br><br>なお、休職期間は、本人の所定労働日数、所定労働時間数および勤続年数等を勘案のうえ、都度個別に決定する。<br><br><br><br><br>②　その他休職<br>　前号のほか、特別な事情があり休職させることが適当と認められるとき<br>　　　　　　　必要な期間<br>2　無期パートが私傷病休職をしようとするときは、医師の診断書を提出しなければならない。この場合、医師について会社が指定することがある。<br>3　休職期間中は、療養に専念するとともに、所定の方法によって現況報告をしなければならない。<br>4　会社は私傷病休職の判断に当たり必要と認めた場合は、診断書を作成した医師および家族などの関係者に事情聴取等を求めることがある。無期パートはこれに協力しなければならない。 | ⇒制度の対象を長期勤続人材と位置づけた無期パートとすることを想定した規定例。<br><br>⇒無期パートは、所定労働日数に個人差があることを想定し、「10日以上」と幅を持たせた定めとしています。なお、正社員と所定労働日数が同じである無期パートについては、正社員と同じ「30日」とする運用を想定しています。<br>⇒時期によって所定労働時間が異なるパート（たとえば、入社時はフルタイム勤務だったが、途中からパートタイム勤務に変わったなどの場合）を想定し、休職期間を柔軟に決定できるよう、非正規社員の規定例ではあえて期間を明確に定めないものとしています。 |

| 正社員の規定例 | 非正規社員の規定例 | 備　考 |
|---|---|---|
| 5　休職期間は、当該休職を会社が命じた場合を除き、勤続年数に算入しない。<br>6　休職期間中は、原則として無給とする。ただし、その他休職の場合は、都度給与支給の有無を決定する。<br>7　私傷病休職をした者が休職期間が満了してもなお傷病が治癒せず、または正常な業務遂行が困難と認められる場合は、休職期間の満了をもって退職とする。 | 5　休職期間は、当該休職を会社が命じた場合を除き、勤続年数に算入しない。<br>6　休職期間中は、原則として無給とする。ただし、その他休職の場合は、都度給与支給の有無を決定する。<br>7　私傷病休職をした者が休職期間が満了してもなお傷病が治癒せず、または正常な業務遂行が困難と認められる場合は、休職期間の満了をもって退職とする。<br>8　<u>契約社員および有期パートのうち、会社が相当と認めた者には、休職を命じることがある。この場合、前七項の定めを準用する。ただし、第1項に準じて決定した休職期間が満了する日よりも契約期間満了日が先に到来するときは、原則として休職期間は当該契約期間満了日までとする。</u> | ⇒一定の勤務期間がある契約社員や有期パートは休職制度を適用する余地がある旨を定めています。休職期間は契約期間満了日までとしていますが、たとえば休職発令後すぐに契約期間満了日が到来する等の場合には、第1項に準じて決定した日を休職期間満了日とする運用を想定して「原則として」という文言を入れています。 |
| （定年および継続雇用）<br>第●条　<u>社員</u>の定年は60歳とし、満60歳の誕生日の属する月の末日をもって退職とする。ただし、本人が希望し、第●条に定める解雇事由または第●条に定める退職事由に該当しないときは、70歳まで嘱託社員として再雇用する。 | （定年および継続雇用）<br>第●条　<u>無期パート</u>の定年は60歳とし、満60歳の誕生日の属する月の末日をもって退職とする。ただし、本人が希望し、第●条に定める解雇事由または第●条に定める退職事由に該当しないときは、70歳まで嘱託社員として再雇用する。 | ⇒無期パートの定年年齢は正社員と同じとしています。無期契約の非正規社員の規程で定年規定を設けるのを失念しているケースも見られますので、注意が必要です。<br>（なお、2021年4月から改正高年齢者雇用安定法が施行され、70歳までの就業機会確保措置を講じることが努力義務化されました。本規定例もこの点を踏まえた内容としています） |
| ②　前項により再雇用する場合、再雇用後の労働条件等は、別に定める。<br><br>（永年勤続表彰） | ②　前項により再雇用する場合、再雇用後の労働条件等は、別に定める。<br><br>（永年勤続表彰） | ⇒長期勤続人材と位置づ |

| 正社員の規定例 | 非正規社員の規定例 | 備　考 |
|---|---|---|
| 第●条　会社は、永年勤続の<u>社員</u>に対し、勤続年数に応じて賞金および記念品を授与する。 | 第●条　会社は、永年勤続の<u>無期パート</u>に対し、勤続年数に応じて賞金および記念品を授与する。 | けた無期パートを対象とすることを想定した規定例。 |
| 2　前項の永年勤続表彰の対象となる勤続年数は、5年、10年、20年、30年および40年とする。 | 2　前項の永年勤続表彰の対象となる勤続年数は、5年、10年、20年、30年および40年とする。 | ⇒永年表彰の規定では、勤続年数に応じて賞金額などを明確に定めることが一般的です。ただし、今後はフルタイムとパートタイムを行き来するなど柔軟な働き方をする従業員が出てくることも予想されます。そこで、柔軟に取扱いを決定できるよう、ここではあえて賞金額等を明示しない規定としています。 |
| 3　前項の勤続年数の計算は、<u>第●条の定めによる</u>。ただし、<u>非正規社員として</u>勤務した期間がある場合は、当該期間を含めて勤続年数を計算するものとする。 | 3　前項の勤続年数の計算は、<u>社員就業規則第●条の定めに準じる</u>。ただし、<u>有期パートその他の雇用形態で</u>勤務した期間がある場合は、当該期間を含めて勤続年数を計算するものとする。 | ⇒非正規社員として勤務した期間も勤続年数に含めることを明確にしています。 |

## コラム　中小企業が働き方改革を成功させるための3つのカギ

　働き方改革関連法に定められた施策、とくに残業時間の上限規制、月60時間超の時間外労働にかかる割増賃金率引上げ、そして同一労働同一賃金は、これまでの経営の在り方を大きく転換することを中小企業に迫るものといえます。そこで、社労士である筆者が日頃の業務を通じて感じた"中小企業が働き方改革を成功させるための3つのキーポイント"を以下にまとめてみます。

### 1．法規制のクリアそのものを目的としない

　例えば、「36協定を遵守できるよう残業を減らそう」「均衡待遇に抵触しないよう労働条件を見直そう」といったように、法令に違反しないためにアクションを起こすこと自体は、もちろん否定されるべきものではありません。しかし、違法になることは避けたいという姿勢が前面に出過ぎると、前向きに取り組もうという雰囲気になりにくくなってしまいがちです。企業として目指すべき目標に向かって取り組んだところ、結果的に法規制もクリアできていた、というプロセスが理想だといえるでしょう。

　例えば、「目標は従業員のワークライフバランスを実現すること。その手段の一つとして、生産性を高めていきたい。生産性改善の指標として残業時間に注目してみたい。どうしたら効率よく業務を進められるか、それを一番よく知っている現場のみんなの力を貸してほしい。具体的には、効率化を妨げている問題点とその改善策を現場の視点から提案してほしい。会社はそのために必要なサポートを惜しまない」といったように、前向きなプロジェクトとして従業員が主体的に参画するような仕組みや雰囲気作りができている企業では、対応も着実に進んでいく傾向があるように思われます。

## ２．経営トップが本気

よくいわれることですが、やはり経営トップの想い、決意が極めて重要です。これは、筆者が支援先の企業と接するたびに必ず感じることです。経営トップが本気かどうか、中小企業の従業員は肌で感じています。人事担当者が一生懸命でも経営トップが懐疑的だと、現場の従業員も「社長がそうなら、まあお付き合い程度にやっておけばいいか」といったような雰囲気にどうしてもなりがちです。

## ３．経営基盤がしっかりしている

例えば「残業しなければ終わらないような注文は引き受けてはいけない。必ず断りなさい」「ダイバーシティ実現を図るために非正規の待遇を正社員と同等にする。そのためのコストは惜しんではならない」などと言えるような強い経営基盤があると、総じて改革もスムーズに進めやすいといえます。一方、「大口の顧客に頼っている状態なので、急な発注でも断れない」「業績が良くないので、多少無理な仕事でも受けないわけにはいかない」といった状況が恒常化してしまうと、売上・利益の確保が最優先とならざるをえず、働き方改革も中断したり後回しになってしまいがちです。

自社の独自性や優位性を高めて経営基盤を強化し、特定の取引先に左右されたり目先の利益にとらわれない"自立した企業"になること、これが働き方改革の成功のため、ひいては活力ある企業として生き残っていくために今後ますます強く求められるのではないかと感じています。

（市村　剛史）

第2編

# "同一労働同一賃金"
# に向けた
# 人事制度改革

# 第 1 章

## 中小企業の
## 経営コンサルタント
## としての提案

# 1 ▷ はじめに

　2021年4月から中小企業にも「同一労働同一賃金」が導入されました。「早く対処しなければ、いったい何から手を付ければよいのか！」と悩む中小企業の経営者や人事労務担当者も多いと思います。そのためまずは基本に立ち返って、なぜ導入されることになったのか考えてみたいと思います。それは、そこを読み解くことによって、中小企業としてどう対処すべきかが見えてくると思えるからです。

　「同一労働同一賃金」導入による効果に次のことが挙げられています。

　「労働者の多様な事情に応じた雇用の安定及び職業生活の充実、労働生産性の向上を促進して、労働者が能力を有効に発揮することができるようにし、その職業の安定等を図る」

　また、企業から見ると、人事労務管理の役割として「企業人（働く人）の行動原理である経済的要因（金銭）、社会的要因（組織のステータス）、自己実現要因（仕事の達成感）を管理し、活動の結果として受けとる外的報酬（賃金）と内的報酬（昇進・昇格）について的確な処遇を行うことにより、労働生産性の向上を図る」ことが挙げられます。両者の共通のキーワードとして「労働生産性の向上」というテーマが見えてきます。

　労働者が納得して働き、最大のパフォーマンスを上げ、企業はそれをバックアップする。結果として労働生産性が向上し、労働者の就業環境の改善と企業の経営環境の改善が図られ、労使双方の発展に結び付くことになります。国の施策は「同一労働同一賃金」の実現を図ること、中小企業としては人事労務の管理サイクルをマネジメントしていくことが「労働生産性の向上」に向けての重要課題となるのです。

　この章では、「同一労働同一賃金」の元となる理念をとらえ、日々実践を重ねながら、経営改善のために中小企業として人事労務をどのようにマネジメントしていくかを考えてみたいと思います。

# 2 マネジメントの観点から見た「同一労働同一賃金」の必要性

## 1 今なぜ「同一労働同一賃金」なのか

### ①「同一労働同一賃金」の必要性

　「同一労働同一賃金」の目的と期待される効果について、行政側からみると以下のとおりです。

　「同一労働同一賃金」のスタートラインは、アベノミクスから発展した新たな3本の矢に遡ります。「一億総活躍社会」の実現のためのプラン「ニッポン一億総活躍プラン」に「働き方改革」の方向が3つ明示されています。

- **・同一労働同一賃金の実現など非正規社員等々の待遇改善**
- **・長時間労働の是正**
- **・高齢者の就労促進**

　これをもとに2018年に「働き方改革関連法案」が成立し、現在に至るまで順次施行されてきています。その基本的な考えは

- **・労働者がそれぞれの事情に応じ多様な働き方を選択できる社会を実現**

することを目的として

- **・長時間労働の是正**
- **・多様で柔軟な働き方の実現**
- **・雇用形態にかかわらない公正な待遇の確保**

等の措置を講じる、となっています。そして、日本の労働環境の構造的問題となっている

- **・少子高齢化による労働人口の減少**
- **・生産性の低さ**

を解決するための具体的な施策として「雇用の安定」「職業生活の充実」「労働生産性の向上」の3つのテーマを掲げ以下の内容で取り組んできました。

- **雇用の安定**…………多様な就業形態の普及、雇用形態または就業形態の異なる労働者の間の均衡のとれた待遇の確保
- **職業生活の充実**………仕事と生活（育児・介護・治療）の両立
- **労働生産性の向上**……労働時間の短縮その他の労働条件の改善

「雇用の安定→労働生産性の向上→個別賃金の上昇→消費拡大→経済成長→雇用の安定〜」という「成長と分配の好循環」を構築し、日本の経済発展とよりよい社会の実現を目指したものです。

法整備の面からは労働時間法制の見直しとして

- **残業時間の上限規制**
- **「勤務間インターバル」制度の導入促進**
- **年5日間の有給休暇取得義務**
- **月60時間超の割増率アップ（2023年より中小企業にも適用）**
- **労働時間の客観的な把握**
- **「フレックスタイム制」の拡充**
- **「高度プロフェッショナル制度」の創設**
- **産業医・産業保健機能の強化**

を掲げるとともに、労働基準法、労働安全衛生法、労働時間等設定改善法を改正しました。

また、雇用形態にかかわらない公正な待遇の確保として「同一企業内における正社員等・非正規社員等々の間の不合理な待遇差の解消」を目指してパートタイム労働法、労働契約法、労働者派遣法が改正されました。とくにパートタイム労働法は短時間・有期雇用労働法として改正され、その具体的な目安として「同一労働同一賃金ガイドライン」が策定されました。

## ②「同一労働同一賃金」に期待される効果

　同ガイドラインを見ると、その趣旨に、
「職務の内容や職務に必要な能力等の内容を明確化」するとともに「その職務の内容や職務に必要な能力等の内容と賃金等の待遇との関係を含めた待遇の体系全体」を「非正規社員等々を含む労使の話し合いによって確認」し、「共有すること」によって「正社員と非正規社員等々との間の不合理と認められる待遇の相違の解消」に向けて取り組むこと、
そしてその目的として、
「正社員と非正規社員等々の（労働）生産性の向上と待遇の改善」により、「労働者がどのような雇用形態及び就業形態を選択しても納得できる待遇を受けられ、多様な働き方を自由に選択できるようにすること」となっています。

　すなわち、非正規雇用という形態そのものがNGということではなく、非正規という理由で、企業が低い労働条件による「不当な雇用」、労働者からみれば生活のために仕方なく働くという「不本意な労働」をなくすことを中心に据えたうえで、多様で柔軟な働き方を実現していこうとするものです。

　同時にその規制対象として賃金のみならず、福利厚生、キャリア形成、職業能力の開発および向上等への取組みが必要であるとして、「労働生産性の向上」のために福利厚生面の是正も求めています。

　同一労働同一賃金は、正社員と非正規社員等々という雇用形態や就業形態による不合理な待遇差をなくすことを求めるものであり、基本は、同じ職種階層で同じ職務目標を持つ場合にはどのような雇用形態であっても不合理な待遇差を設けてはならないと解釈できます。

　同一労働同一賃金を中心とした働き方改革により、個別賃金の上昇、労働参加率の上昇、労使双方の意識改革による労働生産性の向上を目指すことから、ひいては一億総活躍社会の実現と物価目標2%UPの達成も含めた「成長と分配の好循環」のサイクルが回っていくことを期待しているものといえます。

## 2　中小企業から見た「同一労働同一賃金」の必要性

　一連の働き方改革関連法案を中小企業側から見ると、同一労働同一賃金関連法の改正が労務環境に与える影響は小さくありません。自社にどのように適用させるか、法の趣旨をまず理解し、今回の一連の働き方改革を良い機会としてとらえ、法改正に乗じて自社の人事労務環境の改善を図ることが、正しい対応の仕方であると考えています。

　「働き方改革」では「成長と分配の好循環」を謳っており、中小企業には「魅力ある職場づくり→人材の確保→業績の向上→利益増」の好循環を掲げています。採用から退職まで人材に対する明確なビジョンを持ち、統一された人事労務管理を行い、労働者からはそれぞれの将来が想像できる、将来に希望が持てる企業であることを示すことこそが「魅力ある職場づくり」であり、そこからスタートして人材の確保を図るとともに、自社にとって「成長と分配の好循環」に結び付けていくことが求められているのです。

　あわせて最近は環境問題が注目されており「SDGs」や「ESG経営」という言葉も多く聞かれます。人事労務管理もその例外ではありません。SDGsでは目標の5番目（ジェンダー平等）と8番目（働きがい・経済成長）に関係し、これ以外にも少なからず関連してきます。E（環境）S（社会）G（企業統治）もすべて人事労務が絡んでくるともいえます。働きやすい労務環境と労務管理の持続性が求められていることがよくわかります。

　また人材開発や組織開発の分野では、D&I（ダイバーシティ＆インクルージョン）という言葉も聞かれます。これは人材の個性や能力を最大限発揮できるように環境を整えることと解釈することができます。

　このように、労働法や社会的な風潮からも多様性や雇用形態にかかわらない持続可能で公正な人事処遇が求められてきています。働く側も、これらを踏まえた人事労務管理のガバナンスの効く企業の方に魅力を感じ、入社の強い動機にもなってきます。採用戦略から見ても必要不可欠です。

　「人」は「物」「金」「情報」とともに経営目標を達成するために重要

1-1 ▶中小企業における人事労務管理の目的

①経営目標の達成

②生産性の向上
③企業業績の拡大

①優秀な人材の確保

②公正な処遇
③人材の育成・活用

な経営資源です。しかも「人」は唯一、自ら増価（価値を増やしていく）可能な資源です。人事労務管理といえば結果を評価してその処遇を決めるための制度ということに注目されますが、この「人」を経営資源ととらえ、「人」の価値をいかに上げていくかをマネジメントしていくことこそが今後の人事労務管理になってくると信じています（**図表1-1**）。

　また、「同一労働同一賃金」は「教育訓練の実施」や「福利厚生」についても均衡待遇を求めています。教育や福利厚生を通じて「人」という経営資源の価値向上に結びつけ、ひいては経営目標の達成につなげていかなくてはならないといえます。

# 3 中小企業の人事労務管理の 問題点と改善の方向性

## 1 マクロ環境から見た人事労務管理の問題点

### ①企業をとりまくマクロ環境の現状

これまでにも人事労務管理は戦後からほぼ15年の単位で大きな転換点に直面したうえでの変革が起きています。これを歴史的経緯からとらえてみると、「生活環境」、「経済環境」、「経営環境」の3つの環境の変化によって変化してきたことがよくわかります（**図表1-2**）。

**図表 1-2 ▶人事労務管理がたどった歴史**

| 項目 | 1945年〜 | 1960年〜 | 1975年〜 | 1990年〜 | 2005年〜 |
|---|---|---|---|---|---|
| 基本理念 | 生活主義 | 年功主義 | 能力主義 | 成果主義 | 役割主義 |
| 基本給構成 | 年齢給 | 年齢勤続給 | 職能給 | 業績給 | 役割業績給 |
| 評価基準 | 考課なし | 相対考課 | 絶対考課 | 目標管理 | 部署目標管理 |
| 昇進基準 | 年齢基準 | 学歴勤続基準 | 保有能力基準 | 発揮能力基準 | 職務業績基準 |

**1945年〜** 戦後の復興期です。企業に入れば生活が保障され、生活が第一とされた時代です。まずは入社してからと人事労務管理は生活そのものといえ、年齢によって処遇が決定されて問題はありませんでした。

**1960年〜** 高度成長期です。物を作ればたちまち売れ、拡大こそが成長の第一歩となる、いわゆる重厚長大の時代でした。長期勤続こそが期待され、人事労務管理の基本は年功主義であり、年齢と勤続年数によって能力が高まることを前提として処遇が決定されました。

**1975年〜**　低成長期です。選別のうえ、良い物を作らないと売れない。したがってよく考えたうえで働くといった時代です。人事労務管理は能力主義が求められ、仕事の難しさとその仕事の習熟の度合いを評価して処遇が決定されるものとなりました。

**1990年〜**　ゼロ成長期です。ITバブルとなり、軽薄短小の結果が重視された時代です。迅速に結果を出すことが求められ、人事労務管理はまさに成果主義へと進み、目標の高さとその達成度によって処遇が決定されるようになりました。

**2005年〜**　経済のグローバル化のもと、統合集約の時代です。基幹社員たるコア人材の育成が重視されるとともに人事労務管理は役割主義へと変化し、役割の重さと仕事管理（プロセス）を評価したうえで処遇が決定されるようになってきました。

## ②マクロ環境から見た人事労務管理の問題点

　以上の歴史的経緯から見ると、2005年から15年経過した2020年以降は人事労務管理体系の転換点に入ってきたと言えます。2020年以降はどのような人事労務管理が必要となってくるのでしょうか。2020年の「生活環境」、「経済環境」、「経営環境」がどのような状況なのか、分析すると次の6つの問題点が浮き彫りになります。

### 1）経済の構造変化

　戦後の高度成長期に工業経済が発展し、その後主役が消費する側に移るとともにサービス経済へと移行しました。そして現在はIT革命と言われ、情報技術の進化による情報経済、IOT、DX、AI等によるデジタル経済へと変化してきています。これによって、サプライチェーンを含め、製造拠点の再構築や販売拠点が物理的な場所からデジタル空間に移るなど働く場所と時間の制約条件が大きく変わり、労働力として求められる能力も大きく変わってきています。

### 2）ボーダーレス化

　デジタル情報経済化により、経済のボーダーレス化が進み、グローバ

ル経済による国際標準化が進み、新卒一括採用、年功序列、企業内組合等の企業内で労働条件を完結するなど、日本ならではの雇用慣行は国際競争力からみて限界に来つつあります。

### 3）高齢社会化

　少子高齢化に伴い、労働人口も減少してきています。これにより、発揮能力（生産性）と賃金の関係をみると、長く勤めて高齢になればなるほど賃金が過大になってくるという、日本の特徴たる「終身雇用」「年功序列」の弊害が表面化し、労働コストが高くなってきているのです（**図表1-3**）。

 1-3 ▶新卒から定年退職までのイメージ
　　　（退職金をもらって発揮能力と生涯もらう金額が一致）

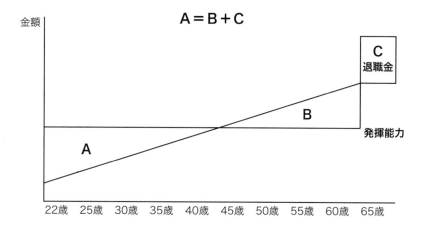

※　新卒で入社し、始めは発揮能力よりも少ない賃金で働き、ある時点でそれが一致し、以降は実際の発揮能力よりも高い賃金となり、定年時において退職金を含めて生涯の発揮能力と賃金が一致する（A＝B＋C）。
　少子高齢社会では、発揮能力よりも賃金が高くなるという経済基盤を脅かす問題に陥る。

#### 4）価値観の多様化

　企業から見た雇用に対する考え方は大きく二つに分かれます。すなわち、コア業務を担う長期雇用人材と、これを補完する業務を担う短期雇用人材です。そして人事労務担当者はこの二つに区分して人事マネジメントを行うことになります。さらに短期雇用人材が主として担うノンコア業務は、アウトソーシングの活用等によって外部コストに変わってコストダウンに結び付く傾向にあります。働く側から見ると、労働に対する考え方が多様化し、自らの働く目的を自らの人生でどのように位置づけるのか、それぞれによって自己のライススタイルに合わせた就業形態を選択するようになっていきます。その結果、派遣やギグワーク、自由さを重視したうえでの雇用契約には基づかないフリーランス等、働く形態の多様化へと変化してくるのです。同時に男女格差やLGBTQ等の新たな問題への対応が人事労務管理においても求められるようになってきます。

#### 5）ゼロ成長化

　日本経済は低迷が続き、賃金水準に影響を与える消費者物価指数（CPI）は、日銀が目指す物価目標2％UPには遠い数値で推移してきました。これとともに多くの企業の業績が伸びないことから、企業の総額人件費も限定され、昇給が抑えられる状況が長く続いています。

#### 6）ホワイトカラー化による法と実態との乖離

　現在の労働基準法は、戦後の1947年施行のものが原点とみることができます。企業と労働者の関係からすれば、当然ながら企業側が強い立場であることから、搾取される側としての労働者の権利を保護する目的で作られたものといえます。当時は工場労働、ブルーカラー中心の時代であり、賃金、労働時間、休憩時間等における最低限のルールが定められました。以降、工業経済からサービス経済、デジタル情報経済へと変遷する過程で、労働基準法を中心とした労働法制が現状に対応しきれていないというところが問題視されています。

## 2 マクロ経済から見た人事労務管理体系の改善の方向性

以上のマクロ経済の変化に応じて、人事労務管理をどのように再構築していくのでしょうか？ これからの2020年から2035年までの15年間でその方向性を探ってみましょう。

### 1）経済の構造変化への対応

デジタル情報経済中心の現在、工業経済、サービス経済下で必要とされた保有能力や発揮能力、それを習得するための知識や技術、これらをマスターするまでの期間に対してミスマッチが発生し、デジタル情報経済下で求められる能力とパフォーマンスに沿った評価と処遇の決め方についての再設計が必要となってきています。

### 2）ボーダーレス化への対応

デジタル経済化により経済のボーダーレス化が進行し、国際競争力の強化が必要とされ、同じ職務であれば同じ処遇であるべきという国際標準（職務給などを中心にとらえたJOB型）の人事労務管理の必要性が求められてきています。

### 3）高齢化社会への対応

高齢化による高コスト化に対処するため、経営計画を立てて年度ごとの成果に対応した総額人件費を決定し、経営計画と個々の目標の達成度合いによって賃金を決定するといった、これまでとは異なる人件費管理が避けて通れなくなってきています。

### 4）価値観の多様化への対応

長期雇用を前提とした単一の価値観に基づく人事労務管理から、ワークライフバランスを考慮したうえでの個々のライフスタイルや働き方に応じて、選択肢を多く用意した多種多様な人事労務管理への転換が求められています。

## 5）ゼロ成長化への対応

年月の経過とともに企業規模も大きくなり、結果的にみて賃金も年功に応じて上がっていくという経済成長を前提とした一律定期昇給制度から脱却し、個々の役割と成果など個別に適応させて運用していくための個々の業績に沿った個別昇給へと変化してきています。

## 6）ホワイトカラー化による法と実態の乖離

日本の労働法はこれまでも何度か大きな改正を行ってきましたが、近年では環境変化にあわせるために、「働き方改革」を基本理念にした「長時間労働の是正」、「多様で柔軟な働き方の実現」、「雇用形態に関わらない公正な待遇の確保」などの法整備を行いました。

以上を踏まえて、今後の15年を予想すれば、マクロからの人事労務管理のフレームが見えてきます（**図表1-4**）。

**図表** 1-4 ▶ **これからの人事労務管理フレーム**

| 項目 | 2020年〜 |
|---|---|
| 基本理念 | 職務主義 |
| 基本給構成 | 職務給 |
| 評価基準 | 職務記述書 |
| 昇進基準 | 個別業績基準 |

**2020年〜**　デジタル情報経済による物理環境のボーダーレス化に入りました。個々に合った環境における得意分野での活躍が期待されるものとなりました。

人事労務管理では職務主義がベースとなり、職務記述書等に基づいて職務が決定され、それに見合う相対的な難易度で処遇が決定されることとなりました。

これにより、以下の人事労務管理のフレームが浮かび上がってきます。

●物価上昇による経済成長を前提としない企業運営
　　➡ 予算管理型から利益配分型へ
●労働時間と成果の関係が希薄化
　　➡ 時間管理から職務主義へ
●ダイレクトリクルーティングによる職種別採用
　　➡ 長期決済から短期決済へ
●マッチングの経済原則に基づく雇用管理
　　➡ メンバーシップ型からジョブ型へ
●情報経済化によるデジタル空間を有効に活用した業務移行
　　➡ 集合ワーク型の他律主義からリモートワーク型の自律主義へ

　上記をみると、デジタル情報経済の進展に伴い、労務の在り方も集団主義的な労務から個を尊重した労務へと変遷してきていることがわかります。現在は、個の力を最大限に発揮できる仕組みづくりが差別化戦略ともなっているのです。

　では、中小企業が同一労働同一賃金を目指すなかで、どのような人事労務管理を導入していくべきでしょうか。次頁より詳しく解説していきます。

# 「同一労働同一賃金」に向けた人事労務管理のあるべき姿

**4**

マクロ的視点からみた環境変化による人事労務管理の問題点の改善を図ることが、すなわち働き方改革関連法の一環としての「同一労働同一賃金」の実現に通じるものとなります。中小企業の「同一労働同一賃金」実現に向けた具体的な姿を描いてみます。

## 1　ミクロから見た中小企業としての人事労務管理

15年のサイクルで人事労務管理が生活主義→年功主義→能力主義→成果主義→役割主義→職務主義と変化してきたのは、「労働生産性の向上」という命題を実現するためのものでした。

中小企業にとって重要なことは、自社の立ち位置はどこにあるのかを客観的に把握したうえで、独自の人事労務管理をどうしていくかにあります。例えば、極端な例ですが、「自社の立ち位置からすれば、生活主義こそが最も労働生産性を上げる施策となる」もありうるかと思います。

ここでいう独自の人事労務管理とは、「自社にとって魅力ある職場づくり→人材の確保→業績の向上→利益増」の好循環サイクルを回していくことができる体系ということになります。

マクロレベルからみても今後の人事労務管理の基本は個の尊重にあることは明白です。自社の理念と個の尊重に適した仕組みは何かを考えると、中小企業にとって人員構成上、非正規社員が欠かせない存在になってくるということです。非正規社員を含めての戦力化を図ることが重要であり、このことが同一労働同一賃金の導入に向けての取組みにもなるといえるのではないでしょうか？

筆者は人事コンサルタントとして30年近く実務中心に中小企業の現場に入り、経営幹部から非正規社員等々に至るまで多くの方々と接して

181

きました。その経験を通じて言えることは、人はそれぞれの立場が尊重されれば、これに応えようと担当職務に最善を尽くす存在なのだということです。会社はすべての多種多様な個の力を最大限に発揮できる組織を築いていくことこそが、経営目標の達成に結び付くものと考えています。

　一方の労働者側からみるとどうでしょうか。とくに非正規社員等々に限ると働く目的は多様です。しかし注意しなくてはならないのは、非正規という働き方を積極的に選択しているケースがある一方で、正社員での就労がかなわずに非正規社員という働き方を余儀なくされるいわゆる「不本意労働者」も存在しているということです。それゆえ残念ながら非正規社員を安価な労働力としか見ていない企業もいまだに多いと感じます。

　同一労働同一賃金は、言うまでもなく労働力という価値の見方をこれまでと変え、ひいては非正規社員の待遇改善を図ることが目的です。個々の潜在能力まで探り、これを引き出して「人」としての資産価値を高め、会社業績の貢献にまで結びつけることが中長期的な目的となります。成果まで導くことなく処遇を改善させるだけが目的の福祉的なものではないことをあらかじめ明確にしておく必要があります。とくに経営基盤の弱い中小企業にとっては正社員も非正規社員等も全員が基幹社員としての経営資源であるという見方をすべきではないでしょうか。

## 2　人事労務管理フレーム

　残念ながら多くの中小企業は、その時の流行に流されて理念も薄弱なままに人事制度の改定を実施する会社が多いと感じます。それより以前に労働法が遵守できていない、特に非正規社員等に対する法令遵守の意識が薄い会社も多いようです。これらの事情を踏まえ、以下を行うべきでしょう。

### 入社から退職までキャリア形成に向けての体系としてとらえること

　入社後「どのような仕事を担当させ、どのような行動をとればどの

くらいの処遇（賃金・賞与・異動）を受けることができるのか。また
どのような福利厚生や教育研修を受けることができるのか等、それぞ
れの従業員にとって将来の可能性をイメージできるように見直すこと
です。

**関係労働法への対応をまめに行っていくこと**

　社労士として感じることですが、複雑な労働法制に対し、自社に
とってどのように解釈して対応するのかということであり、限られた
コストの中でもより時間と労力を駆使すべきであり、またときには専
門家の知恵を借りるべきであると考えます。

　上記については、どちらも人事労務管理にガバナンスを効かせるとい
うことにほかなりません。そのためにも関連法の改正も含めて人事制度
に関する最近の動向についてアンテナを張って敏感になる必要があると
感じます。

**図表 1-5 ▶ 人事労務管理が有効に発揮されるためには**

---

**あるべき人事労務管理体系**

① 　統一性……人事理念・人事基本方針の確立浸透
　　　　　　〜各制度が理念に基づき統一化されているか

② 　実効性……マネジメントサイクルへの落とし込み
　　　　　　〜現有組織で運用可能な制度になっているか

③ 　透明性……人事運用基準の公開
　　　　　　〜各制度の運用基準を全従業員に公開しているか

---

　見栄えのよい制度を作るのではなく、わかりやすく運用できる制度で
あることが成功の秘訣だと思います。また、このことを追求すると、正
社員や非正規社員等による差は無いのだということに行きつきます。す
なわち、この3要素を統一したうえで、個別の実情に合わせて均衡待遇
を実施していくことこそが最も重要なのです（**図表1-5**）。

　それではこの3要素を織り込んだフレームをどのように構築していくべきでしょうか。

### ①統一性

#### 1）人事理念の明確化

　人事理念とは、その会社の人材に対する想いをわかりやすく表わしたものです。有名な人事理念では、旧松下電器の「物をつくる前に人をつくる」でしょう。ブライダル関連事業を行っているＡ社では「成蝶できる場を提供する」という人事理念を掲げています。この会社はブライダル関連の派遣も行っており女性中心の職場でもあるので「当社に入って幼虫からさなぎへ！　そしてしっかり準備してきれいな蝶になって羽ばたこう」というイメージをもとに作ったものです。重要なのはその理念が全従業員を含めて作られたものであるということです。業種の特性として、非正規社員も多く働いており、もし他の会社に転職したとしても「我が社で蝶になって新たな世界に羽ばたいて欲しい」という意味合いが込められているのです。わかりやすく、夢を与え、ワクワクさせる言葉であることに注目すべきでしょう。企業は理念として掲げた言葉に責任を持ち、従業員はそれを信じて成長（成蝶）していく、ということが真髄であると思います。ちなみにＡ社では毎朝の朝礼でこの人事理念を全員で唱和しているとのことです。

#### 2）期待する人間像の明確化

　人事理念の次に明確にすべきは、その理念を実現するために従業員にどのようになって欲しいのかということです。人材育成と活用の方針である「人事基本方針」を策定し、その具体的な姿を「期待する人間像」として明示することです。地域密着型で各種印刷物の受注業務を行っているＢ社では「安心して働ける職場づくり、継続して経営できる組織づくり、真のパートナーになれる環境づくり」を掲げ、「長期的な視点でビジネスを見ることのできる人」という社員像を明示しました。しかしながら、非正規社員の雇用形態が有期雇用であることに違和感が払拭できないことから、検討の結果、「長期的な視点で方針や人間像を作る以

上、雇用に有期はなじまない」との精神で全従業員を無期雇用に切り替えたのです。労働契約法においても無期転換ルールがあるのですが、5年を待たずに雇用の安定が期待できるということで、非正規社員のモラールアップに結び付いたとのことです。

このように、

**人事理念→人事基本方針**

という流れを明確にし、会社として「人」に対する方針を明らかにし、さらに長期的視点からの人事諸制度に導かれるというイメージで人事労務管理制度を再構築していくことが重要なカギを握っているといえます（**図表1-6**）。

**1-6 ▶人事理念実現のステップ**

1. **人事理念の確立**
    ※経営トップの人に対する考え方の明示

2. **人事基本方針の策定**
    ※人事理念実現のための人材の育成・活用方針を明確化

3. **人事基本制度を中心とした人事諸制度の構築**
    ※実際に運用していくための細かい基準の策定

## ②実効性
### 1）経営計画と連動する人事労務管理

　日本では、行政機関は言うまでもなく、多くの企業の会計年度は4月から始まる1年間となっています。人事年度もこれにあわせて新規学卒入社は4月、多くの大手企業をみても3月末決算を経て4月から新年度となり、経営年度に沿った4月に人事異動や昇給などが実施される場合が多いです。しかしながら、筆者はこれにとらわれなくてもよいと考えます。その会社の決算期に合わせて人事改定を行い経営年度に合わせた人事労務管理スケジュールをとることが重要と考えます。

　建築資材卸会社のC社は新卒一括採用を実施せず、ダイレクトリクルーティングを中心とした採用を行っていました。また9月末決算で10月から新年度スタートという経営年度となっていました。そこで、決算期に合わせて人事評価を含めた人事改定の時期を10月とし、新たな人事労務管理スケジュールで開始しました。人事改定の時期を決算に合わせたことにより、要員計画も立てやすいものとなりました。移行に当たって、賃金改定の時期も変わることとなり、これについて非正規社員を含めた全従業員に対して説明を行いました。その結果、経営年度に沿った人事面接も行うこととなり、それぞれの仕事の棚卸しができ、非正規社員にとっても納得のいく公正な処遇への第一歩となりました。

　次に、それまでは非正規社員等に対しては、賞与ではなく寸志として支給していましたが、経営計画と人事労務管理を連動させたこととあわせて、正社員等と同等の仕組みにより非正規社員にも公正な評価に基づく賞与制度へ変更しました。

## 2）現状組織を活かした人事労務管理

　人事労務管理といえば、特別な部署のいってみれば「大奥」のようなイメージがあり、経営とは別に水面下で決定される場合も多いと思われます。確かに人事労務管理を継続、安定的にマネジメントしていくためには人事課等の特定の部署の専門家でないと難しいところもありますが、実際の運用対象はあくまでも現場であることを忘れてはなりません。

　画像関連のシステム設計の受託を業として行うIT関連のD社は、成果主義を謳って、詳細な基準が定められた職能資格制度、これに基づく賃金制度、ポイント制退職金制度が導入されていました。しかしこの精緻な制度を維持していく専属の人事部門はなく事実上運用が困難な状態に陥っており、制度からは離れて経営者の独断で評価から賃金などが決定されるものに陥っていました。

　このことが問題点として挙げられていたこともあり、現場の経験が浅いスタッフでも運用が可能な単一のシンプルな制度に変え、退職金制度についても簡単な履歴管理で管理できる定額制に変えて経営者と幹部社員のみで管理が可能な制度へと見直しを図ったのです。D社はIT関連

企業特有の、年度により収益が大幅にアップダウンするという不安定な経営実態もあって、成果は決算賞与において評価、決定する仕組みとし、できる限り定量的に評価する仕組みへと変更しました。また、決算賞与では360度評価も取り入れ、従業員が相互に評価しあい、配分も決めるというこれまでとは異なる参画型の制度へと大胆に見直したところ、従業員の処遇に関する納得性が高まったということです。ある意味現場サイドでも運用可能な人事労務管理制度とすることがカギを握るという事例といえましょう。

　このように、自社の経営規模を念頭において、しかも現場スタッフを巻き込んだ運用可能な人事労務管理制度へと転換できるかどうか、ということが重要ではないかと考えます。

## ③透明性

### 1）自社が対象となる労働法制の確認と適用

　残念ながら、多くの中小企業では関連の労働法を十分に認識せず、なかには労働時間管理についても法を軽んじる傾向があることは確かです。しかしながら、労働法は人事労務管理制度を構築するうえで最低限のルールであり、自社に関わる労働法をまず確認することから始める必要があります。

　E社は、動物病院を運営している会社ですが、従業員の半数以上が非正規社員で占められています。この業界は、例えば春先の一時期にペットの病気予防関連の対応が集中するなど、きわめて季節変動の大きい特殊な業界です。また営業時間についても午後の3〜4時間については休診時間として、これを休憩時間に充てるとともに、夕方や土日に患者が集中することを受けての変則勤務が避けられず、このこともあって非正規社員が求められる職場ともなっています。

　E社は同一労働同一賃金について「当社では非正規社員の活用が経営のカギとなり、今回の法改正を受けて不合理な待遇差は一掃したい」という経営者の強い意思を受けて、同一労働同一賃金の導入に向けての改革を実行しました。労働時間に関する法規を手始めとして、人事労務管理面全体からの確認作業を行いました。すると、36協定が締結されて

いない、年５日間の有給休暇取得義務が実施されていない、社会保険・雇用保険の加入要件を遵守していない等の不備が見つかり、まずはその改善から取り組むこととしました。

　動物病院に必須の動物看護師には非正規の女性従業員も多く、なかには社会保険、雇用保険の未加入者もいました。その中の一人が妊娠中であり、産前休暇を取れないなら辞めたいと言っていましたが、今回の人事管理制度の見直しに当たって、真先に改定事項に挙げたのです。その動物看護師は社会保険の加入要件を満たしていなかったのですが、雇用保険の加入要件は満たしていたので、早速雇用保険について遡って適用を申請し、育児休業の取得と育児休業給付金の支給申請も行うことができたという経緯があります。

　その後、育休終了後の復帰を目指して労使の連絡も密にして信頼関係を構築したとの話も聞きました。会社としては、新規採用を考えるよりも長く勤務してもらった方が患者さんからの信頼も継続して得ることができ、従業員に優しい動物病院といった評判も期待できるとの認識を新たに持つことができました。労働法を順守するということは、従業員を守ることだけでなく、中長期的にみて会社も守ることに通じるのだということを実感した次第です。Ｅ社では引き続き労使の協調を重視した就業規則の整備に取り組んでいるところです。

## ２）就業規則類の整理

　人事労務管理制度の集約として、就業規則の作成とあわせて、自社の人事労務管理の方針を全従業員に周知させることも重要です。前述のＥ社は、それまでの就業規則の対象が正社員に限定されており、非正規社員に対する処遇が曖昧なものとなっていました。そこで全体からの確認作業が終わってから、少人数であっても雇用タイプごとに就業規則を作成し、付属規程についてもそれぞれ実態に応じて細かく制定しました。これらについて全従業員に対して説明会を行った結果、雇用タイプによる違いはあるものの、適正な均衡待遇を行っていること、福利厚生を含む関連諸制度について全従業員に対して平等に対応しているということを周知することができました。

　以上のように自社の人事労務管理制度の「見える化」を図ることにより、統一性、実効性、透明性の持続を可能にすることもできると信じています。

**人事労務管理制度を成功に導くためには**

　人事労務管理は「人：ヒト」という経営資源の価値をいかに高めて経営目標の達成に活かしていくのかをマネジメントすることです。

　また、「人」という資源は、それぞれが異なり、また感情を持つという特有な存在です。このことは机上の理論だけではうまくいかないことを意味しています。価値を高めようとしたせっかくの施策が、それぞれの受け取り方によっては悪感情につながり、価値を下げてしまうことも往々にしてあるのです。人事労務の業務に携わる限り、そのことも肝に銘じておかなければなりません。

　「人」を評価するということは、その優劣をつけて終わりということでは決してなく、会社の「人」に対する想いを的確に伝え、「人」が成長することによって初めて会社も発展することができるという認識に立ち、差別することなく、全従業員に公平に接することが人事労務管理制度改定を成功に導く要諦であると信じています（**図表1-7→次頁**）。

1-7 ▶人事労務管理体系のイメージ

経営計画と人事制度の関係

（経営計画）　　　　　　　　　　　　　　　　（人事制度）

経営理念
行動指針 → 人事理念

経営基本計画 → 人事基本方針

各部門方針 → 業績目標の設定
（目標カードの作成）

職種別評価基準
（期待される社員像）

各個別目標 → 各種職能要件 → 教育計画等

月次チェック

指導・育成

年度総括 → 業績の評価
（目標カードの結果評価） ← 人事評価制度

フィードバック

人事記録

処遇

翌期計画へ ← 賃金制度等

総額人件費管理
（決算賞与）

# 中小企業における人事賃金制度改善の事例

　これまでご説明してきた「魅力ある職場づくりから業績向上」について筆者が関与した企業の例をご紹介します。

## 1　新人事労務管理制度導入までの経緯

　Ｆ社は創業40年、従業員20人ほどの老舗のリフォーム会社です。創業社長の下、全従業員が一丸となって活動してきました。創業社長ならではのワンマンスタイルで「俺についてこい！」的な経営を行っていました。人事労務管理についても、社長自らが考えて決めるという「社長自身＝ルールブック」という形で、明確な人事労務管理制度もありませんでしたが、それまではカリスマ社長としての人間的魅力を求心力として人事を掌握してきました。

　しかしながら、社長が70歳を超えて、自分はまだ出来るという意識とは裏腹に、事業承継問題も現実のものとなり、果たしてこのまま経営を継続してよいのかと悩むようになってきました。承継者は、当時営業課長の30歳代半ばの社長の長男と自他ともに認識されていたのですが、社員の半数を超えるベテランの従業員よりも年齢・経験ともに下回るということがネックになっていました。営業面では、年齢も経験もある社長の弟が専務取締役として取り仕切っており、次世代へつなぐ目途も立ってきたところでしたが、人事面ではどのようにして人心を得たマネジメントを行うことができるかが課題となっていました。そんな折、働き方改革についての情報を得て、この際一気に人事労務管理制度の見直しを含めて、事業承継とあわせて改革を進めていくことになったのです。

　まずは経営理念に沿った人事理念と人事基本方針を策定するとともに、さらにＦ社が目指すべき人材育成と活用のためのビジョンを確立、

浸透させ、これに基づく関連諸制度の再構築を目指すことになりました。人事ビジョンを明確にしたことにより、組織体制の目標が明確になり、人事諸制度についても経営目標に沿った統一性あるものとすることができた次第です。導入後は、透明性と実効性を担保しつつ、その時々の環境に応じて見直すこともできると社長も自信を持つことができ、3ヵ年計画で長男への事業承継にも着手したということでした。

　今回の人事労務管理制度の設計に当たって最も重視したのは、F社の「人」に対する考え方を「人事理念」、さらに必要な人材像を「人事基本方針」で具体的に表わしたことです（**資料1-2（200頁）参照**）。そしてそれに基づいて職種・階層を実態に即して再分類したこと、賃金決定基準を評価制度と連動させたこと、賃金・手当項目とその支給基準など賃金制度については細かいところも整備したことにあると言えます。

　さらに、これらを就業規則および付属規程として明文化することからの「見える化」を図るとともに、非正規社員も含めた全従業員に対して説明会を開催し、その趣旨から丁寧に説明しました。まさに、前述 4 ❷（→182頁）で挙げた中小企業流の人事労務管理フレームを実践したものとなりました。

　今回の人事労務管理制度の再構築は、「雇用形態にかかわらない公正な待遇の確保」という同一労働同一賃金を実現させることも重要な目的の一つとして挙げられていました。これを受けて、職種階層別の評価制度のもと、職務内容や職務遂行能力からの賃金待遇制度について非正規社員も含む労使の度重なる話し合いによって確認し、共有することで不合理な待遇の相違があればその解消に取り組むことができたということは大きな成果といえます。

　改革に至るまでは、正社員の賃金は社長の独断で決定され、非正規社員は評価、昇給、昇格などもなく、賃金も最低賃金レベルでした。これを非正規社員も頑張れば昇給や昇格などを可能にして、長期勤務した場合の将来像を示すことができるようになりました。説明会では非正規社員からも質問が多く出て、時間はかかってもその一つひとつに丁寧に答えたことにより、モラールアップに結びついたと考えています。

　F社の非正規社員は、パート（短時間）勤務での無期契約という形態

のものでしたが、多くが 1 ～ 2 年の短期間で辞めてしまうことも問題と
なっていました。今後、これがどのように改善されていくのか注視して
いくことになっています。

　ちなみに新制度の説明会では、制度を提案したコンサルタントも出席
するとともに、中立的な立場から説明および回答をしたことも従業員の
納得性がえられた理由の一つと聞いています。

## 2 　人事労務管理制度の運用

　運用基準の策定に当たって注意したことは、現実に沿ったものとする
ということです。

　Ｆ社は総務や経理などの管理部門はあるものの人事労務に関わる部署
がありませんでした。新たに部署を設ける余裕がなかったので、Ｆ社の
課題は管理部門だけで運用ができる仕組みとすることでした。

　また人事評価から賃金等処遇制度についても、通常業務の中に人事労
務管理のマネジメントサイクルを落とし込むことを図りました。Ｆ社に
おいて経営計画の実行（マネジメントサイクル）は、「経営計画の策定
→月次経営方針推進会議→半期推進チェックと修正→年度総括→翌期計
画の立案」という流れとなっていました。人事制度の運用に当たっても
この経営計画から実行に向けた年間スケジュールに沿って進めていくよ
うにしました。

　Ｆ社は、毎年 7 月から 8 月にかけて翌年度の経営計画を策定してお
り、全社の経営計画策定に沿って従業員個々の目標設定も行うととも
に、これを人事評価のベースとしました。昇給は毎年 9 月に前年度の経
営計画の進捗度合と個々の目標の達成度評価に基づいて実施する、夏の
賞与は 9 月～翌年 2 月、冬の賞与は 3 月～ 8 月の会社業績と個々の目標
達成度評価に基づいて 6 月と12月に決定、支給する、というように見
直しました。

　それまで人事制度の計画的な運用を行った経験がなく、そもそも人事
評価制度をどう理解し、どのように実践してもらうか、ということから
悩むこととなりました。しかしながら、経営計画を運用していくための

会議は年に何度か実施してきたので、これに人事労務管理のスケジュールを折り込むとともに、非正規社員も含む全従業員に対して人事評価に関する勉強会を複数回実施しました。人事評価制度の運用は全従業員が行うことをモットーに、全従業員がその趣旨を理解、共有すること、実際に運用できるシンプルな制度にすることが重要と考えた次第です。

とくに中小企業ではプレイングマネージャーが多いこともあり、全従業員が理解することがある意味必須条件といえるのではないでしょうか。

F社のケースでは、非正規社員に対しても個々の目標を割り当てたことにより、会社経営に全員が参画するという意識を持つこと、正社員と同等に評価処遇されることを主眼に、頑張って個人目標を達成すれば賃金等待遇も改善するということからやる気を促すことへと結びつきました。これが「善の回転」となり、経営計画の達成から業績向上に展開するものと考えています。

## ③ 改善の効果

導入、運用が始まってから期間はあまり経っていませんが、すでに次のような効果が現れてきています。

導入前は、社長の高齢化とあわせて創業当時に入社したベテラン社員との考え方のギャップがあり、若手社員のモチベーションダウンや会社への不信感も芽生えていました。しかし、人事ビジョンを明確に打ち出したことによって将来に対する不安も薄らぐこととなり、独自の人事労務管理制度を導入し、運用を始めたことによって不信感も消えていったということです。実際には、説明会や勉強会によって相互のコミュニケーションが図られて風通しが良くなったことをきっかけに会社、幹部、若手社員、非正規社員の垣根が低くなったことが効果をもたらしたということかもしれません。いずれにしても「魅力的な職場づくり」が進展したということは間違いありません。今後は離職率がいっそう改善し、これが中長期的な人材育成へ結びつくことを願っています。

経営管理と人事制度の双方を有機的に結びつけたことにより、会議シ

ステムの機能も改善強化が図られました。特筆すべきはそれまで正社員のみで行われていた「経営方針推進会議」を、非正規社員を含めて実施するものとし、全員参加型経営へ変革したことではないでしょうか。

同会議では経営計画の進捗状況を全従業員で確認すると同時に、個々の目標のレビューについても行い、さらにこれを受けての部署別ミーティングで具体的に落とし込んで行うことにより、従業員相互にチェックする体制とすることにも結びつきました。同時に、非正規社員も自らの意見を積極的に述べるなどの効果も見られるようになってきました。

人事評価の目標は、賃金等処遇において差をつけることではなく、全従業員が一丸となって経営目標の達成を目指し、ひいては全従業員の処遇も改善することにあります。

より良い経営成績を出すために、全従業員が議論に加わり、これを受けてそれぞれが何を実行すべきかを見いだしていくという、能動的な社風が出来つつあると感じます。

また、経営方針推進会議では、将来の事業承継において「新社長の下に新たな事業領域への進出を考えよう」との課題の中で、ブレーンストーミング形式でそれぞれの立場で提案しようということとなり、実際、全従業員から20以上もの案が提出されました。これを受けての経営会議では、非正規社員が発案した「働く主婦層向けの家事低減サービス」として、「大掃除の代行」や今流行っている「主婦向けコインランドリー」等の案が経営者の目にもとまり、その後、検討されているとのことです。

Ｆ社はリフォーム関連商品の展示会場も所有していますが、コロナ禍で展示会場が休業している状況や展示方式のデジタル化が問われるなか、遊休資産の有効活用という点からも有用な案とされたようです。まさに主婦目線ならではの発案と言えるでしょう。

またＦ社では、それまでは非正規社員であるという理由だけで、社会保険や雇用保険も対象外としていましたが、労働法に則って加入を行い、労働契約の在り方についても労使で考え、担当する仕事についても相互の話し合いの中で適正な再割り当てを行うとともに、「不本意労働」をなくす方針で「成長と分配の好循環」を創造していこうとしています。

　また、それまで非正規社員に対し、個々の事情が見えない・わからないといったことによる差別的な取扱いも一部見受けられていましたが、風通しが良くなったことで確実に解消されつつあります。「会社が変われば、社員も変わり、社員が変われば会社も変わる」ということではないでしょうか。

　最後に実際に全従業員に明示した制度の説明書と運用シートを「**使える！　資料集**」に掲載したのでご参照願います（抜粋版も含む）。

① 　新人事制度説明書（→**198頁**）
② 　人事理念・人材育成方針（→**200頁**）
③ 　職能要件書（→**201頁**）
④ 　行動評価表（数値目標）（→**202頁**）
⑤ 　行動評価表（行動目標）（→**203頁**）

# ■■■■ 使える！　資料集 ■■■■

　本章で掲載した、F社で実際に活用している書式をもとに、一般的なものに
修正した中小企業向けのものです。自社の組織規模等に合わせて「統一性、実
効性、透明性」のある制度設計に役立てて頂ければと思います。

## ■資料1-1　新人事制度説明書

　新人事制度説明会時に配布する説明書です。人事労務管理制度の全体像につ
いてわかりやすいフレームとして提示することが求められます。なお、説明会
に当たっては、以下の資料以外にも就業規則や賃金規程、人事考課規程等の規
程類も用意します。

## ■資料1-2　人事理念・人材育成方針

　人事理念と人材育成方針をまとめたものです。経営理念と同様に社内掲示す
ることを念頭に作成します。また新入社員の入社時研修でも必ず説明すること
とします。

## ■資料1-3　職能要件書

　職階分類の内容を明示したものです。職種等級別に作成しますが、F社では
3職種6等級の計18シートで構成しています。より個別で具体的な期待像を明
示するもので、人事労務管理の根幹をなすべきものといえます。自社の実態に
合ったものを策定することが鍵になります。

## ■資料1-4　行動評価表（数値目標）

　経営計画と人事評価を結び付けるとともに、毎月評価を行う意図で作成した
定量目標用の評価表です。経営計画の数値と連動させるものとします。

## ■資料1-5　行動評価表（行動目標）

　定性目標用の評価表であり、経営計画の方針と連動させるものとします。**資
料1-4**の評価表とあわせて、部署別ミーティング時に面談シートとして活用す
ると同時に、経営計画の進捗状況チェックにも利用します。

**資料** 1-1 ▶新人事制度説明書

令和〇年〇月〇日

# 新しい人事労務管理体系について

1．人事基本方針の策定
　（1）　人事理念
　　　　人事管理に対する基本的な考え方を明文化したもの

　（2）　人材育成方針
　　　　社員に期待するものを明文化したもの

2．人事制度
　（1）　人事制度のフレームの策定
　　　①　職階分類
　　　　一般職・管理職・幹部職の3段階制とし、各職階をさらに2等級ごとに分類し、対応する職位を明示したもの

| | | |
|---|---|---|
| 幹部職 | 6等級 | 執行役員待遇 |
| | 5等級 | 部長待遇 |
| 管理職 | 4等級 | 課長待遇 |
| | 3等級 | 主任待遇 |
| 一般職 | 2等級 | 上級社員 |
| | 1等級 | 初級社員 |

　（2）　人事制度の運用方針の策定
　　　①　職階任用
　　　　別途、職能要件書の内容に基づき、個別吟味して、到達者を任用する
　　　　　→　職能要件書は別途参照

　　　②　役職登用
　　　　㈱〇〇商事の役職は部長・課長・主任の3役職とし、下記の基準で選考する。

| 部長 | 5等級・6等級から適任者を選考する |
|---|---|
| 課長 | 4等級・5等級から適任者を選考する |
| 主任 | 3等級・4等級から適任者を選考する |

③　人事考課
　　行動評価として、数値目標・行動目標を等級別個人別に設定して下記の要領にて実施する。

| 数値目標 | 毎月月次で評価 |
|---|---|
| 行動目標 | 半期ごとに評価 |

④　賃金処遇
　1）月給
　　・基本給
　　　等級別個人別の行動評価に基づき、昇給額を決定する。

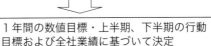

| 基本給 | 1年間の数値目標・上半期、下半期の行動目標および全社業績に基づいて決定 |
|---|---|

　　・諸手当
　　　要件に該当した場合に、個別に支給する

　2）賞与
　　　全社の業績にかんがみ、支給の有無および総額を決定の上、行動評価に基づき、個別配分する

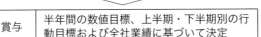

| 賞与 | 半年間の数値目標、上半期・下半期別の行動目標および全社業績に基づいて決定 |
|---|---|

**資料 1-2 ▶ 人事理念・人材育成方針**

## 人事理念

「心・技・体」三面の人造り

"やさしさと厳しさをもち責任を自覚し、
最後まであきらめず、
全身全霊まっとうできる人を評価する"

## 人材育成方針

個性・長所を活かした教育を行い、心技体兼ね備えた人材を育成する

### 期待する管理者像

1. 感情的にならずに常に平常心で物事を判断できる人
2. いばらず、怠けず、謙虚で、率先垂範のできる人
3. 先の事を考え PDCA を実践できる人
4. 常にコミュニケーションを大切にし、社内の風を感じられる人
5. 喜びを倍増し、悲しみを半減できる人

### 期待する社員像

1. 常に相手の立場に立ち物事を考えられる人
2. 常に前向きな姿勢で仕事に取り組む人
3. 5S（整理・整頓・清掃・清潔・しつけ）のできる人
4. 規律（約束）を守る人
5. 一日のやるべき仕事の組み立てが効率よくできる人

**資料 1-3 ▶ 職能要件書**

## 職能要件書
㈱○○商事

| 部門 | 営業本部 | 職種 | 営業 | 階層 | 1等級 |
|---|---|---|---|---|---|

| 職掌定義 | エネルギー関連商品・住宅リフォームの各分野において、直接お客様や協力先と接し、イベント企画・見積・受注・現場管理・工事・仕入等の諸業務を行う職種群 |
|---|---|
| 等級定義 | 部門方針に基づく日常業務の処理において、定められた手続きに従い、一般的な基礎知識またはある程度の実務知識および経験のもとに、役職者または上位等級者の細部指示を受けながら、実行シート・行動計画表・週間ミーティング検討表に基づいて、一般定型的業務を行うことを中心とする。 |
| 課業一覧 | 保安点検の実施<br>保安改善の実施<br>周知活動の実施<br>修理の実施<br>工事リフォーム情報の収集<br>顧客防衛の実施<br>昼の事務所当番の担当<br>クレーム処理の実施<br>情報誌の発行<br>夜間当番の担当 |

### 基本行動

| 規律性 | ・挨拶・言葉使いがきちっとしているか<br>・約束等の決められた時間を厳守しているか<br>・清潔感のある身だしなみを守っているか<br>・電話応対はきちっとできているか<br>・会社のルールを守っているか<br>・余裕のある出勤時間、計画性のある業務を心がけ実行しているか<br>・タイムカード打刻等の出退勤ルールを守っているか | 協調性 | ・環境整備、倉庫の整理整頓を含め社内美化に取り組んでいるか<br>・組織内の決定事項に対して、遵守姿勢をもっているか<br>・<br>・<br>・<br>・ |
|---|---|---|---|
| 責任性 | ・会議中の途中退出・携帯電話をしていないか<br>・指示されたことや担当業務をやり遂げているか<br>・任された業務の期日と内容を守っているか<br>・わからないことは勝手に判断せず、早めに相談しているか<br>・自らの発言に責任を持って行動しているか<br>・<br>・ | 積極性 | ・取引先との間で事故発生させたトラブルや業務上の問題について上司に報告しているか<br>・上司の力を借りながら、自ら解決しようとする姿勢があるか<br>・<br>・<br>・ |

**資料 1-4 ▶ 行動評価表（数値目標）**

## 行動評価表（数値目標）

（株）○○商事

部門：　　　　　　　氏名：　　　　　　　月度　　　月度　○月

| 項目 | 数値目標項目 | | | | | | 備考 |
|---|---|---|---|---|---|---|---|
| | 目標数値 | 実績数値 | 目標対比率 | 評価点 | ウエイト | 評価点 | |
| 売上計画 | | | | | 20% | | |
| 粗利計画 | | | | | 20% | | |
| 点検・訪問（月15件以上/一人）の実施 | | | | | 20% | | |
| 既存設備機器交換 | | | | | 20% | | |
| キャンペーン商品販売（月2台以上/一人） | | | | | 20% | | |
| | | | | | | | |
| | | | | | | | |
| | | | | | | | |
| 合計 | | | | | 100% | 500 | |

**資料 1-5 ▶行動評価表（行動目標）**

# 行動評価表（行動目標）

（株）○○商事　　　　部門：　　　　氏名：　　　　月度　　○月

## 基本行動

| No | 概要 | 評価 | ウエイト | 評価点 |
|---|---|---|---|---|
| 1 | 自らの発言には責任を持って行動しているか | | 5% | |
| 2 | 週間・月間の予定を日々確認・修正しているか | | 5% | |
| 3 | 目標を把握し、達成のための業務管理を行っているか | | 5% | |
| 4 | 後輩の業務に関心を持ち、アドバイスをしているか | | 5% | |
| 5 | 質問されたことには時間を惜しまず教えているか | | 5% | |
| 6 | 他部門の業務内容を理解しようとしているか | | 5% | |
| 7 | 事務改善、作業手順・方法等の改善、企画、提案などをしているか | | 5% | |
| 8 | 新しいものから逃げずに興味を持つ新しい知識を得ようとしているか | | 5% | |
| 9 | 業務上の機密は保持し、漏らすことは無いか | | 5% | |
| 10 | 公私混同をするようなことは無いか | | 5% | |
| | 合計 | | 50% | 250 |

○月を振り返って

## 実践項目

| No | 実施すべき事項 | 評価 | ウエイト | 評価点 |
|---|---|---|---|---|
| 1 | 保安センターからの改善事項6ヶ月以内の実施 | | 10% | |
| 2 | LPG顧客の防衛 | | 10% | |
| 3 | 単位消費量アップの実現 | | 10% | |
| 4 | 太陽光発電・オール電化の受注 | | 10% | |
| 5 | 未来を担う新商品・新市場・新システムの開発 | | 10% | |
| 6 | | | | |
| 7 | | | | |
| 8 | | | | |
| 9 | | | | |
| 10 | | | | |
| | 合計 | | 50% | 250 |

| 数値目標点 | 行動目標点 | 総合点 |
|---|---|---|
| 500 | 500 | 1000 |
| 評価点 | 評価点 | |

| コ |
| ラ |
| ム |

## 義務づけと動機づけ

　コロナ禍で開催された1年遅れの東京オリンピック。アスリートは大変だったと思います。それでも躍動したアスリートのコメントを聞いて、目的達成のためには「動機づけ」と「義務づけ」が必要なのだとあらためて考えさせられました。会社経営にも通じるものがあるように感じます。

　イベント運営管理会社を経営しているA社は毎年ホテルの宴会会場を借り切って、全社員自由参加の暑気払いと忘年会を実施しています。しかも、社員だけでなく家族同伴の参加を歓迎しています。一会場借り切りのバイキング方式なのでいくら人数が増えても費用の差は多くはありません。むしろ、とくに非正規社員にとっては一流ホテル等で経営者に直接家族を紹介したり、いろいろな話をすることができたりという、非日常的な良い機会になっていて、モチベーションアップにつながっているようです。

　コンサルティング会社を経営しているB社は、非正規社員を含め、入社後1年間は「実習ノート」という会社（上司）と新入社員の交換日記を実施しています。一般的な大学ノートでのやりとりで、堅苦しい様式等はなく、1週間の業務内容と感想や気づき、翌週1週間の予定、相談や質問等何でも好きなことを書いて週末に上司に提出し、上司は週明けにそれに対するコメントを書いて新人に返すというものです。新人にとってはコミュニケーション能力や文書作成能力の訓練、上司にとってはコーチングの訓練にもなります。会社にとってもいろいろな気づきにつながりますし、各種経営改善の種もそこに落ちています。

　この両方に共通するのは、小学生の子供がいるAさん、田舎に一人暮らしのお母さんがいるBさんというように、社員一人ひとりの名前と顔と生活を一致させていること、それによって会社が自分を理解してくれているという意識を社員にもってもらえることです。自分が会社の大事な一員であるという経営参

コ ラ ム

加意識が生まれる基だと思います。

　法律や管理システムとは別の観点から見て、人材の最大活用という目的達成に向けた、「暑気払い、忘年会」は動機づけ、「実習ノート」は義務づけ、という一つの手段だと感じます。我が社にとっての「動機づけ」「義務づけ」で効果的な手段は何かを考えてみたいものです。


（横田　和実）

# 第2章

## 中小企業の
## 人事等級制度の
## 基本設計

# 1 ▶ 多様化する人材活用

　同一労働同一賃金の背景にあるのが、人材活用の多様化です。

　この“多様化”は様々な雇用形態を生み出しました。それは会社、および働く人双方のニーズを反映した結果ですが、その一方で正社員といわゆる非正規社員の間の格差が、看過できない問題となっていったのです。

　それに加えて今は、男性の正社員を中心に据え、それ以外の人たちを「周辺」と位置づければ済む状況ではなくなっています。質・量ともに、多様な人材の存在感が大きくなり、格差問題に正面から取り組まないと、会社の成長戦略の面および社会的な面の両面で立ち行かなくなってきています。

　この多様化をどうとらえ、会社の人材マネジメントにどう組み込んでいくかがこれからの人材戦略のポイントになるといっていいでしょう。

## 1 多様化の断面

　多様化には、①雇用形態、働く態様、②働く人の価値観の二つの断面があります。

### ①雇用形態、働く態様

　雇用形態の多様化が進み、正社員、契約社員、パートタイマー・アルバイト、派遣社員、請負社員と、様々な形態の人が机を並べて仕事をするようになりました。

　そして、従来は周辺労働力という位置づけであった非正社員が基幹戦力として大きな存在感を示している例も増えています。

　また正社員についても、フルタイムで働き、会社の人事異動・転勤命

令や時間外・休日労働の命令に原則として従ういわゆる"無限定型正社員"だけでなく、"限定型正社員"という新たな形態が登場しています。

　以前は会社で働くということは、同じ場所で一斉に仕事を始め、一斉に仕事を終えるということと同義でした。会社の本質は組織で成果を上げるという点にあり、この方式は理にかなっていたといえるでしょう。しかし今では、ホワイトカラー職種を中心に、場所や時間の制約をしなくとも遂行できる仕事が増えてきています。IT技術の発展がこの流れを大きく後押ししており、ネットワークにつながるパソコンがあればほとんどの仕事ができてしまうということも珍しくなくなっています。

　そこに、働く人の価値観の変化、ワーク・ライフ・バランスの流れが重なり、働く場所・時間ともに次のような様々なバリエーションがみられるようになっています。

●**働く場所：**自宅、サテライトオフィス
●**働く時間：**フレックスタイム制、裁量労働制、高度プロフェッショナル制、事業場外みなし労働時間制


## ②働く人の価値観

　ここでいう価値観とは、仕事に対する基本的なスタンスや仕事への関わり方を指します。

　これは以下の4つに分類できます。

　1）**全面コミットメントタイプ**
　2）**ワーク・ライフ・バランスタイプ**
　3）**職務ロイヤリティタイプ**
　4）**"そこそこ"タイプ**

　従業員のタイプを把握したうえで雇用形態などの人材活用形態を検討することが、効果的な人材マネジメントに結びつきます。ただし、働く人の価値観や状況は時間の経過とともに変化するので、相互乗り入れが可能な柔軟な制度とすることが望ましいといえます。

　以下、働く人の価値観と雇用形態の関係について整理してみましょう。

### 1）全面コミットメントタイプ

　会社に我が身を全面的に委ねる従来型の会社員タイプです。

　定年までの勤務を前提に職業生涯を設計しており、会社の人事異動、転勤命令や時間外・休日労働の命令に対しても、よほどのことがなければ従うものです。

　雇用形態は"無限定型正社員"が最も適合します。

### 2）ワーク・ライフ・バランスタイプ

　職業生活と私生活との調和を重視するタイプです。「バランス」ですからどちらが優先ということではないのですが、このキーワードを意識するということは、ライフにそれなりの比重がくることを意味します。

　また、ここでいうワーク・ライフ・バランスタイプは、私生活を充実させつつ、同時に仕事でもしっかり成果を出し、ステップアップしていくという志向をもった人を指します。私生活重視という点では「そこそこタイプ」に似ていますが、仕事へのスタンスが異なります。

　雇用形態としては時間限定型正社員、地域限定型正社員、あるいはパートとの適合性が高いと思われます。

### 3）職務ロイヤリティタイプ

　仕事そのものに忠誠を誓うタイプです。好きな仕事には寝食を忘れて打ち込みます。会社に対する忠誠心は、自分が打ち込める仕事をさせてくれる限りにおいてという前提となります。これには「専門性追求タイプ」、「事業家タイプ」などのバリエーションがあります。

　このタイプとの適合性が高い形態は職務限定型正社員か契約社員でしょう。

### ④ "そこそこ" タイプ

　仕事はそこそこに、日々の生活を楽しむことに最大の価値を見出しているタイプです。それゆえ、仕事は生活や趣味に必要な原資を得る手段と割り切っています。

　一見ネガティブな印象を持たれるかと思いますが、組織にはこのよう

なタイプの人材も一定数は必要であるといえます。また「そこそこ」と書きましたが、これは仕事に手を抜くということではなく、担当した業務はきちんと仕上げることには留意しておく必要があります。

このタイプの場合、安定性を指向し働く環境の変化は望まないことが多いので、地域限定型正社員、職務限定型正社員との適合性が高いと思われます。

### 2　同一労働同一賃金に対応した人事等級制度のポイント

人材の多様化が同一労働同一賃金の問題に結びつくのであれば、同一労働同一賃金を実現する人事等級制度とは人材の多様化に対応できる制度となります。そのような制度を設計するうえで重要なポイントとして、シームレスとフレキシビリティの双方が挙げられます。

#### ①シームレス

多様化に対応するため、等級制度は単一型から、人材タイプによって例えば職能等級制度、職務等級制度のいずれかを適用するような複数併存型にすることが必要になってくるでしょう。実際、そのようにしている会社も少なくありません。また、単一型であっても人材タイプによって等級基準に様々なバリエーションをもたせるということがよくみられます。

「シームレス」とは、異なる等級制度間の対応関係が明確になっているということです。例えば、職務等級3級と役割等級3級は同等なのかそうでないのかがきちんと定義されているということです。

このような異なる等級制度の間を媒介するのが、職務遂行能力となります。どのような等級制度であっても、等級ごとの能力要件（3等級は○○レベルの能力、4等級は○○レベルの能力が必要など）は明確に定義づけを行わなくてはならないからです。例えば職務等級制度では等級ごとに対応する職務内容等が定義されますが、それに対応して、その職務を遂行する上で必要とされる職務遂行能力も定義されることになります。すなわち、職務遂行能力は様々な等級制度に共通して使われる基準

となりうるのです。

### ②フレキシビリティ

これは人事等級制度のフレキシビリティというより、雇用形態や人材活用形態のフレキシビリティという方が適切かもしれません。ただ、それが結果として適用する人事等級制度に結びつくこととなります。

ここでいうフレキシビリティとは、一度決めた雇用形態や人材活用形態を弾力的に変更可能とするということです。例えば非正規社員を正社員に登用する、あるいはその逆といったことを行い、それに伴い適用する人事等級制度も変更するということです。また、職務限定型正社員だった人が、無限定型正社員に移行する、あるいはその逆ということもありえます。もちろんこのような転換は、その時点の会社事業や人事の状況、本人の適性などによって判定されることですが、相互乗り入れが柔軟にできるようにすることで、会社と働く人双方のニーズに叶った人材活用が可能になるのです。

# 2 人材タイプの設計

　これまでも「総合職・一般職」、「全国転勤型・地域限定型」などの複線型人事制度というものはありました。これからはこうした複線型人事制度を進化させ、様々なタイプの人材が共存して組織目標達成に協業するというマルチ型の人事制度を作っていくことが効果的と思われます。

　人材活用や処遇については、これまで「正社員」、「契約社員」といった雇用形態を軸に考えていたように思われます。しかし、例えば同じ正社員でも様々なタイプが存在しますし、それによって人材活用や処遇の在り方は変わってくるはずです。

　そこで本稿では、同一労働同一賃金、すなわち多様化に対応した人事等級制度を設計していくために、雇用形態を主軸にしつつ、他の要素も勘案した「人材タイプ」を次の5つの軸から整理することにします。

- ・雇用形態：正社員、有期契約社員、パート
- ・職務範囲：無限定、限定あり
- ・働く地域：全国、地域限定、職場限定
- ・働く時間：フルタイム、短時間（パートタイム勤務）
- ・職務レベル：補助レベル、エントリー（入門）レベル、ミッド（中堅）レベル、ハイレベル、管理・専門職レベルの5レベル

### ①無限定型正社員の場合

　無限定型正社員は、その名の通り職務範囲、働く時間・地域に限定がありません。

　また、新卒あるいは若年層から定年までの長期雇用を前提としている関係から、職務レベルはエントリーレベル（あるいは補助レベル）から管理・専門職レベルまでカバーします。

　限定型正社員の場合、限定の在り方によって職務範囲、働く時間・地

域が当然のことながら限定されます。

また、無限定型正社員でもハイレベルで専門性が高い場合は職務が限定されることもあります。しかしながら、職務限定型正社員とは異なり特定領域の職務だけを担当すればよいとは限らず、例えば組織の戦力アップなどの組織全体に関わるような業務を担うこともありえます。

## ②職務限定型正社員の場合

職務限定型正社員の場合、担う職務は一定レベル以上となることが想定されます。ローレベルの職務だけを限定的に担う場合は、契約社員など別の人材タイプを選択する方が適当であると言えるでしょう。

したがって、職務限定型正社員の職務レベルはミッドレベル以上となります。それ以外の要素は無限定型正社員と同じです。

## ③地域・時間限定型正社員の場合

地域限定型正社員、時間限定型正社員の場合、前者は働く地域、後者は働く時間が限定されます。地域限定型であれば動く範囲、時間限定型であれば1日で働く時間を限定するのか、週で働く日数を限定するのかといったことを、会社と本人のニーズ等を踏まえたうえで決定します。職務レベルの考え方は無限定型正社員と同じですが、上限を設けることもあります。

## ④契約社員の場合

契約社員については、会社のニーズによってスペシャリストタイプ、正社員代替タイプ、正社員補助タイプの3タイプが考えられます。スペシャリストタイプの契約社員の場合、職務範囲は限定型、職務レベルはハイレベル以上となります。

正社員代替タイプの場合、職務範囲の限定は原則無し、職務レベルはエントリーレベルからミッドレベルとなります。正社員補助タイプの場合は、職務範囲限定、職務レベルは補助レベルとするのが適当でしょう。

働く地域は全国、地域・職場限定いずれもありえますが、労働契約で限定されていることが一般的と思われます。

　また正社員代替タイプの場合、通算契約期間を短期とすることにより、臨時の必要性に基づくという位置づけを明確にすべきです。状況が変わって契約更新を繰り返すようになれば、正社員として登用することが本来あるべきでしょう。

### ⑤パートの場合

　パートは、正社員代替タイプ、正社員補助タイプの2タイプに分かれます。職務範囲、職務レベルの考え方は、契約社員（正社員代替タイプ、正社員補助タイプ）と同じです。

　当然ながら、働く時間は短時間となります。働く地域は、職場限定または地域限定となるのが一般的です。また、正社員代替タイプのパートが代替する職務レベルはミッドレベルまでとするのが適切と思われます。現実にはさらに上位レベルの職務を代替しているケースも少なくありませんが、その場合は短時間正社員などに転換すべきであると考えます。

# 3 人事等級制度の概要

人事等級制度には、職能等級制度、職務等級制度、役割等級制度があります。

### ①職能等級制度

職能等級制度は、社員が保有し発揮している職務遂行能力が基準になります。能力レベルに応じて職能等級が設定されます。能力レベルが上がれば等級が上がり、賃金も上がることになります。しかしながら、能力レベルが変わらなくても、運用上、習熟による昇給はあります。また、従来の職能等級制度は降格がないのが一般的でしたが、近年は見直しを図る会社も増えています。職能等級制度では、社員本人の能力を基準にするため、柔軟な人材配置・異動が可能です。担当する職務のレベルが変わっても、能力そのものは変わらないという考えに基づいているからです。そのため、等級と実際に担う職務や役割とのズレが生じやすくなるというデメリットがあります。

### ②職務等級制度

これに対して職務等級制度は、担当する職務レベルに対応して等級が決まる仕組みです。職務レベルが上がらなければ等級も上がりません。

職務の定義とレベル分け（これを職務分析・職務評価といいます）が的確にされていれば、決定基準が明確な制度といえます。

### ③役割等級制度

一方で、職務等級制度は柔軟性に欠ける面もあり、あわせて長期雇用を前提として人事異動、職務変更を繰り返す日本企業の人事には馴染まないという問題も指摘されています。

　そのため、職務をおおぐくりにし、職務を通じて期待される役割のレベルを基準にした「役割等級制度」が広がってきています。職能等級の柔軟さと職務等級の明確さを併せもつ等級制度にする試みといえます。

　担当する職務そのものの付加価値ではなく、職務を通じて期待される役割の付加価値が基準になるので、人事異動などにより職務が変更になっても、ただちに賃金が変わることはありません。このこともあって、柔軟な人事配置、異動が可能になります。

　しかしながら、等級に見合う役割が果たせない状態が続いた場合には、原則として等級が下がることになります。したがって、職能等級ほどの柔軟性はないものの、担当する職務や期待される役割とのズレはそれほど大きくはならないことも特徴として挙げられます。

# 4 ▷ 人材タイプ別等級制度

人材タイプによって、適合する人事等級制度は異なります。

## 1 無限定型正社員

　エントリーレベルの正社員は、能力開発、育成段階という位置づけになります。また、適性を見極める時期でもあります。そのため、一定の期間を経て職務や職場が変わっていくことになります。

　このレベルの正社員に適応する制度は職能等級制度です。

　一方、中堅のレベル以上になれば、職務領域や役割レベルが定まっているので、職務等級制度または役割等級制度が適応するものとなります。

　またこの段階になると、部門や人材のマネジメント業務を担う「マネージャー系列」、または特定の職務領域で専門性を発揮することが役割とされる「スペシャリスト系列」に分かれる制度も少なからず見受けられます。

　マネージャー系列の場合、複数の職務を経験するいわゆるジェネラリストであることが多く、人事異動も予定されるために役割等級制度が適切であると思われます。ただし等級基準は、中堅レベルはプロセス重視、高度レベルでは成果（アウトプット）重視を前提として策定すべきです。

　一方、スペシャリスト系列の場合は多くは職務等級制度が適合するものと思われますが、状況によっては役割等級制度が適合することも考えられます。職務編成が明確でないか、または事業が流動的で職務内容についても変化が多いというような場合が該当します。

## 2 限定型正社員

　職務限定型正社員の場合、職務レベルは中堅レベル以上です。また職務が明確に定められているので職務等級制度が適当であるといえるでしょう。ただし、状況によっては役割等級制度を採用することも考えられます。この点はスペシャリスト系列の無限定型正社員と同様です。

　一方、同じ限定型正社員であっても、時間限定型や地域限定型正社員については無限定型正社員と同様に考えてよいと思われます。ただし、状況によっては昇格や昇進に上限を設けることもあると考えます。

## 3 契約社員、パート

　契約社員は長期の勤続を前提としないということが原則となります。結果として契約更新を繰り返し長期に勤続している例も少なくはありませんが、前述のようにそのような場合には無限定型正社員か限定型正社員に転換すべきです。

　いずれにしても、契約社員に期待されるのはすでに身に着けている知識、スキルを活かして担当職務を遂行するということになるので、職務等級制度が適応するといえます。ただし、状況によっては役割等級制度を適用します。

　パートの場合は職務が明確になっていることが多いので、職務等級制度が適当と思われます。

**図表 2-1 ▶人材タイプ別等級制度**

| 雇用形態・人材タイプ | 職務範囲 | 働く地域 | 働く時間 | 職務レベル | 留意事項 | 人事等級制度 |
|---|---|---|---|---|---|---|
| 無限定ハイレベル正社員 管理・専門職レベル正社員 | 無限定、限定両方あり | 全国 | フルタイム | ハイレベル以上 | | 役割等級 職務等級 |
| 無限定ミッドレベル正社員 | 無限定 | 全国 | フルタイム | ミッドレベル | | 役割等級 職務等級 |
| 無限定エントリーレベル正社員 | 無限定 | 全国 | フルタイム | エントリーレベル | | 職能等級 |
| 職務限定型正社員 | 限定 | 全国 | フルタイム | ミッドレベル以上 | | 職務等級 役割等級 |
| 地域限定型正社員 | 無限定 | 地域限定、職場限定 | フルタイム | 限定無し | | エントリーレベル：職能等級 ミッドレベル以上：役割等級、職務等級 |
| 時間限定型正社員 | 無限定 | 全国 | 短時間 | 限定無し | | エントリーレベル：職能等級 ミッドレベル以上：役割等級、職務等級 |
| 契約社員・スペシャリストタイプ | 限定 | 全国、地域限定、職場限定 | フルタイム | ハイレベル以上 | | 職務等級 役割等級 |
| 契約社員・正社員代替タイプ | 無限定 | 全国、地域限定、職場限定 | フルタイム | エントリーレベル～ミッドレベル | 雇用期間は短期が原則。長期間に及ぶ場合は正社員、長期限定型正社員にするのが妥当 | 職務等級 役割等級 |
| 契約社員・正社員補助タイプ | 限定 | 全国、地域限定、職場限定 | フルタイム | 補助レベル | | 職務等級 役割等級 |
| パート・正社員代替タイプ | 無限定 | 職場限定、地域限定 | 短時間 | エントリーレベル～ミッドレベル | 代替するのは正社員ミッドレベルまで。それよりレベルが上がったら正社員登用するのが妥当 | 職務等級 |
| パート・正社員補助タイプ | 限定 | 職場限定、地域限定 | 短時間 | 補助レベル | | 職務等級 |

# 5 人事等級制度設計の実際

## 1 等級（段階）数の設定

　等級設定に当たって、その等級（段階）数は会社の業務実態、規模等に応じて決定します。

　等級数が少なすぎると、同一等級に滞留する年数が長くなり、同じ等級に在籍する社員数も多くなります。そのため、賃金等処遇面でメリハリをつけることが難しくなります。

　一方、等級数を多くしすぎると、上位等級と下位等級の違いが曖昧になってしまいます。

　実務的には、まずは等級数を「仮決め」してみればよいのではないでしょうか。例えば、非管理職層6等級（段階）、管理職層3等級（段階）などとすることが挙げられます。

　その後、等級基準などの中身を詳細に設計していく過程の中で必要に応じて修正していくという方法を取ることが望ましいといえます。

## 2 昇格・降格

### ①昇格判定

　昇格・降格とは、人事制度における等級（ランク）の上がり、下がりを指します。一方、部長や課長などの役職位（ポスト）の上下の変動を、昇進・降職といいます。

　昇格・降格は主として人事評価を判断材料として行うべきものです。等級が求める要件（能力、担うべき役割の大きさなど）を従業員が満たしているか否かを判定するわけですから、人事評価を抜きにしては実施できません。

　ただ、人事評価は、評価対象期間において従業員が実際に取った行動や達成した成果、あるいは現時点の能力の到達レベルを判定するものです。つまり、人事評価で判定するのは、従業員の「過去の実績」および「現在の価値」となります。

　しかし、昇格では、「その人を上位等級に上げても、その等級が求める要件を満たすことができるのか」を判定しなくてはなりません。したがって、人事評価の結果に加えて将来性も判定する必要があるのです。

## ②昇格方式

　昇格には、「卒業方式」と「入学方式」があります。

　「卒業方式」は、「現在の等級の要件をクリアすれば昇格する」という方法です。例えば、4等級の人が、4等級の要件を完全にクリアしていれば5等級に昇格させるということになります。これは、「4等級の要件をクリアしていれば、5等級の仕事もできるであろう」という「期待値」に基づく昇格であるともいえます。

　一方、「入学方式」とは、上位等級の仕事ができるかどうかを判定したうえで昇格を決めるという方法です。

　卒業方式のメリットとして、基準がすっきりしているという点があげられます。4等級の人は、その時点で本来4等級の仕事をしているわけですから、それを完全にこなしているかどうかを判定するのは、比較的容易です。

　デメリットとして、「4等級の仕事を完璧にこなしているとしても、5等級の仕事ができるかどうか、本当のことはまだわからない」ということがあげられます。昇格させたものの、期待はずれに終わってしまうという場合もあるわけです。とくに降格がない場合、その等級にいる人が求められる要件を満たせない状態がずっと継続することになりがちです。

　一方の入学方式のメリットは、昇格させても問題はないという確信が持てる点にあります。デメリットは判定が難しくなるという点です。そのため日常のマネジメントの中で、部下それぞれの習熟の度合いによって上位等級の仕事を一部でも割り振るように現場管理職に指示、要請を

行っていくための施策が必要となります。

　以上のことから、昇格は卒業方式を最低要件とし、入学方式を併用していくことが望ましいと思います。

### ③昇格基準
#### 1）卒業方式と入学方式の併用
　前述の通り、昇格は卒業基準を最低要件とし、入学基準を併用して決定するのが適切といえますが、下位等級については卒業方式のみでも運用が可能と考えます。

#### 2）人事評価
　昇格の基準として人事評価がどのくらいの程度に達していなくてはならないかを決めます。判定は複数回（期）の人事評価を対象とすることが適当といえます。直近の1回のみとすると、良い成績を常に取り続ける実力が果たしてあるかどうかを判定することが難しくなります。現実には「たまたまうまくいった」ということもありうるからです。

　しかしながら、あまり回数を多くしすぎて、過去の評価を引きずることになっても問題です。

　以上のことから、人事評価は直近2年〜3年分程度を見るのが適当であると判断します。（ただし、下位等級については直近1年分だけでもよい場合もあります）

　昇格判定の例として以下の3パターンを挙げておきます（評価段階は、S、A、B、C、Dの5段階としています）。

　**パターン1**：直近2年で、1年目はB以上、2年目はA以上

　**パターン2**：直近2年の評価がA以上

　**パターン3**：直近2年の評価がA以上で、どちらか1年はS

　厳しさからみると、

**パターン1＜パターン2＜パターン3**

となります。上位等級ほど、条件を厳しくすべきです。例えば、下位等級はパターン1、中位等級はパターン2、上位等級はパターン3という方法です。

### ３）昇格必要年数

３等級４年、４等級５年というように、「昇格するまで、その等級に何年在留すべきか」の基準であり、標準、最短、最長に分かれます。

#### a．標準年数

「会社からみて標準的な社員が、標準的に昇格する場合、各等級に滞留（在籍）する年数」となります。ただし、この標準年数どおりに昇格させなくてはいけないということではありません。制度を設計するうえでの「指標：ものさし」という位置づけです。

#### b．最短年数

どんなに優秀な社員でも、最低○年はその等級に滞留させることを指しています。

これは必ず必要とまではいえず、会社の人事政策に則っての設定となります。優秀な人はどんどん昇格させ、逆転人事も当たり前という考えを取るのであれば、最短年数は設定しないか、設定しても１ないし２年程度と短くします。

#### c．最長年数

評価が悪くても、一定年数、同じ等級に滞留すれば昇格させるということです。「自動昇格年数」ともいいます。これも必ず必要というものではなく、仮に設定するのであれば、下位等級に限定されます。

### ４）昇格判定

人事評価、昇格必要年数などの条件を満たした社員を対象に、あらためて昇格審査を実施します。すなわち、人事評価や昇格必要年数は、「昇格に当たっての最低条件」という位置づけになります。

また一般社員から管理職に上がるタイミングでは、ハードルを高くすべきと考えます。なぜならば、求める能力レベルおよび能力の質が明らかに異なってくるからです。人材アセスメント、面接、筆記試験など特別な審査を付加することが望ましいといえます。

## （3）等級概要定義

　人事等級それぞれで求める人材像のイメージを描いて文章にとりまとめます。

　まず、「一人前とみなせるのは○等級」、「担当業務のリーダーとしてみなすのは○等級」というようにざっくりでもラベリングを行ってみます。

　次に、内容を掘り下げていきます。例えば、「一人前」という場合の知識レベルは具体的に表すとどの程度なのか、日常的にどのような職務行動を取ることが期待されるのかといったことを調査、分析し、あらかたの等級概要定義を作成します。

　そのうえで、実在の社員で各等級に当てはまる人をピックアップし、等級概要定義に適合するかを検証してみます。

## （4）等級詳細定義

　等級制度の概要が固まれば、詳細設計に移ります。ここでは役割等級制度を念頭に解説します。

### ①役割明細

　「企画立案」、「計画」などの項目を立てて、項目ごとに書き出していきます。項目については、会社の業務実態によって異なってきますが、あまり細かくすると項目間の違いがわからなくなるので、ある程度くくるようにすれば、スムーズに進めることができます。

### ②遂行要件

　役割に期待される遂行要件を、以下のように 3 つの区分により書き出していきます。

　また、職能等級制度と併存させる場合には対応する職能等級の定義も行います。

　　・テクニカルスキル：業務知識、業務スキル

　　・コンセプチュアルスキル：企画力、問題解決力など

・ヒューマンスキル：コミュニケーション力、マネジメント力など

### ③職務基準

　職種、職務単位で等級ごとに、遂行すべき職務内容を記述します。職務等級と併存させる場合は対応する職務等級の定義も行います。

## 5　シームレスな等級制度の設計

　これまで述べてきたように、人事等級には職能等級、職務等級および役割等級があります。

　どの等級制度を採用するかは、求める人材のタイプによって異なってきます。

　ここで問題になるのは、異なる等級制度を併存させた場合における等級間の関係です。この点を明らかにすることが、同一労働同一賃金を実現していくうえでのまさにポイントになるのです。しかし、これは簡単ではありません。職務等級3級と職能等級3級は、どちらが上なのか、あるいは同じなのか、判定に当たっては悩むところです。等級基準がそもそも異なるために、当然であるといえるでしょう。

　前述のように尺度として有効なのは職務遂行能力です。等級制度によって、「遂行要件」や「資格要件」とも呼ばれますが、意味は同じです。

　本稿では「職務遂行能力」は「遂行要件」と、遂行要件のレベルを「職能レベル」と称することにします。

　遂行要件は、職務等級であればその等級の職務を遂行する上で必要な知識、能力となります。これが役割等級であればその等級に求められる役割を担ううえで必要な知識、能力となります（**図表2-2、図表2-3**）。

**図表 2-2 ▶遂行要件によるシームレスな等級制度**

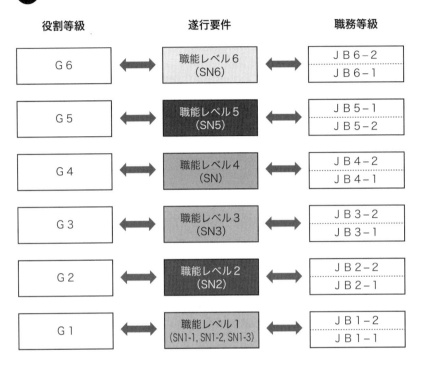

図表 2-3 ▶等級要件

| 役割等級 | 期待される役割 | 企画・提案 | 計画 | 協力・情報共有 | |
|---|---|---|---|---|---|
| G3 | ・部署の計画に基づき担当業務を遂行し、目標を達成する<br>・部署長を補佐し、部署の目標達成に貢献する<br>・部署業務の改善・改革を企画立案する<br>・チームメンバーを指導し、戦力化する | ・新規顧客を開拓し、商材・サービスの提案を行う<br>・新たな販売促進策・新規イベントを企画・実行する<br>・業務上の問題・課題を発見・分析し、解決策を立案・実行する | ・部署の業務全体を把握し、部署の計画策定を補佐する<br>・部署の計画に基づき担当業務の計画、予算を策定する<br>・新任者にも理解できるマニュアルを作成・整備、部署業務の生産性向上を図る | ・社内に人脈を築き、業務の状況に応じて協力を要請する。協力要請に対して積極的に応じる | |
| G2 | ・部署の計画に基づき担当業務を遂行し、目標を達成する<br>・担当業務に関する問題・課題に対応し、有効な解決策を立案する<br>・業務やサービスの提案、担当業務の改善を行う<br>・下位者を指導し、独力で業務を遂行できるよう育成する | ・顧客のニーズを踏まえた提案を行う。提案に当たっては、収支を勘案して正確な見積りを行う<br>・ミスや障害が発生したら、状況を正確に把握したうえで原因を究明し、対策をとる | ・担当業務の実行計画、スケジュールを策定する<br>・イレギュラーな事態に対しては上司の指示を仰ぎつつ、適切に対処する | ・担当業務以外の業務にも関心をもち、他の部員の業務に協力する<br>・担当業務の内容を正確に理解し、顧客、上司に業務の進捗状況を共有する | |
| G1 | ・部署の方針・計画に基づき担当業務を遂行する<br>・担当業務を独力で遂行し、結果を検証する<br>・担当業務に関する問題・課題を把握し、解決策を提案する | ・業務上の疑問点があれば、自分で解決策を考えたうえで、上司に相談する<br>・常に問題意識をもって業務を遂行し、業務の問題点や課題を把握し、上司へ報告する | ・マニュアル、計画書等に基づき担当業務を独力で、正確・迅速に遂行する | ・担当業務の進捗状況について社内・外の関係先、上司に適宜報告する | |

| マネジメント／自己管理 | 職務等級 | 技術職職務基準 | 事務職職務基準 | 職能レベル | 遂行要件 |
|---|---|---|---|---|---|
| ・部員を指導し、独力で業務を遂行できるよう戦力化する<br>・業務の優先順位を明確にし、計画的に業務を遂行する | JB3-2<br>JB3-1 | ・システムを稼働させるうえで必要なサーバー構成、プロセス構成を検討・確定する<br>・ミドルウェア、プログラミング言語、フレームワークの選定を行う<br>・処理フロー、インタフェース連携、データベース等の設計を行う | ・業務スケジュールを関係部署と調整のうえ作成し、スケジュールに則って業務を遂行する<br>・業務の処理結果の精査を行い、完了報告書を作成する | SN3 | ・下位者に説明・指導できるレベルの業務に関する専門知識<br>・新たな問題を探り出す問題発見力<br>・困難な問題を解決できるレベルの問題解決力<br>・相手の共感を得、相手を巻き込むコミュニケーション力<br>・並行して進む部署全体の業務の進捗を把握する業務管理力 |
| ・下位者を、独力で業務が遂行できるように育成する<br>・周囲に目を配り、自分が何を求められているかを自覚したうえで、行動する | JB2-2<br>JB2-1 | ・要件定義に基づき、システム設計、開発、テスト、リリースを行う<br>・工程毎に成果物を作成し、レビューを行い次の工程に進む | ・スケジュール表に則り月次業務計画を作成・遂行する<br>・担当業務の精査を行い、問題個所を報告する | SN2 | ・業務に関する専門知識<br>・起こっている問題に漏れなく・遅滞なく気づく問題発見力<br>・担当業務の問題は独力で対処できる問題解決力<br>・相手と良好な関係を築くコミュニケーション力<br>・担当業務の進行を管理できる業務管理力 |
| ・会社の規則、ルールを理解・遵守し、規律正しい行動をする<br>・仕事の性質を理解し、優先順位を的確に判断する | JB1-2<br>JB1-1 | ・設計書に基づきプログラムの新規開発、改修を行う | ・月次業務処理計画に基づき担当業務を処理する | SN1-3 | ・業務に関する基礎知識<br>・問題を問題ととらえることのできる問題認識力 |
| | | | | SN1-2 | |
| | | | | SN1-1 | ・相手の言うことを正確に理解し、相手に伝えるべきことを過不足なく伝えるコミュニケーション力 |

ここで問題になってくるのは、等級数が異なる場合です。

とくに職務等級で賃金が単一給テーブルになっている場合には、等級数が増える傾向にあります。また範囲給になっていても、範囲が狭い場合は同じ状況になります。

賃金面だけをみれば、同じ金額範囲にある等級を同じにすればいいということになりますが、賃金に関連づけられている等級基準が同じになるとは限りません。

さらに一方の等級要件がもう一方の複数の等級要件にまたがっている状態にある場合には、より複雑になってきます。

1つの等級に対して、もう一方の等級制度の複数の等級要件とほぼ同じものであれば、1：Nで対応させればよいことになります（**図表2-4**）。

**図表 2-4 ▶ 等級数が異なる場合のシームレスな等級制度①**

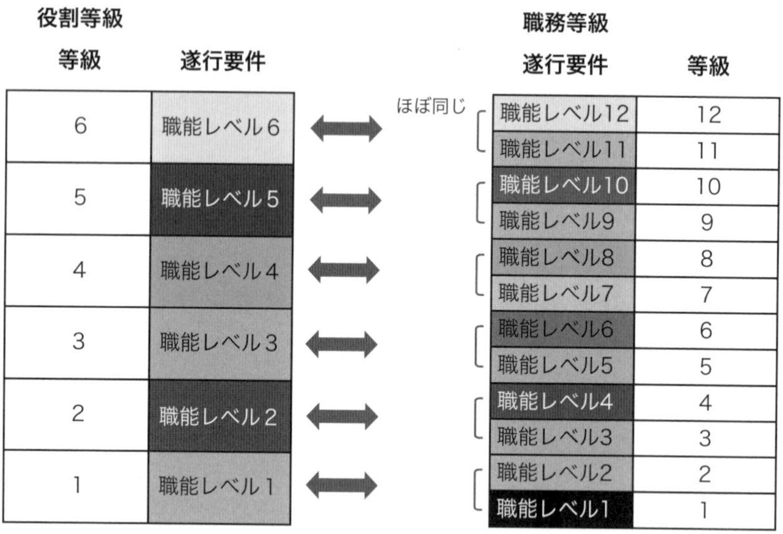

また、**図表2-5**のように、職務4等級の等級要件と、役割5等級、役割6等級の等級要件が同じ（5等級と6等級で求められる技能：スキルは同じであっても習熟度が異なる）であれば、職務4等級と役割5等級および役割6等級を対応させればよいことになります。

2-5 ▶ 等級数が異なる場合のシームレスな等級制度②

役割等級　　　　　　　　　　　　　職務等級

| 等級 | 遂行要件 |
|---|---|
| 6 | 職能レベル4 |
| 5 | |
| 4 | 職能レベル3 |
| 3 | 職能レベル2 |
| 2 | |
| 1 | 職能レベル1 |

| |
|---|
| 4 |
| 3 |
| 2 |
| 1 |

　しかし、役割5等級の等級要件の一部が職務3等級に重複するとなってくると、簡単にはいかなくなります（**図表2-6**）。

 2-6 ▶ 等級数が異なる場合のシームレスな等級制度③

役割等級　　　　　　　　　　　　　職務等級

| 等級 | 遂行要件 |
|---|---|
| 6 | 職能レベル6 |
| 5 | 職能レベル5 |
| 4 | 職能レベル4 |
| 3 | 職能レベル3 |
| 2 | 職能レベル2 |
| 1 | 職能レベル1 |

| |
|---|
| 4 |
| 3 |
| 2 |
| 1 |

　以上を考慮に入れて、同一労働同一賃金を意識しつつ等級数、等級定義、賃金テーブルを設計していく必要があります。

## 6　シームレスな等級制度・事例

　以下、筆者が提案したシームレスな等級制度の事例をご説明します。

### 〈事例1〉
### ◆人材タイプ
　・無限定型正社員
　・契約社員（スペシャリストタイプ、正社員代替タイプ）
　・パート（正社員代替タイプ、正社員補助タイプ）

### ◆等級制度
　・無限定型正社員
　　　ミッドレベル以上：役割等級
　　　エントリーレベル：職能等級
　・契約社員、パート：職務等級

### ◆転換制度
　・管理職・下位～エントリーレベル正社員と契約社員
　・契約社員・正社員代替タイプとパート・正社員代替タイプ

**図表 2-7 ▶ シームレスな等級制度の例①**

**無限定型正社員**

| 専門職・管理職／一般職 | | | | |
|---|---|---|---|---|
| 管理職・上位 | 役割等級Ｍ２級 | | | |
| 管理職・下位 | 役割等級Ｍ１級 | | | |
| ハイレベル正社員 | 役割等級Ｇ３級 | | | |
| ミッドレベル正社員 | 役割等級Ｇ２級 | | | |
| エントリーレベル正社員 | 役割等級Ｇ１級 | | | |
| | 職能等級ＳＮ１級 | | | |

⬍

**契約社員**

| スペシャリストタイプ | 職務等級ＪＢ１０級 |
|---|---|
| | 職務等級ＪＢ９級 |
| | 職務等級ＪＢ８級 |
| | 職務等級ＪＢ７級 |
| | 職務等級ＪＢ６級 |
| | 職務等級ＪＢ５級 |
| 正社員代替タイプ | 職務等級ＪＢ４級 |
| | 職務等級ＪＢ３級 |
| | 職務等級ＪＢ２級 |
| | 職務等級ＪＢ１級 |

⬍

**パート**

| 正社員代替タイプ | 職務等級ＪＢ４級 |
|---|---|
| | 職務等級ＪＢ３級 |
| | 職務等級ＪＢ２級 |
| | 職務等級ＪＢ１級 |
| 正社員補助タイプ | 職務等級ＰＪＢ２級 |
| | 職務等級ＰＪＢ１級 |

## 〈事例2〉

### ◆人材タイプ

　・無限定型正社員

　・契約社員（スペシャリストタイプ、正社員代替タイプ）

　・パート（正社員代替タイプ、正社員補助タイプ）

### ◆等級制度

　・無限定型正社員

　　　ミッドレベル以上：役割等級

　　　エントリーレベル：職能等級

　・契約社員：役割等級

　・パート：職務等級

### ◆転換制度

　・管理職・下位～ミッドレベル正社員と契約社員

　・エントリーレベル正社員とパート・正社員代替タイプ

　・契約社員・正社員代替タイプとパート・正社員代替タイプ

1

**図表 2-8 ▶ シームレスな等級制度の例②**

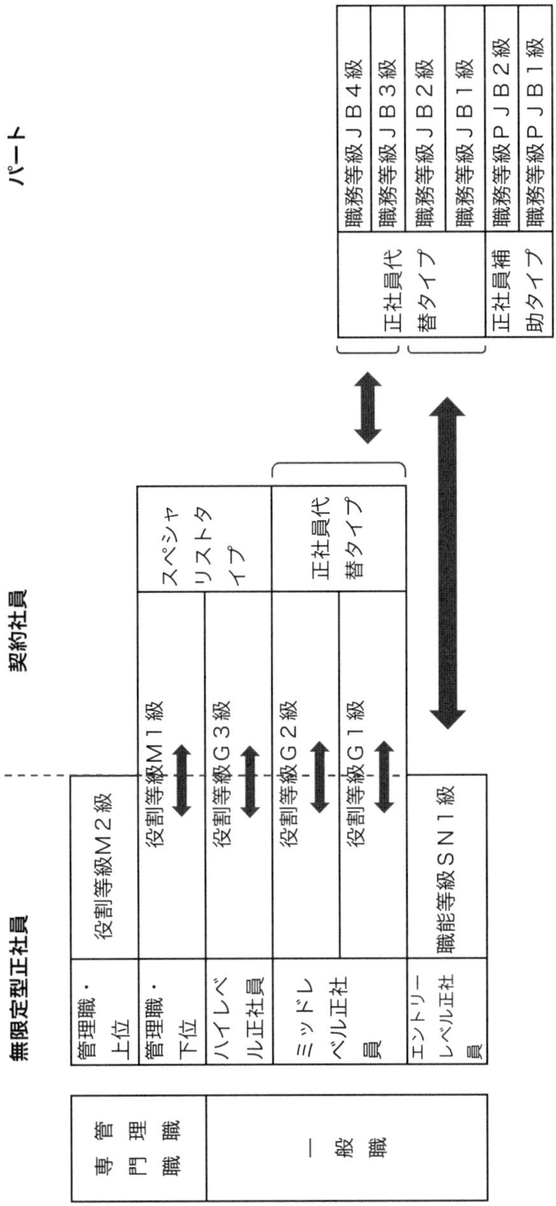

**無限定型正社員**

| 専門職・管理職 | 一般職 | | | |

| | | |
|---|---|---|
| 管理職・上位 | 役割等級 M 2 級 | |
| 管理職・下位 | 役割等級 M 1 級 | スペシャリストタイプ |
| ハイレベル正社員 | 役割等級 G 3 級 | |
| ミッドレベル正社員 | 役割等級 G 2 級 | 正社員代替タイプ |
| エントリーレベル正社員 | 役割等級 G 1 級 | |
| | 職能等級 S N 1 級 | |

**契約社員**

**パート**

| 正社員代替タイプ | 職務等級 J B 4 級 |
| | 職務等級 J B 3 級 |
| | 職務等級 J B 2 級 |
| | 職務等級 J B 1 級 |
| 正社員補助タイプ | 職務等級 P J B 2 級 |
| | 職務等級 P J B 1 級 |

## 〈事例3〉

### ◆人材タイプ

- ・無限定型正社員

  管理職・専門職レベルはマネージャー系列とスペシャリスト系列に分かれる
- ・契約社員（スペシャリストタイプ、正社員代替タイプ）
- ・パート（正社員代替タイプ、正社員補助タイプ）

### ◆等級制度

- ・無限定型正社員

  ミッドレベル以上：役割等級

  エントリーレベル：職能等級
- ・契約社員：職務等級
- ・パート：職務等級

### ◆転換制度

- ・スペシャリスト系列の正社員とスペシャリストタイプ契約社員
- ・ハイレベル正社員～ミッドレベル正社員とスペシャリストタイプ契約社員、契約社員・正社員代替タイプ
- ・契約社員・正社員代替タイプとパート・正社員代替タイプ

**図表 2-9 ▶ シームレスな等級制度の例③**

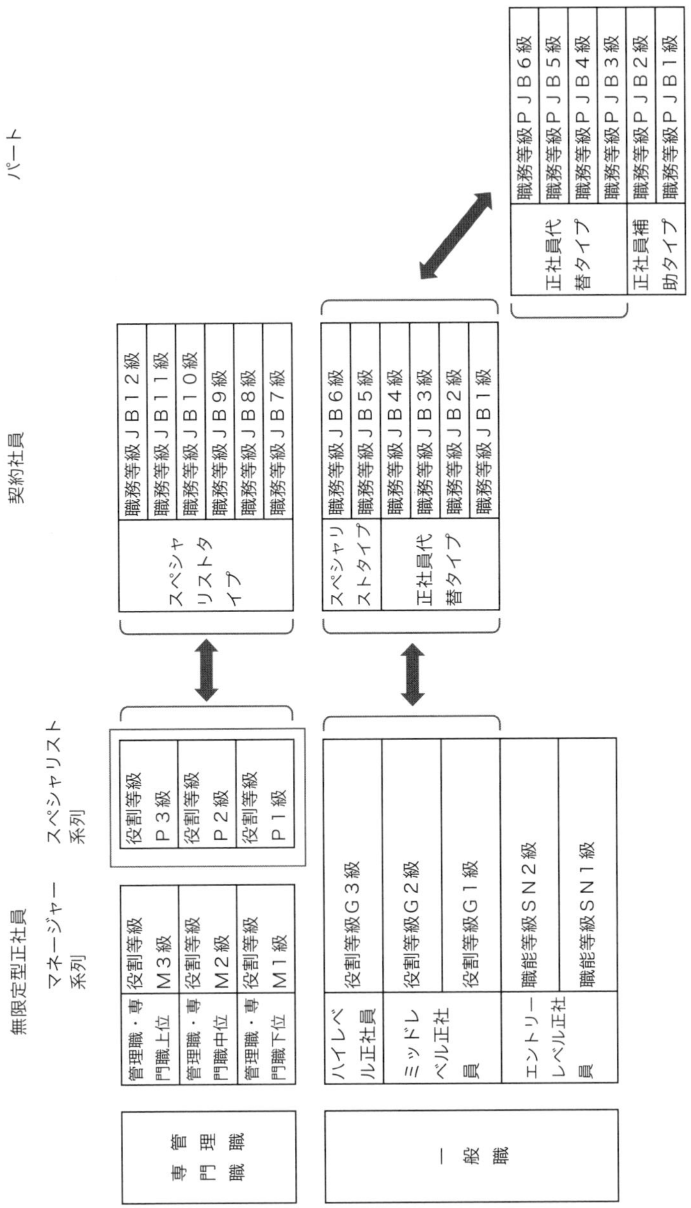

パート

職務等級PJB6級
職務等級PJB5級
職務等級PJB4級
職務等級PJB3級
職務等級PJB2級
職務等級PJB1級

正社員代替タイプ
正社員補助タイプ

契約社員

職務等級JB12級
職務等級JB11級
職務等級JB10級
職務等級JB9級
職務等級JB8級
職務等級JB7級

スペシャリストタイプ

職務等級JB6級
職務等級JB5級
職務等級JB4級
職務等級JB3級
職務等級JB2級
職務等級JB1級

スペシャリストタイプ
正社員代替タイプ

無限定型正社員

マネージャー系列

役割等級M3級　管理職・専門職上位
役割等級M2級　管理職・専門職中位
役割等級M1級　管理職・専門職下位

スペシャリスト系列

役割等級P3級
役割等級P2級
役割等級P1級

役割等級G3級　ハイレベル正社員
役割等級G2級　ミッドレベル正社員
役割等級G1級
職能等級SN2級　エントリーレベル正社員
職能等級SN1級

専門職　管理職

一般職

## 〈事例4〉

### ◆人材タイプ

・無限定型正社員

管理職・専門職レベルはマネージャー系列とスペシャリスト系列
に分かれる

・職務限定型正社員

・契約社員（スペシャリストタイプ、正社員代替タイプ）

・パート（正社員代替タイプ、正社員補助タイプ）

### ◆等級制度

・無限定型正社員

ミッドレベル以上：役割等級

エントリーレベル：職能等級

・職務限定型正社員：職務等級

・契約社員：職務等級

・パート：職務等級

### ◆転換制度

・スペシャリスト系列の正社員と職務限定型正社員

・ハイレベル正社員～ミッドレベル正社員と職務限定型正社員

・職務限定型正社員と契約社員

・契約社員・正社員代替タイプとパート・正社員代替タイプ

**図表 2-10 ▶ シームレスな等級制度の例④**

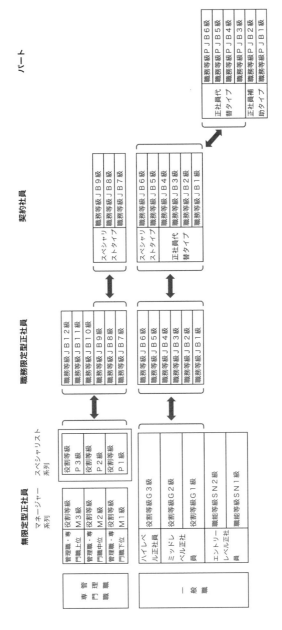

239

# 6 ▶ 正社員登用制度

　同一労働同一賃金を実現するためには、様々な人材タイプ間での相互転換制度が避けては通れません。なかでもカギを握るのが、非正規社員から正社員への転換（登用）制度です。

## 1 正社員登用制度のねらい

　正社員登用制度には、既に会社で働いている以下のような人材を確保できるというメリットがあります。

- ・実績を上げた人材
- ・能力やパーソナリティについて評価している人材
- ・社内の組織や業務の流れを理解できている人材

　設計に当たっては、正社員登用を定期的なものとし、スケジュール化を図るとともに、手順や基準を公開することが必須となります。

## 2 法が定める転換措置

　短時間・有期雇用労働法では、第13条において通常の労働者への転換措置を義務づけています。転換措置のなかでも正社員登用制度はもっとも有効な施策となります。

## 3　正社員登用制度の具体例

### ①正社員登用制度のパターン

**1）正社員登用ステップ**

**a.　2ステップ方式**

　パートをいったん有期契約社員に転換したうえで、その中からあらためて正社員を選別する方法です。

　パートをいきなり正社員にするのは会社としても確信が持てないことが往々にしてあり、一方で本人が躊躇することもあります。そのような場合に有効な方法であるといえるでしょう。

**b.　1ステップ方式**

　前記のようなステップを経ず、ただちに正社員に登用する方法です。

**2）制度の枠組み**

　ここでいう枠組みとは、必要に応じて正社員登用を行うのか、正社員登用制度を設けるのかということになります。

　前者は、正社員登用制度をとくに設けることなく、正社員に欠員が生じるなどの必要が生じたときに非正規社員の中に適任者がいれば登用するものです。それに対して後者は正社員登用を制度として設けるものです。

　人材の戦略的活用という観点に立てば、後者のように制度として整備する必要があるといえます。また法が定める正社員転換措置は、制度的枠組みを設けることを指しています。

　正社員登用制度には次の2つのパターンがあります。

**a.　本人の希望を募る方法**

- ・正社員登用候補者を公募のうえで選考する
- ・随時希望を受け付け、登用の必要性が生じたら所定の方法で選考する

### b. 会社が指名する方法

・等級、人事評価などで一定の基準を設けるとともに要件に該当した者から会社が選抜する

## ②登用基準

登用基準には、エントリー基準と選考基準があります。

## 1）エントリー基準

正社員登用制度に応募するためのミニマム（最低）基準です。

### a. 人事評価

　一定レベル以上という要件を設定します。標準を上回るレベルとするのが適当ですが、対象となる候補者を多くしたいのであれば、標準「以上」とすることが考えられます。

　過去何期分の人事評価を対象とするのかという「判定対象期間」も定める必要があります。ポイントは、「一定レベル以上のパフォーマンスを安定的に発揮できているかどうか」にあります。

### b. 勤続

　どの程度以上勤続していれば「定着している」と言っていいかが判断基準となります。6ヵ月～2年程度が適当であると考えます。

### c. 本人の希望

　対象になる非正規社員の希望を聞く機会を設けます。この機会は均等に与えなくてはなりません。

　また、自分の価値観・ワークスタイルといった理由や、育児・介護などの事情から非正規社員という働き方を選択している人も少なくないこともあって、本人の希望を聞くことは重要です。（ただし、「短時間正社員制度」という選択肢もあるので、この点留意しておく必要があります）。

## 2）選考基準

正社員としての人材像について、以下の要素などをもとに、会社のその時の状況、登用対象となる部署や業務ごとに基準を設定することになります。

- **テクニカルスキル**：知識、経験など
- **ヒューマンスキル**：コミュニケーション能力など
- **勤務態度**：意欲、取組姿勢など

## ③登用人数・時期

登用する人数については、中長期的な事業戦略、およびその時点での人員の過不足状況の双方の観点から検討します。

登用時期は、後任への引継ぎや人員補充のことなどを勘案して決定しますが、期間をあけ過ぎることは望ましくありません。登用決定から1ヵ月程度が適当と考えます。

## ④正社員登用の手順

正社員登用の全体の流れは、**図表2-11**のとおりです。

## 1）募集

正社員登用の実施が決定されれば、次に社内に募集をかけることとなります。

募集文書の必須項目は次のとおりです。

- ・募集部署
- ・業務内容
- ・応募資格
- ・登用後の労働条件（賃金・賞与・退職金、労働時間・休日・休暇、退職・定年など）
- ・正社員登用日
- ・募集期間、応募方法
- ・選考方法
- ・選考実施日
- ・結果通知日、通知方法

**図表 2-11 ▶正社員登用全体の流れ**

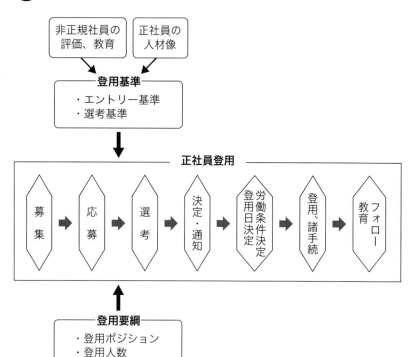

**〈募集文書例〉**

---

# 正社員登用試験を実施します！

○○年○○月○○日
○○株式会社
人事部　担当○○

パートタイマーのみなさまへ。
このたび、下記の要領で「正社員登用試験」を実施します。
意欲ある方の応募をお待ちしています。

記

【募集部署】
　○○事業本部△△営業部

【業務内容】
　営業部員として、新規顧客の開拓を担当していただきます

【応募資格】
　当社勤務１年以上で勤務成績良好なパート

【労働条件】
　・勤務時間：○○時〜○○時、休憩：○○時〜○○時、残業あり
　・休日：土，日，祝日，年末年始（○月○日〜○月○日），夏季休暇（○
　　　　　月○日〜○月○日）
　・年次有給休暇：当社社員規定により基準日に付与。勤続年数はパート
　　　　　　　　　入社日より通算。（現在の持ち日数はそのまま使えます）
　・賃金：当社正社員規定に則り、本人の能力、経験等により決定いたし
　　　　　ます
　　　　　毎月末日締め切り、翌月25日払
　　　　　昇給は前年の勤務実績により年１回実施
　・賞与：年２回
　・定年：60歳、再雇用制度あり
　・退職金：当社規定により支給
　・社会保険：健康保険、厚生年金保険、雇用保険加入

【正社員登用日】
　○月○日付とします

---

【募集期間、応募方法】
　〇月〇日～〇月〇日
　所定の応募フォーマットで、担当〇〇まで持参またはメールをお送りください

【選考方法】
　筆記試験、面接２回

【選考実施日】
　・筆記試験：〇月〇日
　・一次面接：〇月〇日
　・二次面接：〇月〇日

【結果通知日、通知方法】
　〇月〇日までに文書でお知らせします

※不明な点は、人事部〇〇宛にお尋ねください

## 2）応募受付

### a. 応募フォーム

応募に当たっての申請書に記述する項目は以下のとおりです。

- ・氏名
- ・入社日
- ・所属部署と主たる業務内容、
　実績
- ・志望動機
- ・正社員に登用された場合、どのような貢献ができるか
- ・自己PR

## 〈応募フォーム例〉

| 正社員登用試験応募用紙 | | | |
|---|---|---|---|
| | | | 年　　月　　日記入 |
| 氏名 | | 入社日 | 年　　月　　日 |

【所属部署】

【主な業務内容と実績をご記入ください】

【志望動機をご記入ください】

【正社員に登用されたらどのような貢献ができるとお考えですか】

【自己PRをご記入ください】

### b．応募方法

　応募は本人が人事課などに直接行う方法と、上司を経由する方法があります。

　本人が募集する部署に所属しており、しかも上司がその人を正社員にしたいと思っているのであれば上司経由で問題ありません。

　そうでない場合、すなわち他の部署の正社員に応募する場合は注意が必要です。上司にとっては自部署の戦力が引き抜かれることにもなり、思いとどまらせたいと考えることもありうるからです。

### c．応募情報の取扱い

　応募情報は細心の注意をもって取り扱う必要があります。この点は、通常の採用活動と何ら変わるところはありません。

　したがって、応募の事実が、当事者（本人、人事課、募集部署の責任者、上司経由の場合の当該上司など）以外には漏れないように配慮します。登用されなかった場合には、その人は元どおりの非正規社員として勤務を継続することになります。もし応募していたことが漏れていたら、職場に居づらくなることもあり、ひいては会社に対する不信感に結び付くことにもなりかねません。

### 3）選考

　応募者が集まると、選考です。

　正社員登用についても、候補者の中から人材を選別するという点では「採用」と同じです。したがって、社員採用と同様の試験を実施することが原則です。

　会社によって採用試験の方法は様々ですが、筆記試験と面接は必要になるでしょう。

### a．筆記試験

　筆記試験では職務で必要とされる知識と職務適性をみます。

　知識については、自社でオリジナルなものを作成します。一方の職務適性は、検査実施機関が作成する市販の適性検査を利用することを

お勧めします。

## b．面接

　面接はできれば2回は実施したいところです。1回目は現場、2回目は人事部署など現場から離れた立場の者が実施することが考えられます。2段階とすることにより、現場業務のニーズと全社的視点からの双方からバランスを考慮したうえで選考することができます。

## 4）決定、通知

　選考を経て登用の可否が決定されればできるだけ早く通知します。あらかじめ、合否通知の時期を本人に伝えておくべきです。登用となった場合はその旨と、事務手続きなどの日時を伝えます。一方、登用されなかった場合は通知文にも配慮が必要となります。

**〈登用された場合の通知文例〉**

```
                                       年    月    日
        様
              正社員登用のお知らせ

                              ○○株式会社
                              人事課　担当○○

  このたびは、正社員登用試験にご応募いただき、誠にありがとうございました。
  厳正な選考の結果、このたび○○様を○月○日付をもって正社員として
登用させていただくこととなりました。
  当社の貴重な戦力として、ますますのご活躍を期待しております。
  つきましては、賃金などの労働条件のご説明と事務手続を下記のとおり
行いますので、ご予定ください。ご都合がつかない場合は、ご連絡ください。

                         記

  日時：○○月○○日　○○時
  場所：○○階会議室
                                              以上
```

〈登用されなかった場合の通知文例〉

年　　月　　日

　　　　様

## 正社員登用試験の結果をお知らせします

○○株式会社
人事課　担当○○

　このたびは、正社員登用試験にご応募いただき、誠にありがとうございました。
　厳正な選考の結果、このたびはご希望に沿えない結果となりましたので、ご連絡いたします。せっかくご応募いただきながら、残念な結果に終わってしまいましたが、ご了承ください。
　今後も○○様は、パートタイマーとして貴重な戦力と考えております。
　引き続きご活躍いただけますよう、心よりお願い申し上げます。

以　上

# 7 採用からの入り口戦略

## 1 エンプロイメンタビリティ

少し前ですが、「エンプロイアビリティ」ということが盛んに言われていました。

「雇われる力」という意味ですが、それに伴って自己投資によるキャリアアップがちょっとしたブームになりました。

それに対するのが「エンプロイメンタビリティ」です。

これは会社の雇用吸収力を意味しています。すなわち、会社に人材を惹きつけ引きとめる魅力、その会社で仕事をしたい、仕事を続けたいと思わせる力がどれほどあるかということになります。

前者が雇われる側の力、後者が雇う側の力になります。

留意すべきは、選ぶのは会社側だけではなく、働く側もまた会社を選んでいるということです。そして選ばれる会社になるうえで重要になってくるのが種々の労働条件となるのです。

ここで重要なポイントは、人材活用の多様化です。

これからは様々なタイプの人材を、事業戦略や事業内容に合わせて採用し、組み合わせていかなくてはならないのです。そこで重要になってくるのが同一労働同一賃金の実現、すなわち様々な人材タイプの間で不当な差がない状態を実現することです。

例えば、会社に様々な雇用形態、働き方が用意されていても、説明のつかない格差があれば、人材を惹きつけ、引きとめることは難しいでしょう。場合によっては、訴訟などのコンプライアンスリスクに結び付くことにもなりかねません。

一方、それぞれの人材タイプについて明確な考え方のもとに賃金制度を設計し、かつ人材タイプ間の相互乗り入れや正社員登用制度を整備し

ていれば、これが採用に当たっての強力な訴求ポイントになりうるといえます。

## 2 待遇差の説明義務について

短時間・有期雇用労働法では、第14条において正規・非正規の待遇差に関する会社の説明責任が定められています。

採用との関係で重要になってくるのは第1項です。この規定により、会社は労働者の雇入れ時に所定の事項を説明することが義務づけられています。第2項ではすでに雇用されている短時間・有期雇用労働者に対する説明義務が定められていますが、これが「求めがあったとき」であるのに対して、第1項で定めている義務は、求めの有無にかかわらず果たさなくてはならない点であることに注意が必要です。

説明すべき事項は以下のとおりです。

- ・第9条（通常の労働者と同視すべき短時間・有期雇用労働者に対する差別的取扱いの禁止）
- ・第10条（賃金）
- ・第11条（教育訓練）
- ・第12条（福利厚生施設）
- ・第13条（通常の労働者への転換）

賃金との関係でとくに重要になってくるのが第10条です。第10条では、通常の労働者との均衡を考慮しつつ、その雇用する短時間（パート）・有期雇用労働者の職務の内容、職務の成果、意欲、能力または経験その他の就業の実態に関する事項を勘案して、その賃金を決定するように努めることを求めています。

第14条で定めているのはあくまでも説明であって、納得を得ることまでは求めていません。しかし、賃金の均衡処遇の観点、すなわち正規・非正規の間の差が職務内容、職務内容・配置の変更範囲、その他の事情からみて不合理なものであってはならないとする観点から、会社はどの

ような考え方で賃金制度の設計や賃金決定をしているのかを説明しなくてはならないことになります。この意味は決して小さくはありません。

　この規定ができる前であれば、正規・非正規の間で説明のつかない賃金差があっても、とくに説明をすることもなく曖昧なままで、多くの場合気づかれることもなかったところが、同条で義務となったことにより、明るみに出ることになります。

　これは法的義務だからというだけではありません。この説明に納得できなければ、働き続けようという意欲にも結び付かなくなり、ひいてはエンプロイメンタビリティが大きく損なわれることになりかねないのです。

## ■■■■■　使える！　資料集　■■■■■

**■資料2-1　等級制度の設計例　その1**
**＆ 資料2-2　等級制度の設計例　その2**

　社員、職務限定正社員・契約社員、パートの4パターン（3体系）が存在する場合の等級制度設計例です。

　**「その1」**、**「その2」**ともに、正社員は5等級の役割等級、職務限定正社員および契約社員は3区分・9等級の職務等級、パートタイマーは2区分・6等級の職務等級としています。

　実際の設計に当たっての検討課題は以下のとおりです。
　①事例では職務限定正社員、契約社員は正社員のG2～G4等級に、パートタイマーは正社員のG1等級に対応させるものとしているが、この対応関係をどうするか。
　②職務限定正社員と契約社員の等級区分、上限額・下限額を同一にしているが、この点をどうするか。

　**「その2」**は正社員の役割等級G1（担当職・エントリーレベル）については2等級の職能等級を併用しています。実際の設計にあたっての検討課題は以下の通りです。
　①職能等級を適用するのはどのレベル段階までとするのか
　②職能等級を適用するレベル段階では、役割等級と職能等級の併用とするのか、職能等級のみとするのか

## 資料 2-1 ▶等級制度の設計例　その1

### 正社員

| 役割等級 | 位置づけ | 役職 |
|---|---|---|
| M2 | 上級管理職 | 部長 |
| M1 | 管理職 | 次長課長 |
| G3 | 管理職補佐 | 課長補佐 / チームリーダー |
| G2 | 指導・判断職 | 主任 |
| G1 | 担当職エントリー | |

### 職務限定正社員 契約社員

職務等級

JB4-3
JB4-2
JB4-1

JB3-3
JB3-2
JB3-1
JB2-3
JB2-2
JB2-1

### パート

職務等級

JB1-3
JB1-2
JB1-1
PJB-3
PJB-2
PJB-1

**資料 2-2 ▶等級制度の設計例　その2**

正社員

| 役割等級 | 職能等級 | 位置づけ | 役職 |
|---|---|---|---|
| M2 | | 上級管理職 | 部長 |
| M1 | | 管理職 | 次長課長 |
| G3 | | 管理職補佐 | 課長補佐 / チームリーダー |
| G2 | | 指導・判断職 | 主任 |
| G1 | SN2 / SN1 | 担当職エントリー | |

**職務限定正社員**
**契約社員**

職務等級

- JB4-3
- JB4-2
- JB4-1

- JB3-3
- JB3-2
- JB3-1
- JB2-3
- JB2-2
- JB2-1

**パート**

職務等級

- JB1-3
- JB1-2
- JB1-1
- PJB-3
- PJB-2
- PJB-1

| コ |
| ラ |
| ム |

## なぜ「処遇」を見直さなければならないか

　少し前、具体的には改正パートタイム労働法が成立した2007年頃が、非正規雇用の問題が大きくクローズアップされ始めた時期のように思います。

　「正規と非正規の間には不当な格差がある、問題だ」という意見と、「これからは非正規社員を基幹戦力の一部として有効活用していかないといけない」という意見が錯綜し、混乱も見られたように記憶しています。

　そしてこの時期注目されたのが、「パートを店長に登用」といった類の「非正規社員の有効活用事例」でした。そのとき頭をよぎったのが「賃金はどうなっているのだろう」という疑問ですが、この当時はあまりそのことが問題になることはなかったと記憶しています。

　非正規社員を有効活用し、優秀な人材であれば登用していくというやり方は大いに結構なことです。しかし、処遇はそれに見合っていたのかという問題も生じます。

　このような事例は少なくありません。パート、アルバイトで優秀な人に責任と権限を与え、リーダー、店長などのポジションを与えて活躍してもらうという。しかし、与えた責任や権限と処遇は見合っていたのでしょうか。

　もちろん、働く時間や勤務地に制約のある人と、制約のない人とでは、会社にとっての価値が異なるのは事実です。しかし、そうであればその価値の違いはどの程度なのかをはっきりさせるべきですが、そのような例はあまり見られません。

　このような状況であっても当の本人がやりがいを感じ、また、そのようなポジショニングをしてくれた会社に感謝して仕事に取り組んでいるうちは、法的問題は別として、人材マネジメント上はうまく回っていくでしょう。

　しかしある時、本人がふと「安い賃金で便利に使われているだけではないか」という疑念を抱き始めたら、順回転が一気に逆回転に転じます。また、会社の業績が悪化した場合、雇用調

整の対象に最初になるのは非正規社員です。そのような現実を
目の当たりにすれば、非正規社員のモチベーションも、会社に
対する忠誠心も一気に低下し、場合によっては会社に敵対する
勢力となります。

　最近、「エンゲージメント」というキーワードをよく耳にし
ます。要するに、自分がいる会社、自分が担当している仕事に
どれだけ愛着をもって打ち込めるかということです。この点に
関してポイントになるのは、このようなことは放っておいて勝
手に沸いてくるものではないということです。会社が意図的に
様々な施策を講じて実現できるものなのです。

　そして、そこに処遇が伴わなくてはなりません。もちろん、
人がモチベーションを高く保てるのは賃金などの処遇だけでは
ありません。しかし、そこを無視していいわけはありません。
処遇を伴わない、本人のやる気と頑張りだけによりかかった人
材マネジメントは極めて危険で有害なものなのです。

　このことは、非正規社員に限った話ではありません。いま、
日本の会社員のモチベーションの低さがよく言われています。
同一労働同一賃金の問題は、働く人の活力をいかに取り戻すか
という問題につなげるべきものと思われます。この議論が「判
例やガイドラインからみて、こうしておけば大丈夫」といった
類の矮小化された話に終わらないことを望みます。

　　　　　　　　　　　　　　　　　　　　　（杉山　秀文）

# 第3章

中小企業の
人事賃金制度の設計

# 1　賃金・賞与制度

## 1　賃金制度

　ここでは、非正規社員の均等・均衡待遇の確保に向けて、自社で新人事・賃金制度（等級・賃金制度）を設計する方法について、正社員とあわせて非正規社員（有期雇用契約のパート）についても等級・賃金制度の見直しを行ったA社の事例をモデルとして解説します。また、この中で正社員の賃金制度改革について述べているのは、これが正社員間での同一労働同一賃金の実現に向けた賃金制度改革であるとともに、その考え方や技法が有期雇用契約のパートにも準用されるからです。

　A社は、正社員が約30名（賃金の形態は「月給制」）、有期雇用契約の「パート社員」（注；一部正社員と同じ勤務時間となるフルタイムスタッフも含みますが、ここでは社内呼称の「パート社員」と表記します）が約200名（賃金形態は「時給制」）の小売業企業です。社内で「パート社員」と呼ばれている従業員の約1割はフルタイムのスタッフであり、残りはパートタイム、すなわち正社員よりも短時間で勤務するスタッフになります。経営幹部としては正社員だけでなく、パート社員についてもその一部を正社員並みに活用したいと考えていました。そこで、これまで会社になかった等級制度（社員格付け制度）や目標管理・人事評価制度を導入するに当たって、正社員だけでなくパート社員についても同時に導入することとしました。

　一般に、自社の事業戦略に応じて、パート社員の人材活用戦略を考える場合、自社の事業特性、労働市場の動向、パート社員に期待する職務に応じて、様々なタイプが考えられます。例えば、以下のア〜ウといった具合です。

　　ア．パート社員のほぼ全員を正社員なみに活用したい。
　　イ．パート社員の一部を正社員なみに活用したい。
　　ウ．パート社員の大半は、補助業務に活用したい。


　**ア.** の場合、パート社員に期待する職務は、正社員とほとんど違いは
ありません。したがってパート社員、正社員を区別しないで、双方で共
通するキャリアパスや賃金等待遇とすることが望まれます。
　**イ.** の場合、パート社員のうち、優秀な人材のモチベーションを喚起・
維持し、必要に応じて積極的に正社員へ転換するような仕組みが望まれ
ます。
　**ウ.** の場合、パート社員と正社員では、期待する職務からして大きく
異なります。したがってパート社員は、正社員とは異なるキャリアパス
や賃金等待遇を検討する場合が多くなります。
　A社の場合は、パート社員の全体に占める比率が高く、**ア.** の「パー
ト社員のほぼ全員を正社員なみに活用したい」とまでは決めかねてお
り、**イ.** の「パート社員の一部を正社員なみに活用したい」に近いもの
でした。


### ①等級制度

　A社における新人事・賃金制度の導入目的は、役割・責任、職務レベ
ルと業績・成果に応じた賃金等処遇の全社的な実現を目指すことでし
た。役割や責任の重さ、職務レベルに応じて、やればやっただけ報いら
れる制度にしたいというのがねらいです。そのために、パート社員も含
めた社員の格付け基準を基本人事制度（等級制度）で明確にすることと
しました。
　パート社員にも等級制度を導入することで、パート社員側から見れ
ば、期待される職務が明示されることになって働きがいがより高まると
ともに、キャリア目標をもって仕事に取り組み、能力を高めていくとい
う効果が期待できます。また、パート社員の継続就業にも結びつくもの
といえます。

　一方、企業にとっては、パート社員の育成と活用を図り、パート社員の定着を促すという面でのメリットは大きく、競争力の強化に結びつきます。さらに、パートが生き生きと働いていることが対外的にも知られるようになれば、企業のイメージアップにも結びつき、採用戦略上でも期待できることになります。

　A社の等級制度では、正社員は、役割・能力・責任に応じて以下の3等級に、パート社員は、職務遂行能力に応じて以下の5等級に区分しました。

　一般の等級制度では、非正規社員よりも正社員の方が、等級数を多く構成していることが多く見受けられますが、A社の場合は、パート社員が約200名いるのに対して正社員は30名と少なく、また正社員はすべて役職者またはそれに準じる立場にあり、役職階層に対応した等級数であることが適当との考えのもとに、3区分としたものです。

■職務（役割）評価を行う際の技法については、厚生労働省「職務評価を用いた基本給の点検・検討マニュアル」（2019年3月）にも紹介されています。

---

**正社員の等級区分**
・社員1級…部門グループの統括責任者または部門の責任者
・社員2級…部署（グループ）の管理者または指導監督者（リーダー）、またはそれに準じる者
・社員3級…グループリーダーの補佐、またはそれに準じる者

---

**パート社員の等級区分**
・パート社員1級…発注管理・売上管理ができ、部下・スタッフの人的管理（指導・評価・育成）ができる。
・パート社員2級…発注管理・売上管理ができ、部下・スタッフの指導ができる。
・パート社員3級…発注管理・売上管理ができる。

・パート社員4級…上司の指示のもと、発注管理・売上管理ができ
　　　　　　　　る。
・パート社員5級…日常の基本業務をとくに問題なくこなせる。

※職務や能力においてより高い方が、等級の数字を大きく設定する企業も多いですが、当企業で
　は逆に小さく設定しているので注意願います。

　また、正社員について、等級ごとの役割要件・能力要件（発揮能力）・業績責任の「本来基準」と「初任基準」を定めるとともに、パート社員についても、等級ごとの総合能力、知識・技能、理解・判断力、企画・立案力等の要件基準について定めました〔**資料3-1、資料3-2参照（→294、295頁）**〕。これにより、正社員は、どのような役割や責任を担えば上位の等級に昇格できるかが理解でき、またパート社員は、どのような能力を身に着ければ昇格できるかが明確になりました。このことによって、正社員のみならず、パート社員にとってもモチベーション向上を図ることが可能になったといえます。

### ②賃金制度

　賃金制度の設計に当たっては、まずその目的を明確にすることが重要です。

　現状の問題をどの方向で、どのように解決したいのか再確認することです。会社経営が安定するように柔軟な人件費コントロールを行いたいのか、役割に見合う賃金となるよう人件費の再配分を行いたいのか、業績によって処遇格差を明瞭にみえるようにしたいのか、若年層社員が流出することを阻止したいのか、優秀な外部人材を獲得できるようにしたいのか、様々な角度から検討し、基本的なコンセプトを固めておくことが求められます。そのうえで、「何のために制度を変えなくてはならないのか」が社員に明確に伝わる賃金制度にすることが重要となるのです。

　賃金制度改革の検討に当たっては、次の3項目が柱となります。

　　ア．賃金形態…計算期間・支払形態（年俸制か、月給制か、日給月
　　　　　　　　給制か、週給制か、日給制か、時給制かの選択とな
　　　　　　　　ります）
　　イ．賃金体系…基本給の構成要素（職能給か、職務給か、役割給か
　　　　　　　　などです）
　　ウ．賃金水準…業界や職種からみた妥当性

## 1）賃金形態

　A社では、正社員の賃金形態は「月給制」、パート社員の賃金形態は「時給制」となっています。約30名いる正社員は「日給月給制」を採用しています。日給月給制とは、賃金の月額があらかじめ決められており、欠勤・遅刻・早退をした場合はその分が差し引かれる賃金形態です（これに対し、勤怠状況にかかわらず支給額が固定されている月給制のことを「完全月給制」と呼んでいます）。一方の約200名いるパート社員は、時給計算した賃金を月単位で支払う形態となっています。

　A社は、現状では正社員とパート社員と比べてみると、業務の内容と責任の程度や、職務の内容と配置の変更の範囲において明らかな差があり、例えば、部門長やリーダーだけでなく、リーダーの直接の補佐までを含め、その役割は正社員が担っています。今回の制度改定では、正社員、パート社員それぞれに等級制度は導入するものの、賃金形態まで同一にはしないことにしました。したがって、パート社員の賃金形態は時給制のままとしました。パート社員のうちでとくに優秀な人材については、今後、社員と同等の役割を担ってもらう期待もありますが、その際は積極的に正社員へ転換するような施策で、当面は対応していくことを考えています。

## 2）賃金体系

　賃金体系とは、ここでは「基本給の構成要素」をいいます。主な基本給のタイプとしては職能給、職務給、役割給の3種類があります。

**職能給**

「社員の職務遂行能力」を基準として決める賃金です。社員が保有する職務遂行能力に着目し、その能力が高まれば職能給も昇給させていくことになります。一般的には職能（資格）等級制度がベースとなり、運用に当たっては職務遂行能力の基準としての「職能資格要件書」が用いられることになります。降格がない限り降給することもないため、安定的な賃金である一方、能力－仕事－賃金の間にギャップが生じやすく、人件費の配分にムダが生じやすいというデメリットも挙げられます。

**職務給**

「社員が担当する職務の難易度・責任度」を基準に決める賃金です。通常は職務等級制度がベースとなり、運用に際しては個々の職務の内容・特徴・難易度をまとめた「職務記述書（ジョブディスクリプション）」が用いられます。しかし従来型の職務給では、その前提である職務等級の内容や区分が細かくなりすぎる傾向にあり、時間と労力をかけて作成した職務記述書が仕事の変化に追いつけず柔軟性に欠けるなどのデメリットがあります。また、中途採用者の賃金決定、配置異動への対応、人材育成への動機づけなどの面でも問題があります。

**役割給**

「社員の職位・職務上の責任・権限である職責」を基準に決める賃金です。

これに「業務の拡大・革新等のチャレンジ度」を付加したもの、つまり「職責＋チャレンジ度」を基準にする場合もあります。"仕事の内容"より"仕事の価値"に準拠した賃金とも言えます。役割等級制度がベースとなりますが、職務等級制度に比べて 等級を大ぐくり（ブロードバンド）で区切るために柔軟な運用が可能となります。一方で、新たに定める「役割基準」が、社内での仕事の"価値"のレベルに対応するものでなければ、社員の納得性は得られにくくなってしまいます。

　「構成要素」という言い方をするのは、年齢・勤続給といった旧来型の基本給も含め、複数の基本給を「年齢・勤続給＋職能給」「職能給＋職務給」「職能給＋役割給」といったように組み合わせて用いることもあるためです。ただし、前述のように、職能給は職能資格制度、職務給は職務等級制度、役割給は役割等級制度がベースとなるため、複数の基本給を組み合わせる場合には、そのベースとなる等級制度も複数となってきます。実際にこうしたダブルラダーの人事制度と呼ばれるものを採用している企業も見受けられますが、制度が複雑になってくることが考えられます。

　A社の場合は前述のとおり、正社員は、役割・能力・責任に応じて3等級に、パート社員は、職務遂行能力に応じて5等級としました。したがって、基本給の性格は、正社員については役割給としての性格が強く、パート社員については能力給としての性格が強いといえます。

　他社の事例では、パート社員に職務給を適用するケースも少なからず見受けられますが、A社の場合、パート社員の個々の能力の伸長に重きを置いた等級基準書となっているため、基本給（時給）の性格もこれに応じたものとしました。

## ③正社員の「賃金テーブル」の設計

　役割給の「賃金テーブル」には単一給と範囲給の2種類があります。

### 単一給とは

　「単一給」は、等級別に金額が決まっている固定型（シングルレート）の賃金です。この考え方のもとに、昇進のたびに賃金をリセットする方式をとっている企業もあります。例えば、2人の社員が係長でいる間は賃金に差があったとしても、同時に課長に昇進した場合には、同じ賃金とする、という方式です。この例からわかるように、「単一給」のみでの運用は成り立ちにくく（単一給のみの運用だと係長でいる間も賃金差がつかないことになります）、習熟給（職能給の場合）、業績給といった変動型の賃金項目と併用することが一般的に行われています。

**図表** 3-1 ▶ ２つの賃金テーブル「単一給」・「範囲給」

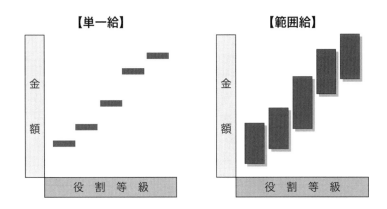

**範囲給とは**

　「範囲給」（レンジ給）は、等級別に基準額を中心に上下限の幅を持つ変動型の賃金です。管理職、非管理職を問わず導入が可能で、等級が決まれば賃金のレンジ（範囲）も決まるので、社員はその範囲の中での賃金額に収めることができるというメリットがあります。現行制度からの移行および運用のしやすさなどの理由で、一般的には「範囲給」が用いられています。

　A社では、正社員について、「基本給」＋「役職手当」を「基準月額」とし、範囲給として設計、運用することとしました。

**図表** 3-2 ▶ 「基準月額」の等級別の範囲給　上・下限

| | 役割 | 基本給 | | | 役職手当 | 基準月額（基本給＋役職手当） | | |
|---|---|---|---|---|---|---|---|---|
| | | 上限 | 標準額 | 下限 | | 上限 | 標準額 | 下限 |
| 1等級 | 管理職 | 420,000 | 380,000 | 340,000 | 60,000 | 480,000 | 440,000 | 400,000 |
| 2等級 | 指導職 | 340,000 | 300,000 | 260,000 | 50,000 | 390,000 | 350,000 | 310,000 |
| 3等級 | 一般職 | 260,000 | 220,000 | 180,000 | 40,000 | 300,000 | 260,000 | 220,000 |

　「基本給」＋「役職手当」を「基準月額」としたのは、期待される
役割や責任に対応する賃金がその社員に対していくら支払われている
か、言い換えれば、評価査定の対象となる賃金がいくら支払われてい
るか、わかりやすくするためです。正社員どうしで賃金を比較する際
にはこの基準額をみるようにします。また、役割給の性格を持つ基本
給でありながら別途役職手当が支払われているケースもあり、一見、
要素が重複しているかのようにもみえますが、この場合は時間外勤務
手当の見合い額がこの中に含まれていることが多いです。

　「基本給」の改定、すなわち昇給については、下表のように、各等
級の役割給のレンジをより細かくゾーンに分けて、同じ評価査定結果
であったとしても、現在どのゾーンに位置しているかで昇給額が変わ
る方式を採用しました。

**図表 3-3 ▶ 基本給改定表**

| 基準月額の<br>同一レンジ内のポジション | | 評 | | 価 | | | |
|---|---|---|---|---|---|---|---|
| | | S | A+ | A | B+ | B | C |
| ゾーン1 | 上位25%にある者 | 3,000 | 2,500 | 2,000 | 1,500 | 500 | 0 |
| ゾーン2 | 上位50%にある者 | 4,000 | 3,500 | 3,000 | 2,000 | 1,000 | 0 |
| ゾーン3 | 上位75%にある者 | 5,000 | 4,500 | 3,500 | 2,500 | 1,500 | 500 |
| ゾーン4 | 下位25%にある者 | 6,000 | 5,000 | 4,000 | 3,000 | 2,000 | 1,000 |

(毎年、見直す)

　該当する範囲給のレンジ内で対応する位置（ゾーン）によって昇給
額を変えたのは、下位のゾーンにいて高い評価を得た社員の昇給を促
進する一方で、上位のゾーンにいる社員がレンジの上限に早く到達し
て頭打ちにならないように抑制するためです。なぜならば、範囲給に
おいては、該当する等級のレンジの上限に達すると上位等級に昇級し
ないかぎりは原則として定期昇給をゼロとするためです（ただし、賃
金テーブルそのものを洗い替えるベースアップ：ベアによる昇給は別

途あります）。

#### ④非正規社員（パート社員）の「賃金テーブル」の設計

　A社は、パート社員についてはそれまでの時給制を維持することにしましたが、正社員の基本給で用いた「範囲給」（レンジ給）の考え方をパート社員の時給にも準用することにしました。すなわち、等級ごとに時給の下限額と上限額を設定したのです。そのうえで、毎年の人事評価による査定の結果、例えば標準的な評価以上の評価をとり続けた場合には時給がどのように上がっていくのか、職務遂行能力が向上して昇格を経た場合はどこまで昇給するのかを"見える化"しました。これによりパート社員は、現在の自分たちの時給の位置づけを知ることができ、また、将来に向けての見通しが立てやすくなり、さらなるモチベーションの向上も期待されることになりました。

**図表 3-4 ▶時給の等級別の範囲給　上・下限**

| | 時　　　給 | | 昇格昇給 |
|---|---|---|---|
| | 上限 | 下限 | |
| 1等級 | 1,450 | 1,300 | |
| 2等級 | 1,400 | 1,250 | 20 |
| 3等級 | 1,350 | 1,200 | 20 |
| 4等級 | 1,300 | 1,150 | 20 |
| 5等級 | 1,250 | 1,100 | 20 |

**図表 3-5 ▶時給の改定表**

| | 評　　　価 | | | | | |
|---|---|---|---|---|---|---|
| | S | A+ | A | B+ | B | C |
| 昇給額 | 15 | 12 | 10 | 8 | 5 | 0 |

（毎年、見直す）

〔資料3-3「パート社員賃金テーブル」（297頁）も参照〕

　一方で、ベテランのパート社員の中には、これまで、能力の伸長度にかかわらず勤続に応じて時給を昇給してきたために、能力と比べて高い時給が支払われているケースも少なからずありました。こうしたパート社員については、当該等級の上限額を超える額について一定期間「調整時給」として継続して支払いつつ、その調整時給は、毎年あるいは半期ごとに減額させて最終的にはなくすようにしました。このことは不利益変更にもなるために全体への新制度説明会とは別に、該当者に対して個別に面談を行って同意を得るようにしました。範囲給では例外をできるだけ設けないようにすることが、運用の重要なポイントです。

## 2　賞与制度

　日本の企業における賞与は、その内容として「生活保障」と「成果配分」という2つの側面を持っていることにあわせて、一般的には「基本賞与」と「業績賞与」に分かれていることも多いです。後者の業績賞与の部分には会社・部門・個人の業績を反映させるようになっています。基本賞与は全社一律の月数（係数）を用いますが、業績賞与の月数（係数）は、役割等級などの社員区分等級、および評価が高ければより大きくなるよう設計するのが一般的であるといえます（**図表3-6**）。ここでは、正社員とあわせてパート社員についても賞与制度の見直しを実施したA社の事例を解説します。

### ①正社員の「賞与制度」の設計

　A社の場合、正社員については、これまで「基本給×一律係数（会社業績を反映）」の算定式で賞与を支給してきました。したがって、会社業績が予算どおりであれば、1回につき基本給2ヵ月分の賞与が支給されていたことになります。しかし、個人によって業績貢献度に明確な違いがある一方で、賃金の実態が年功的になることから、業績貢献度に関係なく、賃金既得額が高い社員に高額の賞与が支給されるという問題がありました。

　今後は対象期間の個人業績を評価して等級別・評価別に支給額に反映

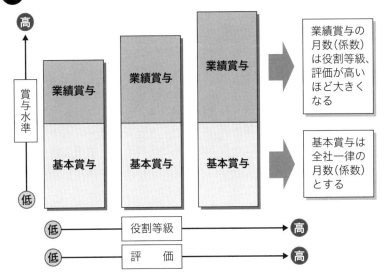

**図表 3-6 ▶ 基本賞与と業績賞与、業績賞与への評価反映のさせ方**

させるとともに、賃金既得分としての賞与への反映度は抑えていく方向
で、以下の算定式を検討しました。

**ア．**（基本給 × 一律係数）＋（基本給 × 等級別・評価別係数）

**イ．** 等級別・評価別定額

**ウ．**（基本給 × 一律係数）＋（等級別・評価別定額）

**エ．** ポイント単価 × 等級別・評価別ポイント

**ア．（基本給 × 一律係数）＋（基本給 ×等級別・評価別係数）**

「基本賞与」と「業績賞与」の組合せであり、「係数方式」とも呼ばれ、
先述のように、一般にも多く採用されているタイプです。いずれも賃金
を算定基礎額とし、全社一律係数による基本賞与に、等級別・評価別係
数による業績賞与を上乗せして支給額を計算するものです。現行のА社
の制度からは移行しやすい反面、基本賞与も業績賞与もその算定基礎が
現行基本給となるため、「賃金既得額の賞与への反映度を低くしていき

273

たい」という今回の要請に十分には対応できない面もありました。

### イ．等級別・評価別定額

　「算定基礎額方式」または「基本給絶縁方式」ともいわれるものです（**図表3-7**）。賞与の支給額計算に基本給を用いず、別に定める算定基礎額を用いるため、基本給とリンクせずに支給額が決まるという点では、等級・評価と支給額が直結したものとなります。しかし、この方式を採用した場合の各人の支給額をシミュレーションしてみると、現行の支給額から大きく乖離する額になることが見込まれる社員が相当数でてしまうことがわかりました。そのため、現実的には導入は難しいということになりました。

**図表 3-7 ▶等級別・評価別支給額例**

| 等級 | 算定基礎額 | 評価係数 | | | | | | 最大最小格差 |
|---|---|---|---|---|---|---|---|---|
| | | S | A+ | A | B+ | B | C | |
| | | 2.4 | 2.2 | 2.0 | 1.8 | 1.6 | 1.4 | |
| 1等級 | 380,000 | 912,000 | 836,000 | 760,000 | 684,000 | 608,000 | 532,000 | 380,000 |
| 2等級 | 300,000 | 720,000 | 660,000 | 600,000 | 540,000 | 480,000 | 420,000 | 300,000 |
| 3等級 | 220,000 | 528,000 | 484,000 | 440,000 | 396,000 | 352,000 | 308,000 | 220,000 |

### ウ．（基本給 × 一律係数）＋（等級別・評価別定額）

　**ア**.と**イ**.の中間的なタイプで、「基本賞与」に相当する部分は基本給とリンクしていますが、「業績賞与」に相当する部分は算定基礎額を用いて計算し、基本給から切り離されているため、**ア**.と一律係数が同じ場合には、**ア**.に比べて賃金既得分の賞与への反映の度合いは小さくなります。**イ**.に比べるとソフトランディングの方式といえますが、評価間格差の設定によっては、**イ**.と同様に個人業績の反映の度合いを高くする設計も可能です（**図表3-8**。この場合、同じ等級での評価差による支給額の「最大と最小の格差」は**イ**.の表と同じになります）。

　今回の制度改定においてＡ社は、この方式を採用することとしました。算定基礎額については、支給の都度確認することになりますが、会社業績の反映は、まずは「基本賞与」における一律係数の部分で行うこととしました。

**図表 3-8 ▶（「業績賞与」部分）等級別・評価別支給額例**

| 等級 | 算定基礎額 | 評価係数 | | | | | | 最大最小格差 |
|---|---|---|---|---|---|---|---|---|
| | | S | A+ | A | B+ | B | C | |
| | | 1.5 | 1.2 | 1.0 | 0.9 | 0.8 | 0.5 | |
| 1等級 | 380,000 | 570,000 | 456,000 | 380,000 | 342,000 | 304,000 | 190,000 | 380,000 |
| 2等級 | 300,000 | 450,000 | 360,000 | 300,000 | 270,000 | 240,000 | 150,000 | 300,000 |
| 3等級 | 220,000 | 330,000 | 264,000 | 220,000 | 198,000 | 176,000 | 110,000 | 220,000 |

**エ．ポイント単価 × 等級別・評価別ポイント**

　「ポイント方式」の賞与は、総額の確定している賞与の原資がまずありき、という前提のもとに、次のような流れで算定します。

　1）等級・評価ごとに支給額ポイントを設定する（ポイントテーブルの作成）
　2）支給対象全員に個々の等級・評価に沿って支給額ポイントを割り当てる
　3）支給対象全員の総ポイント数を求める（Σ（支給額ポイント×人員）＝総ポイント数）
　4）「賞与原資÷総ポイント数」により、1ポイント当たりの単価を求める
　5）「ポイント単価×等級・評価ごとのポイント」が等級・評価ごとの支給額となる

　最後は、「ポイント単価×個々の支給額ポイント＝個々の賞与支給額」

であると言い換えることもできます。「ポイント方式」は、理論上は原資の過不足が生じないため、原資に合わせて当初の評価査定から調整するなどの必要がないというメリットがありますが、今回は**イ.**と同じく、現行の支給額から大きく乖離する額になることが見込まれる社員が相当数発生することを理由に、採用を見送ることになりました。

### ②非正規社員（パート社員）の「賞与制度」の設計

　A社では、これまでもパート社員に賞与を支給してきましたが、支給基準は曖昧なままでした。会社業績が堅調であれば、1ヵ月分の賃金に近い額の賞与が支給されることもありましたが、個人ごとの支給額の差の根拠について、あるパート社員から質問のあった上司が充分に答えられないといった状況も見受けられました。かつてパート社員の数が現在よりも少なかったときに、経営幹部が恣意的に支給額を決めていた名残りが続いてきたともいえます。

　しかしながら、今後パート社員をより戦力化していくうえで、パート社員に対する賞与の支給額決定について明確な基準を設けるとともに、制度としての透明性・納得性を高めていくことは必須であると考えられます。また、せっかくパート社員に賞与を支給するのであれば、それが業績向上に向けての動機づけに結び付くものでなければ、その意義が薄れてしまうことになります。

　そこで、先述の正社員の賞与決定に当たっての「業績賞与」についての考え方、すなわち、「等級別・評価別定額」の方式を、パート社員にも準用することにしました（**図表3-9**）。

　**図表3-9**に基づいて、仮に3等級のパート社員の評価がA評価であった場合、賞与の（基準）支給額は200,000円となります。ただし、勤務時間に比例して支給するため、フルタイム（勤務）スタッフで正社員と同じ8時間勤務であるならば、その額が賞与支給額になりますが、本来のパートタイム勤務で勤務時間が4時間の場合、

$$200,000円 × （4時間／8時間） = 100,000円$$

として決定されることになります。

3-9 ▶フルタイム勤務者の等級別・評価別支給額例

| 等級 | 算定基礎額 | 評価係数 | | | | | | 最大最小格差 |
|---|---|---|---|---|---|---|---|---|
| | | S | A+ | A | B+ | B | C | |
| | | 1.5 | 1.2 | 1.0 | 0.9 | 0.8 | 0.5 | |
| 1等級 | 220,000 | 330,000 | 264,000 | 220,000 | 198,000 | 176,000 | 110,000 | 220,000 |
| 2等級 | 210,000 | 315,000 | 252,000 | 210,000 | 189,000 | 168,000 | 105,000 | 210,000 |
| 3等級 | 200,000 | 300,000 | 240,000 | 200,000 | 180,000 | 160,000 | 100,000 | 200,000 |
| 4等級 | 190,000 | 285,000 | 228,000 | 190,000 | 171,000 | 152,000 | 95,000 | 190,000 |
| 5等級 | 180,000 | 270,000 | 216,000 | 180,000 | 162,000 | 144,000 | 90,000 | 180,000 |

　これまで述べてきたように、A社は、まず人事の基本となる「等級制度」を、正社員とあわせてパート社員についても整備することから始めました。一方で賃金制度では、正社員が日給月給制であるのに対し、パート社員はこれまでの時給制を維持することにしました。ただし、運用においては等級に対応した範囲給の「賃金テーブル」をそれぞれ設計しました。「賞与制度」についても、正社員の賞与の業績賞与の部分とパート社員の賞与について、同じく算定基礎額方式を採用しました。

　このように、正社員に限定することなく、非正規社員の賃金制度についても、正社員の制度と整合性を図りつつ、より合理的な制度へ改善を行うとともに、計画的に非正規社員の処遇改善を図っていくことが、企業の人材の育成・活用戦略のうえで今後ますます求められるようになってきていると考えます。今回の法改正を、人事・賃金制度全般にわたって見直す良い機会として対応することが肝要と信じています。

# 2 人事評価制度・目標管理制度

## 1 人事評価・目標管理の目的

　同一労働同一賃金の実現に向け、トータル人事制度を再構築していくに当たっては、なかでも人事評価制度がたいへん重要な役割を果たすものと考えます。ここでも、正社員とあわせて有期雇用契約のパート社員に対して等級制度を導入し、処遇制度の見直しを実施したＡ社の事例を解説します。

　Ａ社の新人事・賃金制度では、役割・責任、職務レベルと業績・成果に応じた処遇の実現を目指しました。すなわち、役割や責任の重さ、職務レベルに応じて、やれば報われる制度にすることがねらいです。そのために、パート社員も含めた全社員の格付け基準を基本人事制度―等級制度によって明確にし、正社員の基準月額とパート社員の時給を範囲給の中で運用することとしました。

　そのうえで、公正な評価制度のもと、正社員・パート社員双方とも、年に１回、基本給・時給を改定することとしました。さらに公正な評価制度を実現するために目標管理制度を導入し、期の初めに個々の目標を設定することとしました（**図表3-10**）。

### ①人事評価制度の目的

　Ａ社の新人事制度では、「目標」や「評価基準」において、会社が正社員・非正規社員を問わず、一人ひとりに期待する成果や行動をあらかじめ設定することにより、どのような成果や行動が評価されるのかを明確にすることとしました。これにより、社員個々の行動のベクトルを合わせ、一人ひとりの動きが会社の業績向上に明確に結び付くようにしました。また、期末の評価の際には、納得性ある評価、公正な処遇、具体

**図表 3-10 ▶人事評価制度の目的**

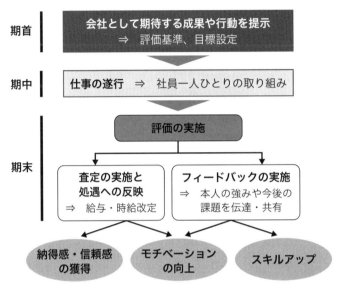

的な行動に沿ったフィードバックを実施することにより、評価への納得感や信頼感を醸成し、モチベーションの向上からスキルアップにつながることを目的としました。

**何のために評価するのか**

　ここで、あらためて何のために評価するのか、問い直してみたいと思います。評価は単に賃金査定のためだけに行うものではありません。評価を通じて社員個々の仕事ぶりや能力やスキルの到達レベルなどの現状を把握し、一人ひとりのさらなる能力開発を促す有効な方法となりえます。

　また、上司と部下が評価、フィードバックを通じて情報を共有化するとともに、密なコミュニケーションの場を持つことも重要な目的の一つといえるかと思います。

図表 3-11 ▶何のために評価するのか

1．賃金・処遇への反映（査定）
　　役割・実績に応じた公平な処遇による労働意欲の向上
　　⇒　従業員満足の醸成

2．社員個々の現状把握
　　⇒　能力開発促進

3．情報の共有化と密なコミュニケーションの場づくり
　　⇒　管理者の部下指導指針の共有化

## ②評価の種類

　一般に評価は、業績評価と職務行動評価に分けられます。A社においても、評価項目（評価要素）は、①業績（成果）：目標に対する達成度評価と②行動評価としました。

　業績（成果）は、期の初めに目標を設定し、期末にその達成度を評価することになります。これを一般的に、目標管理（MBO）と言っています。

　これに対して行動評価は、職務遂行に当たって会社が示した行動指針に沿って行動していたか、プロセスを評価するものです。

　行動評価の対象となるのは、顕在化された発揮能力や行動であり、職務遂行プロセスにおいて具体的な行動に現われなかった能力（いわゆる潜在能力）は評価対象とすべきではありません（**図表3-12**）。

**図表** 3-12 ▶ 評価の種類

### ③目標管理の目的

目標管理の基本目的は、組織目標を個人目標にブレイクダウンし、①効率的に個人および組織目標を達成させ、② 組織体質まで効果的に改善することにあります。またその過程で、

（イ）個人の能力開発や人材育成
（ロ）組織の活性化の推進
（ハ）管理者のマネジメント能力強化

をするものです（**次頁図表3-13**）。

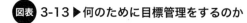

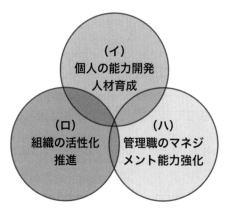

図表 3-13 ▶ 何のために目標管理をするのか

すなわち、目標管理は、単に評価の精度向上を図るためだけではなく、その意義は以下に挙げるように多様なものです。

> a．社員の能力開発・問題解決能力の向上（イ）
> b．社員の自主性や裁量性の尊重と自己責任制の確立（イ・ロ）
> c．組織コミュニケーションの活性化、自立的組織風土の醸成（ロ）
> d．組織目標と個人目標の調整・統合、業績評価の精度の向上（ロ）
> e．管理職のマネジメント能力の開発（ハ）

〔資料3-4　目標管理・人事考課シート（社員用）（298頁）、資料3-5目標管理・人事考課シート（パート社員用）（299頁）も参照〕

**図表 3-14 ▶** 「定量的目標」「定性的目標」と「量的成果」「質的成果」

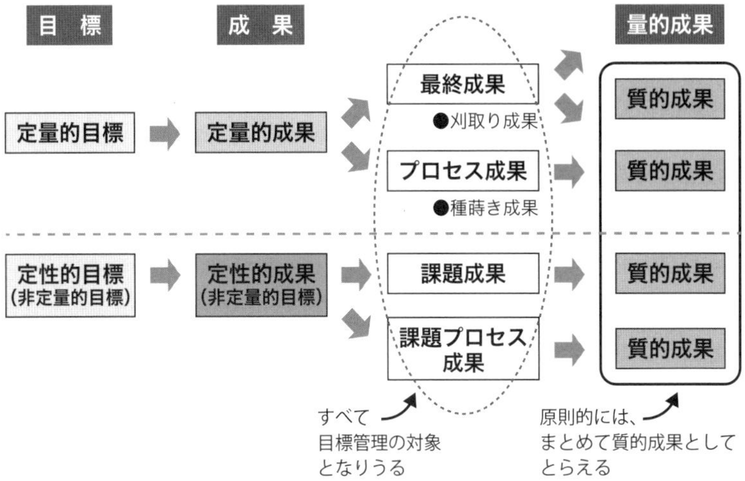

## ( 2 ) 目標管理・人事評価の進め方

　先述のように、A社では目標管理・人事評価の趣旨や目的に沿って、さらにまた、正社員だけでなくパート社員についても目標管理・人事評価は必要との考え方に沿って、正社員用とパート社員用の両方の「目標管理・人事考課シート」を、できるだけ両者共通のフォーマットとで対応できるように作成を試みました。以下、このシートに沿って、解説していきます。

〔シートの全体像は資料3-4（298頁）、資料3-5（299頁）をご参照ください〕

### ①目標の立て方

　目標は本人が記入し、部門長が内容を確認してコメントを記入することとしました。そのうえで、部門長は本人と面談を行い、目標に対する相互の意識の擦り合わせを行います。

　目標は会社目標ならびに部門目標からブレイクダウンしたものを3項

目以内に絞り、それぞれにタイトルを付け、目標とする成果、実施基準、実施方法を記入します。

　社員については、目標ごとのウェイトづけをし、各目標のウェイト合計が100%となるようにしますが、人数が多いパート社員については、評価者である部門長の負担軽減もあって、目標のウェイトづけまでは行わないこととしました。

| 社 員 用 | | | | 年度　　目標管理・人事考課 | | |
|---|---|---|---|---|---|---|

| 氏名 | | 所属 | | 担当職務 | |
|---|---|---|---|---|---|

| 会社が今期掲げる重点目標 | | 部門が今期掲げる重点目標 | |
|---|---|---|---|

| | | 目　　　標　　（本人記入・部門長確認） | | | 達　成　度　（本人自己評価） | |
|---|---|---|---|---|---|---|
| 目標と成果 | 実施事項タイトル | 目標成果（どこまで）・実施基準（いつまでに）・実施方法（どのように） | 期首ウェイト（該当を○で囲む） | コ　メ　ン　ト（該当を○で） | | |
| | ① | | 100 %<br>80 %<br>60 %<br>40 %<br>20 % | （本人） | | |
| | ② | | 100 %<br>80 %<br>60 %<br>40 %<br>20 % | （本人） | | |
| | ③ | | 100 %<br>80 %<br>60 %<br>40 %<br>20 % | （本人） | | |
| | 目標設定時部門長コメント | | | | | |

| パ ー ト 社 員 用 | | | | 年度　　目標管理・人事考課シート | | |
|---|---|---|---|---|---|---|

| 氏名 | | 所属 | | 担当職務 | | パート社員等級 |
|---|---|---|---|---|---|---|

| 会社が今期掲げる重点目標 | | 部門が今期掲げる重点目標 | |
|---|---|---|---|

| | | 目　　　標　　（本人記入・部門長確認） | 達　成　度　（本人自己評価） | |
|---|---|---|---|---|
| 目標と成果 | 実施事項タイトル | 目標成果（どこまで）・実施基準（いつまでに）・実施方法（どのように） | コ　メ　ン　ト（該当を○で） | |
| | ① | | （本人） | |
| | ② | | （本人） | |
| | ③ | | （本人） | |
| | 目標設定時部門長コメント | | | |

## ②評価の仕方（１．業績評価）

　業績評価については、各目標項目についてまず本人が達成状況を記述し、自己評価を行った後に部門長が評価することとしました。評価ランクは以下のとおりとし、「Ｓ評価」については、制度上設けたものの、決定に当たっては社長決裁としました。

《評価ランク》　Ａ＋：特別な成果
　　　　　　　　Ａ　：期待以上の成果
　　　　　　　　Ｂ＋：ほぼ期待どおりの成果
　　　　　　　　Ｂ　：期待をやや下回る成果
　　　　　　　　Ｃ　：期待を下回る成果

　正社員については、目標ごとに該当する評語（Ａ＋～Ｃ）を○で囲み、目標の対象期間を通じての最終ウェイトを合計100％になるように定めます。その上で、評語に該当するポイント（a）に最終ウェイトの「％」（b）を掛けて、目標ごとの評価ポイントを求め（(a)×(b)）、さらにそれらを合計して、「業績・成果評価ポイント」（c）を求めます（ウェイト配分・ポイント方式）。

**図表 3-15 ▶業績評価（社員用）記載例**

| 達　成　度　（部門長評価） | | | |
|---|---|---|---|
| 部　門　長　評　価 | ポイント(a) | 最終ウェイト(b) | 評価ポイント(a)×(b) |
| Ａ＋（特別な成果）<br>Ａ（期待以上の成果）<br>Ｂ＋（ほぼ期待どおりの成果）<br>Ｂ（期待をやや下回る成果）<br>Ｃ（期待を下回る成果） | 100 p<br>90 p<br>80 p<br>70 p<br>60 p | 100 ％<br>80 ％<br>60 ％<br>40 ％<br>20 ％ | 36 p |
| Ａ＋（特別な成果）<br>Ａ（期待以上の成果）<br>Ｂ＋（ほぼ期待どおりの成果）<br>Ｂ（期待をやや下回る成果）<br>Ｃ（期待を下回る成果） | 100 p<br>90 p<br>80 p<br>70 p<br>60 p | 100 ％<br>80 ％<br>60 ％<br>40 ％<br>20 ％ | 28 p |
| Ａ＋（特別な成果）<br>Ａ（期待以上の成果）<br>Ｂ＋（ほぼ期待どおりの成果）<br>Ｂ（期待をやや下回る成果）<br>Ｃ（期待を下回る成果） | 100 p<br>90 p<br>80 p<br>70 p<br>60 p | 100 ％<br>80 ％<br>60 ％<br>40 ％<br>20 ％ | 16 p |
| | | 100 ％ | |
| | （c）業績・成果評価ポイント（100 p満点） | | 80 p |

ウェイト配分に沿って項目ごとの評価ポイントを算定し、その合計を求めます

　パート社員については、正社員と同様に目標ごとに該当する評語（A
＋〜C）を○で囲み、該当評価欄に評語を記した後、それらをまとめて
「業績・成果評価」（A＋〜C）を定めます（概観型評価方式）。

**図表** 3-16 ▶業績評価（パート社員用）記載例

| 達　成　度　（部門長評価） | | |
|---|---|---|
| 部　門　長　評　価 | | 該当評価<br>（A＋〜C） |
| A＋　（特別な成果）<br>Ⓐ　　（期待以上の成果）<br>B＋　（ほぼ期待どおりの成果）<br>B　　（期待をやや下回る成果）<br>C　　（期待を下回る成果） | | **A** |
| A＋　（特別な成果）<br>A　　（期待以上の成果）<br>B＋　（ほぼ期待どおりの成果）<br>Ⓑ　　（期待をやや下回る成果）<br>C　　（期待を下回る成果） | | **B** |
| A＋　（特別な成果）<br>A　　（期待以上の成果）<br>Ⓑ＋　（ほぼ期待どおりの成果）<br>B　　（期待をやや下回る成果）<br>C　　（期待を下回る成果） | | **B＋** |
| (c) | 業績・成果<br>評価<br>（A＋〜C） | **B＋** |

目標ごとの評価を
概観し、総合的に
みた場合の業績・
成果評価を評語で
表します

### ③評価の仕方（2．行動評価）

　行動評価については、評価要素ごとにそれぞれの役割レベルに期待さ
れる職務行動がみられたか、勤務態度はどうであったかを評価します。
評価ランクは以下のとおりとし、業績評価と同様「S評価」については、
社長決裁としました。

《評価ランク》　A＋：特別に優れていた
　　　　　　　　A　：期待以上
　　　　　　　　B＋：ほぼ期待どおり
　　　　　　　　B　：期待をやや下回る
　　　　　　　　C　：期待を下回る

　正社員については、目標ごとに該当する評語（A＋〜C）を○で囲み、目標の対象期間を通じて最終ウェイトを合計100％になるように定めます。その上で、評語に該当するポイント（a）に最終ウェイトの「％」（b）を乗じて、目標ごとの評価ポイントを求め（（a）×（b））、さらにそれらを合計して、「行動評価ポイント」（d）を求めます（ウェイト配分・ポイント方式）。

**図表 3-17 ▶ 行動評価（社員用）記載例**

| 部　門　長　評　価 | ポイント (a) | 最終ウェイト (b) | 評価ポイント (a)×(b) |
|---|---|---|---|
| A＋（特別に優れていた）<br>Ⓐ（期待以上）<br>B＋（ほぼ期待どおり）<br>B（期待をやや下回る）<br>C（期待を下回る） | 100 p<br>90 p<br>80 p<br>70 p<br>60 p | 30 ％<br>⟨20⟩ ％<br>10 ％ | **18** p |
| A＋（特別に優れていた）<br>A（期待以上）<br>Ⓑ＋（ほぼ期待どおり）<br>B（期待をやや下回る）<br>C（期待を下回る） | 100 p<br>90 p<br>80 p<br>70 p<br>60 p | 30 ％<br>⟨20⟩ ％<br>10 ％ | **16** p |
| A＋（特別に優れていた）<br>A（期待以上）<br>B＋（ほぼ期待どおり）<br>Ⓑ（期待をやや下回る）<br>C（期待を下回る） | 100 p<br>90 p<br>80 p<br>70 p<br>60 p | 30 ％<br>⟨20⟩ ％<br>10 ％ | **14** p |
| A＋（特別に優れていた）<br>A（期待以上）<br>B＋（ほぼ期待どおり）<br>Ⓑ（期待をやや下回る）<br>C（期待を下回る） | 100 p<br>90 p<br>80 p<br>70 p<br>60 p | 30 ％<br>⟨20⟩ ％<br>10 ％ | **14** p |
| A＋（特別に優れていた）<br>Ⓐ（期待以上）<br>B＋（ほぼ期待どおり）<br>B（期待をやや下回る）<br>C（期待を下回る） | 100 p<br>90 p<br>80 p<br>70 p<br>60 p | 30 ％<br>20 ％<br>⟨10⟩ ％ | **9** p |
| A＋（特別に優れていた）<br>Ⓐ（期待以上）<br>B＋（ほぼ期待どおり）<br>B（期待をやや下回る）<br>C（期待を下回る） | 100 p<br>90 p<br>80 p<br>70 p<br>60 p | 30 ％<br>20 ％<br>⟨10⟩ ％ | **9** p |
| | | 100 ％ | |

ウェイト配分に沿って項目ごとの評価ポイントを算定し、その合計を求めます

| (C) | 最終評価 | (d) 行動評価ポイント（100 p満点） | **80** p |
|---|---|---|---|

※期中にウェイト配分に変更があった場合は、変更後のウェイト配分で計算することになります（業績評価も同じです）。

　パート社員については、正社員と同様、目標ごとに該当する評語（A＋～C）を〇で囲み、該当評価欄に評語を記した後、それらをとりまとめて「行動評価」（A＋～C）を定めます（概観型評価方式）。

 **図表 3-18 ▶行動評価（パート社員用）記載例**

| 部　門　長　評　価 | 該当評価<br>（A＋～C） |
|---|---|
| A＋　（特別に優れていた）<br>Ⓐ　　（期待以上）<br>B＋　（ほぼ期待どおり）<br>B　　（期待をやや下回る）<br>C　　（期待を下回る） | A |
| A＋　（特別に優れていた）<br>A　　（期待以上）<br>Ⓑ＋　（ほぼ期待どおり）<br>B　　（期待をやや下回る）<br>C　　（期待を下回る） | B＋ |
| A＋　（特別に優れていた）<br>A　　（期待以上）<br>B＋　（ほぼ期待どおり）<br>Ⓑ　　（期待をやや下回る）<br>C　　（期待を下回る） | B |
| A＋　（特別に優れていた）<br>A　　（期待以上）<br>B＋　（ほぼ期待どおり）<br>Ⓑ　　（期待をやや下回る）<br>C　　（期待を下回る） | B |
| A＋　（特別に優れていた）<br>A　　（期待以上）<br>Ⓑ＋　（ほぼ期待どおり）<br>B　　（期待をやや下回る）<br>C　　（期待を下回る） | B＋ |
| A＋　（特別に優れていた）<br>Ⓐ　　（期待以上）<br>B＋　（ほぼ期待どおり）<br>B　　（期待をやや下回る）<br>C　　（期待を下回る） | A |
| (d)　　行動<br>　　　評価<br>　　　（A＋～C） | B＋ |

行動ごとの評価を概観し、総合的にみた場合の行動評価を評語で表します

　A社における行動評価の着眼点は、以下のとおりです。行動評価は、正社員とパート社員で共通の行動評価項目を用いることとしました。

**3-19 ▶行動評価項目と着眼点**

**職務行動のプロセスを評価する（顕在化しなかったものや職務外の行動は、評価の対象外とする）**

| 行動評価項目 | 着　眼　点 |
|---|---|
| **顧客満足行動**<br>（カスタマー・<br>サティスファクション） | ●お客様対応の基本姿勢・マナーは十分だったか。お客様からクレームはなかったか。<br>●関係他部門からの要請に十分に応えたか。従業員からクレームはなかったか。 |
| **従業員満足行動**<br>（リーダーシップ） | ●部下やスタッフへの指導技術、指導知識は十分だったか。<br>●部下やスタッフへの動機づけ、育成努力を怠らず、組織の戦力として有効に活用したか。 |
| **活性化活動**<br>（チャレンジ） | ●常に現状に満足せず、より高い成果を求めチャレンジ精神で努力したか。<br>●環境の変化に応じ、自己革新を図ってきたか。 |
| **組織行動**<br>（チームワーク） | ●組織全体の目標のために、組織の構成員とよく協力し成果の実現に向けて努力をしたか。<br>●組織として決められたルールをしっかりと守ったか。自己中心的な行動はなかったか。 |
| **意思疎通行動**<br>（コミュニケーション） | ●内外の関係者との効果的な意思疎通によって、業務の円滑化や課題の解決を図ったか。<br>●連絡・報告は適時・適切であったか。部下やスタッフへの声掛け・指導を怠らなかったか。 |
| **責任行動**<br>（アカウンタビリティ） | ●自らの職務を他に押し付けることなく最後までやり遂げようとしたか。<br>●指示・命令や約束は確実に実行してきたか。組織内における自己の役割を十分に果たしたか。 |

## ④評価の仕方（3．総合評価）

　正社員については、業績・成果評価ポイント（c）と行動評価ポイント（d）の合計を2で割って総合評価ポイントを求めることとしました（ウェイト配分・ポイント方式）。そのうえで、ポイントに該当する評語（A＋〜C）を1次評価欄に記入することとしました。

**図表 3-20 ▶総合評価（社員用）記載例**

| | | (c)を転記 | | (d)を転記 | | (c+d)÷2 | | 1次評価(A+〜C) |
|---|---|---|---|---|---|---|---|---|
| 総合評価 | 業績・成果評価ポイント(100p満点) | 80 p | 行動評価ポイント(100p満点) | 80 p | 総合評価ポイント(100p満点) | 80 p | A＋…95p以上<br>A……85p〜94p<br>B＋…75p〜84p<br>B……65p〜74p<br>C……60p〜64p | B+ |

　パート社員については、「業績・成果評価」の評語（c）と「行動評価」の評語をそれぞれ下段該当欄に転記し、両者をまとめて総合評価の評語（A＋〜C）を定めます。

**図表 3-21 ▶総合評価（パート用）記載例**

| | | (c)を転記 | | (d)を転記 | 1次評価(A+〜C) |
|---|---|---|---|---|---|
| 総合評価 | 業績・成果評価 | B+ | 行動評価 | B+ | B+ |

## 3 　評価の賃金への反映についての考え方

　評価結果の賃金（昇給額）への反映のさせ方については、先述のように、正社員は基本給に、パート社員は時給にそれぞれの改定表に基づいて反映させることになります。このことで経営幹部のなかから、正社員

とパート社員で同じ人事評価表を用いた場合、例えば両者が同じ評価（評語）であれば、昇給額もさらには賃金も同じであるべきではないかとの声がパート社員からでてくることはないかという質問がありました。

これについては、目標設定の際にそれぞれの正社員としての等級、パート社員としての等級に沿った役割・貢献度レベルの目標が設定されるため、仮に評価（評語）が同じであったとしても、そのことが昇給額や賃金が同じになることを意味するものではないと説明しました。

これまでみてきたように、A社では目標管理・人事評価制度を正社員とパート社員に導入するに当たって、共通化できる部分はできるだけ共通にすることを原則としましたが、一方で人数がかなり多いパート社員に限定される部分については、できるだけ簡便化を図ったものです。

この考え方は、すでに目標管理・人事評価制度が正社員に導入されているものの、非正規社員にはまだ導入されていないという企業にも応用可能であると考えます。いきなり正社員と全く同じ制度を非正規社員に導入しようとしても実現困難なケースは多いと思います。したがって、できる範囲で正社員に準じた制度を非正規社員に段階を追って導入を進めるという現実的な方策をとることが重要と考えます。またこのことが非正規社員の処遇改善に早く結び付けていくと考えています。

■■■■■■ **使える！　資料集** ■■■■■■

■**資料3-1　社員用等級基準**
**& 資料3-2　パート社員用等級基準**

　正社員は役割・能力・責任に応じて3等級に、パート社員は職務遂行能力に応じて5等級に区分しています。正社員については等級ごとの役割要件・能力要件（発揮能力）・業績責任の「本来の基準」と「初任基準」を定めるとともに、パート社員については等級ごとの総合能力、知識・技能、理解・判断力、企画・立案力等の要件基準を定めています。

■**資料3-3　パート社員用賃金テーブル**

　正社員の基本給における「範囲給」（レンジ給）の考え方を準用し、等級ごとに時給の下限額と上限額を設定しています。さらに、毎年の人事評価（人事考課）で、例えば標準評価以上の評価をとり続けた場合には時給がどのようにアップしていくのか、また職務遂行能力が向上して昇格した場合の上限額についても"見える化"したものです。

■**資料3-4　目標管理・人事考課シート（社員用）**
**& 資料3-5　目標管理・人事考課シート（パート社員用）**

　評価において、正社員は、業績評価及び行動評価ともに項目ごとに該当する評語(A＋〜C)を○で囲み、対象期間を通じての最終ウェイトを定めます。次に、評語に該当するポイント(a)に最終ウェイトの「％」・(b)を乗じて、項目ごとの評価ポイントを求め〔(a)×(b)〕、それらを合計して「業績・成果評価ポイント」(c)および「行動評価ポイント」(d)を求めます。さらに、ポイント(c)と(d)をそれぞれ下段該当欄に転記するとともに、その合計を2で除して総合評価ポイントを求め、そのポイントに該当する評語(A＋〜C)を1次評価欄に記入します。

　パート社員については、業績評価及び行動評価ともに、項目ごとに該当する「評語(A＋〜C)」を○で囲み、該当評価欄に評語を記した後、全体からみた「業績・成果評価(A＋〜C)」(c)および「行動評価(A＋〜C)」(d)の評語を決定します。さらに、評語(c)と(d)をそれぞれ下段該当欄に転記し、総合的な観点から評語(A＋〜C)を決定し、1次評価欄に記入します。

## 資料 3-1 ▶社員等級基準

| ガイドライン | 社員1級 | 社員2級 | 社員3級 |
|---|---|---|---|
| 役割要件 | 部門グループの統括責任者または部門の責任者<br>●本来要件<br>①経営トップのライン補佐およびスタッフ補佐<br>②売場部門、事務部門など、部門グループの統括責任者<br>●初任要件<br>①売場部門、事務部門内の部門管理者<br>②売場部門など、部門グループの統括責任者のライン補佐およびスタッフ補佐 | 部署（グループ）の管理者または指導監督者（リーダー）、またはそれに準じる者<br>●本来要件<br>①部署（グループ）管理者<br>②部門長のライン補佐およびスタッフ補佐<br>●初任要件<br>①部署長のライン補佐およびスタッフ補佐（リーダー）<br>②部署（グループ）の指導監督者（リーダー）<br>③単位業務の管理・企画推進者 | グループリーダーの補佐、またはそれに準じる者<br>●本来要件<br>①グループリーダーの補佐<br>②自己完結型業務の管理・企画推進者<br>●初任要件<br>①一般業務の副担当者<br>②技能指導者<br>③作業指導者 |
| 能力要件（発揮能力） | ●本来要件<br>・経営全体に影響を与えるような事業の枠組みやシステム全体の在り方を広い視点で洞察し、新たな付加価値を創造し、将来的な会社の発展に寄与する。<br>●初任要件<br>・経営ビジョン、経営方針に沿って、事業の発展を目指し、会社全体の業績にも相当の貢献をする。 | ●本来要件<br>・部署の事業計画を十分に理解し、最も貢献できる役割は何かを考えて目標を設定し、責任と権限の範囲内で経営資源を効率的に統合し、目標達成に向けリードする。<br>●初任要件<br>・管理職としての適性を備え、グループやチームなどの小組織を統括して目標達成に向けて自らも中心となってリードする（または、これに匹敵する専門職、スタッフ職）。 | ●本来要件<br>・基本的な方向性と包括的な目標が与えられれば、能力と経験により、自ら計画を具体化し、かつ単位的に安定的な成果が得られるよう工夫する。<br>●初任要件<br>・担当する各仕事の目的と基本について理解し、型通りの指示・命令のもとに、担当の定型的業務において自らがスケジューリングし、実行しつつ、能力向上のいっそうのレベルアップに向けて、自ら励む。 |
| 業績責任 | ●本来責任<br>①統括部門の利益責任・商品責任（仕入・在庫・品質）<br>②統括部門の予算管理責任<br>③経営資源管理責任<br>●初任責任<br>①上記の業績達成責任<br>②部門の予算管理責任<br>③部門業務横断的な改善課題責任 | ●本来責任<br>①部門の業績連座責任<br>②部署（グループ）の予算管理責任<br>②部署（グループ）の業績責任・改善課題<br>●初任責任<br>①部署（グループ）の業績完結責任<br>②部署（グループ）の業務連座責任 | ●本来責任<br>①担当業務の完成責任<br>②担当目標の達成責任<br>③パート社員の指導責任<br>●初任責任<br>①担当業務の実施責任 |

## 資料 3-2 ▶ パート社員等級基準

※原則として当該等級の要件を満たしていることが上位等級への昇格条件となる。

| | パート社員1級 | パート社員2級 | パート社員3級 | パート社員4級 | パート社員5級 |
|---|---|---|---|---|---|
| ガイドライン | 発注管理・売上管理ができ、部下・スタッフの人的管理(指導・評価・育成)ができる。 | 発注管理・売上管理ができ、部下・スタッフの指導ができる。 | 発注管理・売上管理ができる。 | 上司の指示のもと、発注管理・売上管理ができる。 | 日常の基本業務を特に問題なくこなせる。 |
| 総合能力 | 仕事に必要な高度な実務知識・技能を有するが、さらに目標・立案を達成するための企画・立案・課題を行うとともに、まわりへの助言・指導ができる能力を有する。 | パート社員1級にほぼ準じる能力を有する。 | 仕事に必要な一般的な実務知識を有し、ある程度判断力を有する仕事について改善・提案することとともに、まわりとの話し合いができる能力を有する。 | パート社員3級にほぼ準じる能力を有する。 | 仕事に必要な基礎的な実務知識・技能を有し、マナーを守りながら正確・迅速に作業を遂行できる能力を有する。 |
| 知識・技能 | ●共通<br>・日別・週別・月別のルーチンを理解し、仕事を進めている。<br>・仕事の優先順位を理解し、作業スケジュールを組むことができる。<br>・状況に応じて他部門に進んで協力している。<br>●売場部門<br>・売上不足の原因をつかみ、上司と相談しながら手を打っている。<br>・天候・鮮度・在庫をみながらタイムリーに商品を補充している。<br>・開店業務(売場作り・POP・売価変更)ができる。<br>●事務部門<br>・部全体の業務の流れと重点課題を理解している。<br>・定型的な社外文書・公的文書の作成ができる。<br>・上司の意向を踏まえた説得力のある資料が作成できる。 | 同左 | ●共通<br>・指示がなくとも、状況を見ながら作業を進めている。<br>・勤務スケジュールの変更に協力している。<br>●売場部門<br>・在庫状況を常に把握している。<br>・お客様の声や要望を売場作りに活かしている。<br>・会社の仕組みを理解し、商品情報に基づいて発注をしている。<br>・季節・旬をとらえた売場作りや商品陳列をしている。<br>●事務部門<br>・会社の組織や各部署の業務の概要を把握している。<br>・用件を簡潔に要領よくまとめ、相手に正しく伝えている。<br>・社内で使用する帳票類の種類と取扱い方法を知っている。 | 同左 | ●共通<br>・明るい挨拶や正しい身だしなみができている。<br>・お客様対応・電話応対等のマナーを身につけている。<br>・就業ルールを守って勤務している。<br>●売場部門<br>・お客様の様子を見ながら、店内や売場を案内している。<br>・会社のルールに基づき、鮮度・日付管理をしている。<br>・陳列補充などの基本作業をテキパキしている。<br>●事務部門<br>・常に自分の机の整理・整頓をしている。<br>・帳票類の数字を正確にチェックしている。<br>・伝票類をわかりやすい文字・数字で記入している。 |
| 理解・判断力 | ●共通<br>・業務の改善のポイントを把握し、何をすべきかを理解している。 | 同左 | ●共通<br>・発生したイレギュラーな問題の対応方法をよく理解している。 | 同左 | ●共通<br>・上司の指示の内容を正しく理解している。 |

（次頁に続く）

| | パート社員1級 | パート社員2級 | パート社員3級 | パート社員4級 | パート社員5級 |
|---|---|---|---|---|---|
| | ●売場部門<br>・上司と連絡をとりながら返品・移動・値下げ等の処理をしている。<br>・在庫・天候等を見ながら商品の過不足を判断している。<br>●事務部門<br>・部門内の重点課題に関する問題点とポイントを理解している。<br>・上司の概略の指示により担当する業務を推進している。 | 同左 | ●売場部門<br>・売上計画に基づいた的確な発注をしている。<br>・入荷商品の品質・鮮度をチェックし、状況を報告している。<br>●事務部門<br>・使用すべき帳票類、参照すべき資料等が判断できる。<br>・日常業務で書類の不備や間違いを発見し、正しく修正している。 | 同左 | ●売場部門<br>・入荷商品の保管・管理・陳列ができる。<br>・お客様からの苦情などを正しく上司に伝えている。<br>●事務部門<br>・外部からの電話の内容に応じて取次先を判断している。 |
| 企画・立案力 | ●共通<br>・状況を全体的に把握し、創意工夫・改善提案を行っている。<br>・季節・客層にマッチした売場の演出提案・推進をしている。<br>・売場のお客様に食べやすい調理法のアドバイスをしている。<br>●事務部門<br>・事務処理の効率化のために、常に工夫している。<br>・常にコスト意識を持ち、仕事の改善提案をしている。 | 同左 | ●共通<br>・会社の事業計画・重点目標に沿った計画予測を立てている。<br>●売場部門<br>・商品・季節・地域情報などを考慮した発注をしている。<br>・販売計画を理解し、季節・旬をアピールする売場作りをしている。<br>●事務部門<br>・担当する仕事の月間作業計画を立案できる。<br>・担当する仕事の進捗状況を常に確認しながら進めている。 | 同左 | ●共通<br>・担当する仕事の週間スケジュールを理解している。<br>●売場部門<br>・販売計画に沿った売場作りをしている。<br>・組み合わせ・色合い等見栄えのする商品作りをしている。<br>●事務部門<br>・常にコスト意識をもって仕事に当たっている。<br>・計算業務では検算するなどし、間違いのないようにしている。 |
| 折衝・調整力 | ・リーダー役として部門内に情報の伝達をすることで円滑な業務遂行を推進し、状況に応じて他部門とも折衝している。 | 同左 | ・円滑な業務遂行のために、上司や同僚に十分な報告・連絡・相談をしている。 | 同左 | ・上司や同僚に必要な報告・連絡・相談をしている。 |
| 指導・統率力 | ・新人・同僚に中・長期的視野に立った指導と育成をしている。 | 同左 | ・新人・同僚に日常作業について必要な助言をしている。 | 同左 | ・新人に社内ルールや業務マニュアルを教えている。 |
| 意欲・完遂力 | ・担当業務の問題点に上司と相談しながら、責任をもって対処している。<br>・担当する仕事の知識・技能を高めるよう努めている。 | 同左 | ・作業の効率化に関心を持ち、担当業務の改善を推進している。<br>・上司から指示を仰ぐことなく、積極的に業務の習得に努めている。 | 同左 | ・どの仕事にも熱意をもって積極的に取り組んでいる。 |

**資料 3-3 ▶パート社員賃金テーブル**

パート社員賃金テーブルと昇給シミュレーション（A評価での昇給10円）→各ゾーンの上限まで通常昇給

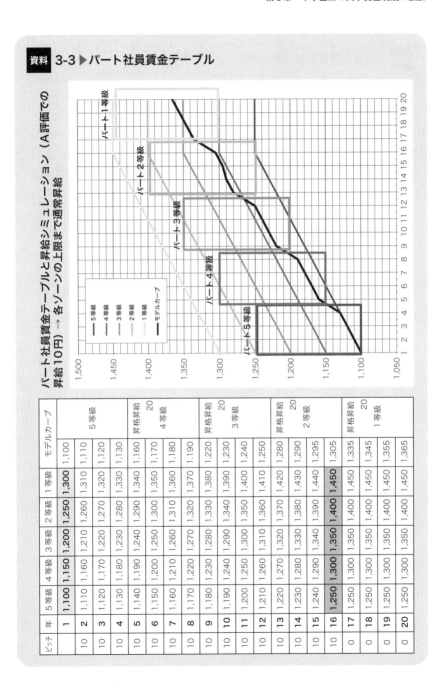

| ピッチ | 年 | 5等級 | 4等級 | 3等級 | 2等級 | 1等級 | モデルカーブ | | |
|---|---|---|---|---|---|---|---|---|---|
| 10 | 1 | **1,100** | **1,150** | **1,200** | **1,250** | **1,300** | 1,100 | | 5等級 |
| 10 | 2 | 1,110 | 1,160 | 1,210 | 1,260 | 1,310 | 1,110 | | |
| 10 | 3 | 1,120 | 1,170 | 1,220 | 1,270 | 1,320 | 1,120 | | |
| 10 | 4 | 1,130 | 1,180 | 1,230 | 1,280 | 1,330 | 1,130 | | |
| 10 | 5 | 1,140 | 1,190 | 1,240 | 1,290 | 1,340 | 1,160 | 昇格昇給 | 4等級 |
| 10 | 6 | 1,150 | 1,200 | 1,250 | 1,300 | 1,350 | 1,170 | 20 | |
| 10 | 7 | 1,160 | 1,210 | 1,260 | 1,310 | 1,360 | 1,180 | | |
| 10 | 8 | 1,170 | 1,220 | 1,270 | 1,320 | 1,370 | 1,190 | | |
| 10 | 9 | 1,180 | 1,230 | 1,280 | 1,330 | 1,380 | 1,220 | 昇格昇給 | 3等級 |
| 10 | 10 | 1,190 | 1,240 | 1,290 | 1,340 | 1,390 | 1,230 | 20 | |
| 10 | 11 | 1,200 | 1,250 | 1,300 | 1,350 | 1,400 | 1,240 | | |
| 10 | 12 | 1,210 | 1,260 | 1,310 | 1,360 | 1,410 | 1,250 | | |
| 10 | 13 | 1,220 | 1,270 | 1,320 | 1,370 | 1,420 | 1,280 | 昇格昇給 | 2等級 |
| 10 | 14 | 1,230 | 1,280 | 1,330 | 1,380 | 1,430 | 1,290 | 20 | |
| 10 | 15 | 1,240 | 1,290 | 1,340 | 1,390 | 1,440 | 1,295 | | |
| 10 | 16 | **1,250** | **1,300** | **1,350** | **1,400** | **1,450** | 1,305 | | |
| 0 | 17 | 1,250 | 1,300 | 1,350 | 1,400 | 1,450 | 1,335 | 昇格昇給 | 1等級 |
| 0 | 18 | 1,250 | 1,300 | 1,350 | 1,400 | 1,450 | 1,345 | 20 | |
| 0 | 19 | 1,250 | 1,300 | 1,350 | 1,400 | 1,450 | 1,355 | | |
| 0 | 20 | 1,250 | 1,300 | 1,350 | 1,400 | 1,450 | 1,365 | | |

## 資料 3-4 ▶ 目標管理・人事考課シート（社員用）

**社員用　目標管理・人事考課シート**

| 氏名 | 所属 | 担当職務 | 等級 | 社員等級 |
|---|---|---|---|---|

目標記入日　　年　月　日

**会社が今期掲げる重点目標**

**部門が今期掲げる重点目標**

### 目標と成果

| | 目標（本人記入・部門長確認） | 達成度（本人自己評価） | | 達成度（部門長評価） | |
|---|---|---|---|---|---|
| 目標事項タイトル・実行重点事項 | 習得ウェイト（設定基準：どのように） | コメント（達成基準：どのレベルまで） | 評価（本人自己評価） | ポイント（自己評価） | 最終ウェイト(a)/(b) 評価ポイント |

① 実行事業タイトル

（本人）　100％／80／60／40／20　——　（本人）

② （本人）　100％／80／60／40／20　——　（本人）

③ （本人）　100％／80／60／40／20　——　（本人）

目標設定時　部門長コメント

**達成度・部門長評価**

| 達成度 | | 最終ウェイト(a) | 評価ポイント(a)×(b) |
|---|---|---|---|
| A+ （特別な成果） | 100 p | ％ | p |
| B+ （期待以上の成果） | 90 p | 30 ％ | |
| B （ほぼ期待どおりの成果） | 80 p | 20 | |
| C （期待をやや下回る成果） | 70 p | 10 | |
| （期待を下回る成果） | 60 p | | |

業績・成果　評価ポイント（100p満点）(c)

### 行動評価

| | 行動 | 1次評価 | 部門長評価 | 最終ウェイト(d) | 評価ポイント(d)×(b) |
|---|---|---|---|---|---|
| 顧客満足行動（カスタマー・サティスファクション） | ・お客様対応の基本姿勢・マナーは十分だったか。・関係他部門からの要請に十分応えたか。 | A+（特別に優れていた）／B+（期待以上）／B（ほぼ期待どおり）／C（期待をやや下回る）／（期待を下回る） | 90p／80p／70p／60p | 30 ％ 10 | p |
| 従業員満足行動（リーダーシップ） | ・部下やスタッフへの指導技術、指導知識は十分だったか。・部下やスタッフの動機づけ、育成努力を怠らず、組織の戦力として有効に活用したか。 | A+／B+／B／C | 90／80／70／60 | 30 10 | |
| 活性化行動（チャレンジ） | ・常に現状に満足せず、より高い成果を求めチャレンジ精神で努力したか。・環境の変化に応じ、自己革新を図ったか。 | A+／B+／B／C | 90／80／70／60 | 30 10 | |
| 組織行動（チームワーク） | ・組織全体の目標のために、組織力と協力し成果の実現に向けて努力をしたか。・組織としてのルールをしっかり守ったか、行動はとったか。 | A+／B+／B／C | 90／80／70／60 | 30 10 | |
| 意思疎通行動（コミュニケーション） | ・内外の関係者との効果的な意思疎通によって、業務の円滑化や課題の解決を図ったか。・連絡・報告は適時、適切であったか、部下やスタッフへの声掛け・指導を怠らなかったか。 | A+／B+／B／C | 90／80／70／60 | 30 10 | |
| 責任行動（アカウンタビリティ） | ・自らの職務を他に押し付けることなく、最後まで遂行しようとしたか。・指示・命令や約束は確実に実行してきたか、組織内における自己の役割を十分に果たしたか。 | A+／B+／B／C | 90／80／70／60 | 30 10 | |

行動評価ポイント（100p満点）(d)

（c）を転記　業績・成果評価ポイント（100p満点） p

（d）を転記　行動評価ポイント（100p満点） p

（c＋d）÷2　総合評価ポイント（100p満点） p

**1次評価（A＋－－C）**

A＋：95p以上／A：85p～94p／B＋：75p～84p／B：65p～74p／C：60p～64p

総合評価　最終評価

**資料 3-5 ▶ 目標管理・人事考課シート（パート社員用）**

## パート社員用　　年度　　目標管理　目標管理・人事考課シート

| 氏名 | 所属 | 担当職務 | パート社員等級 | 等級 | 年　月　日 |
|---|---|---|---|---|---|

会社が今期掲げる重点目標

部門が今期掲げる重点目標

目標記入日

### 目標と成果

| 実施事項タイトル | 目標（本人記入・部門長確認） | | 達　成　度（本人自己評価） | | 達　成　度　評価　部門長評価（部門長評価） | | 該当評価（A＋〜C） |
|---|---|---|---|---|---|---|---|
| | 目標成果（どこまで）・実施基準（いつまでに）・実施方法（どのように） | | コメント | 評価 | 実績・成果　評価 | | |

①　　（本人）

②　　（本人）

③　　（本人）

評価：A＋／A／B＋／B／C

A＋（特別な成果）
A（期待以上の成果）
B＋（ほぼ期待どおりの成果）
B（期待をやや下回る成果）
C（期待を下回る成果）

(c) 実績・成果評価

目標設定時　部門長コメント

### 行動評価

| | | 達　成　度（本人自己評価）コメント | | 部　門　長　評　価 | 該当評価（A＋〜C） |
|---|---|---|---|---|---|

| 顧客満足行動（カスタマー・サティスファクション） | ・お客様対応の基本姿勢・マナーはきちんとできていたか。お客様からのクレームはなかったか。<br>・関係他部門からの要請に十分に応えたか。従業員からのクレームはなかったか。 | | | A＋（特別に優れていた）<br>A（期待以上のとおり）<br>B＋（ほぼ期待どおり）<br>B（期待をやや下回る）<br>C（期待を下回る） | |
| 従業員満足行動（リーダーシップ） | ・部下やスタッフへの指導は適切、指導は十分だったか。<br>・部下やスタッフの動機づけ、育成努力を怠らず、組織の戦力として有効に活用したか。 | | | A＋（特別に優れていた）<br>A（期待以上のとおり）<br>B＋（ほぼ期待どおり）<br>B（期待をやや下回る）<br>C（期待を下回る） | |
| 活性化行動（チャレンジ） | ・常に現状に満足せず、より高い成果をめざすチャレンジ精神で努力したか。<br>・環境の変化に応じ、自己革新を図ってきたか。 | | | A＋（特別に優れていた）<br>A（期待以上のとおり）<br>B＋（ほぼ期待どおり）<br>B（期待をやや下回る）<br>C（期待を下回る） | |
| 組織行動（チームワーク） | ・組織全体の目標のために、組織の構成員とよく協力し成果の実現に向けて努力をしたか。<br>・組織としで決められたルールをしっかり守ったか。自己中心的な行動はなかったか。 | | | A＋（特別に優れていた）<br>A（期待以上のとおり）<br>B＋（ほぼ期待どおり）<br>B（期待をやや下回る）<br>C（期待を下回る） | |
| 意思疎通行動（コミュニケーション） | ・内外の関係者との効果的な意思疎通によって、業務の円滑化や課題の解決を図ったか。<br>・連絡・報告は適時・適切であったか。部下やスタッフへの声掛け・指導を怠らなかったか。 | | | A＋（特別に優れていた）<br>A（期待以上のとおり）<br>B＋（ほぼ期待どおり）<br>B（期待をやや下回る）<br>C（期待を下回る） | |
| 責任行動（アカウンタビリティ） | ・自らの職務を他に押し付けることなく最後まで仕事をやり遂げようとしたか。<br>・指示・命令や約束は確実に実行してきたか。組織内における自己の役割を十分に果たしたか。 | | | A＋（特別に優れていた）<br>A（期待以上のとおり）<br>B＋（ほぼ期待どおり）<br>B（期待をやや下回る）<br>C（期待を下回る） | (d) 行動評価（A＋〜C） |

最終評価　1次評価（部門長）

| 総合評価 | 実績・成果評価 | 行動評価 |
|---|---|---|
| | (c) を転記 | (d) を転記 |

## コラム　同一労働同一賃金の考え方を活かす人事管理とは何か

　同一労働同一賃金法制は、ある意味、旧安倍政権の政治的レガシーの一つともいえ、実際にこれからの人事管理を考えるうえでも、同一労働同一賃金は重要テーマであるといえます。しかし、その同一労働同一賃金ガイドラインを実務的観点からみると、法的に何がどこまで要請されているのかわかりにくい部分があります。

　例えば基本給についてガイドラインでは、正社員と同じ能力または経験を有する非正規社員には、「能力または経験に応じた部分につき、正社員と同じ基本給を支給しなければならない」としています。これはつまり、正社員と非正規社員が、職能給なら職能給で同じ基本給体系であることを前提に書かれていることになります。しかし、そのようなケースは実際にはほとんどなく、そのため実務者からは、「使えない」ガイドラインであるとの声が聞かれます。

　一方で、ガイドラインは「正社員と非正規社員の賃金制度は同じでなければならない」と謳っているわけでもなく、正社員と多様な非正規社員と処遇の体系に差異があるのも承知のところであり、それは是認しているようにとれます。現実に正社員と非正規社員の賃金制度を同じにしようとした場合に企業内で起きる混乱を避けたのかもしれませんが、ガイドラインが今後もこうした立ち位置のままでよいのだろうかという疑念も抱かせます。

　では、企業や実務者の立場からするとどうすればよいのでしょうか。学習院大学の今野浩一郎名誉教授は、『同一労働同一賃金を活かす人事管理』(2021年／日本経済新聞出版)のなかで、ガイドラインには「賃金の全体性」の視点(労働者全体の賃金をどうするかの視点)、「賃金の関連性」の視点(不合理な待遇差をみるには、その待遇と他の待遇との関連性についても注意を払うという視点)、「市場均衡」の視点(不合理な待遇差かどうかは内部均衡の視点のみでは判断できず、市場均衡も

コ ラ ム

みるという視点）の３つの視点が欠如しているとしつつ、「企業が行うべきことは、法律あるいはガイドラインが求める個々の内容にどう対応するかより、現行の賃金制度を人材の育成・活用戦略に沿って、より公正で合理的な制度に改善し、そのなかで非正規労働者の処遇改善に取り組むことである」としています。

　それでは、具体的にどうすればよいのでしょうか。同じく学習院大学の守島基博教授は、『全員戦力化』（2021年／日本経済新聞出版）のなかで、同一労働同一賃金法制が求める衡平原則は、誰と誰を比較するのか、何を比較の基準とするのか、どこまでの格差が許容されるのかの３点について合理性の判断に関して曖昧さが大きいとの問題点を指摘しつつ、公平性を確保し、企業運営もスムーズに進める方法として、「過程の公平性」と呼ばれる考え方を紹介しています。これは「手続きの公平性」「手続きの平等性」などと呼ばれることもあり、一般的にいえば、評価の手続きや基準の公開、上司との話し合い、苦情処理システムの整備などによって、従業員がもつ公平感を高めようという考え方です。目標管理制度の導入や評価結果の本人への開示などは、その代表的な施策です。

　法的要請を超えた人事管理にとっての同一労働同一賃金とは何なのか、同一労働同一賃金の考え方を活かす人事管理とは何なのかを、一人ひとりの人事パーソンが考えていかなければならない時代が今であるのかもしれません。

（和田　泰明）

# 終章

## "同一労働同一賃金" を進めていくために

# 中小企業人事の将来に向けて

企業の繁栄と従業員の幸福を同時に叶えていくための中小企業流のニューノーマルの実現

　2021年7月には、コロナ禍のなかで東京オリンピック、続いて8月にはパラリンピックが開催されました。事前にいろいろな問題が起きるなど、いったいどうなるのか心配されていましたが、あらためて多様性と調和の重要性を認識するとともに、共生社会を育むきっかけとなるような大会を目指し、人種・性別・性的指向・宗教の違い、障害の有無などを超えて世界中の人々が向き合うという理念については、広く伝わったところがあったのではないかと感じています。

　性的指向など意識改革までは伴っていないという見方もいまだ強いとは思いますが、障害者の雇用、外国人の雇用、女性の活用などについては、ここ10年間をみると企業において少しずつではあっても変わってきつつあるという実感があります。

　働き方改革－同一労働同一賃金もこのような変革のなかで必然的に発生してきた課題といえます。ここでは、中小企業に焦点を当てて、これから何をやっていけばよいのか整理してみたいと思います。

## 1 これまでの常識から脱却して、ただちにやるべきこと

### ①まずは個々の検証を行い、リスクを見極めること

　"同一労働同一賃金"に向けて完璧という言葉は馴染みません。完璧を目指さなくてもどの課題がどの程度のリスクがあるのか、まだ潜在的なものも含めて着地点を見極めていくことです。これからは人事労務管理面でもリスク管理が重要になってくると考えます。

### ②非正規社員のなかでも、とくに長期間勤務する者に焦点を当ててみること

とくに長期間勤務の非正規社員について改善策を考えることが先決です。判例などを参考にすると、3、5、10、30年と様々ですが、とくに改正労働契約法で定められている無期転換の権利発生の5年間経過したかどうかが一つの目安になるものと考えます。

### ③非正規の正社員化ができないか考えてみること

いうまでもないことですが、正社員と非正規を区分する必要が薄くなってきているのであれば、壁をなくすこと、すなわち契約社員など非正規社員から正社員転換を積極的に行っていくことを真剣に考えるべきです。

### ④「均等処遇」を避けて「均衡処遇」に持ち込むこと

③の正社員が当面困難であれば、「均等処遇」から脱して「均衡処遇」に持ち込むということです（**14頁参照**）。

そのためには、正社員と非正規社員の仕事の内容の違いがどこに、どの程度あるのかを具体的に洗い出して分析してみることです。ここでは、正社員（通常の従業員）の誰と比較すべきかがポイントになります。①に結び付くことですが、仕事の内容や範囲に違いがある場合、基本給の違いが適正かどうかについての判断はつきにくいものとなります。

### ⑤人事制度全般の各項目についてオープンにして説明できるようにしていくこと

基本給は、昇給は、賞与は？　それぞれの人事、賃金の項目ごとにその目的や定義を説明できるようにすることです。その次には、いうまでもないことですが、就業規則等の規程に明記し、従業員へ周知徹底を図ることです。

## 2　制度面からの整備

キーワードは、“脱身分、脱年功からの自社流の能力主義”を確立していくことにあります。

すなわち、非正規社員だけの狭い枠内での改定にとどまらず、正社員を含めた全従業員に対する総合的な見直しを行なっていくということです。

### ①正社員への登用制度の設定から実績を持つこと

判例でもはっきりと謳われていますが、非正規社員から正社員への登用が制度として設けられているかどうかが大きなカギを握ることは間違いないと言えます。次に、まずはたった一人からでもよいのでその実績があるかということです。制度だけあっても、形骸化していては意味がなくなります。

### ②中間の雇用区分を設けること

これも判例で窺えたことですが、縦の階層としての等級制度であれば、横の区分としてのコース制などがときに意味を持ちます。これは、中堅以上の企業規模でないと難しいかもしれませんが、当面はパートなど非正規社員からいきなり正社員登用は難しいとなれば、その間に段階を置くことにほかなりません。いくつか方法はありますが、例えば労働契約法に基づく、勤続5年を経過して有期契約から無期への転換を図った従業員としてのグループやパートタイマー（短時間勤務）からフルタイマーへ転換したグループ、さらにはいわゆる地域と職種を限定した準社員グループへの転換などが挙げられます。いずれにしても、同一労働同一賃金関連法対策というよりも、実質的に人事マネジメントからの必要性から検討すべきであるといえます。すなわち、一見合法ではあっても、実態として従業員サイドから望まれるものではない策をとるべきではないと考えます。人事は動機づけ、モチベーションから中長期的にみたキャリア形成、指導育成から能力開発という視点が大変重要になることを忘れてはなりません。

### ③職種別の区分を行うこと

中堅、中小企業においても職種別の人事賃金管理が最近必要になってきています。例えば、同じ会社であっても、製造の技能職種と、技術開

発職種を別の職種ととらえることなどです。新卒採用における学歴、中途採用において求めるキャリア、公的資格、教育研修、異動配置、職場環境、労働時間管理、賃金（基本給・諸手当）など要素別の見方をする必要もでてきています。他にも例えば同じ営業職であっても渉外営業職と営業事務職とに区分し、渉外営業職に対しては支店・営業所間の住居の移転を伴う転勤を前提とするが、営業事務職については異動が限定されるなどが考えられます。

　"同一労働同一賃金"の観点からみると、この区分はこれまで以上に重要になってきます。

### ④諸手当を整備すること

　各手当の性格と目的を明確にすることです。**第1編第3章 ⑪（104頁）**に取り上げていますが、ガイドラインでも様々な記述がされています。リスクからみた緊急性をみても基本給等への統合も含めて見直す余地が大きいと感じます。

### ⑤年収水準からみて整合性を持つこと

　賃金は、一つひとつの手当、基本給、賞与などそれぞれに比較することが求められますが、いずれにしても従業員からすれば、その時の年収水準をどうとらえるかが重要な視点になります。最後には年収からみた納得性の有無で決まるともいえます。

### ⑥全従業員に対して、それぞれの特性に応じた人事評価制度を設けること

　"同一労働同一賃金"に向けて、これから避けて通れないのは人事評価（人事考課）制度です。全て同じ項目、統一した基準のフォーマットとする必要はありませんが、雇用区分からくる特性に応じた評価制度が求められることは確かです。すなわち、業績（成果）、行動（プロセス）、能力・スキル面での違いが、賃金の合理的な相違へと展開することが求められることになるということです。とくに業績（成果）については"見える化"も含めて明らかにしていく必要があります。またコミュニケーションの場としてのフィードバックも重要になります。

### ⑦昇格（降格）・昇進（降職）基準の整備を行うこと

　等級制度においては、これが縦の動きとなります。厳しいようですが、これからは上位等級への昇格やより高いポストに就く昇進のみならず、逆方向での降格やポストから外れる降職についても適正にルール化を図っていくことが避けられなくなってきているといえます。

　これも、正社員と非正規社員が同じ等級制度内での動きである必要はありませんが、②や③とも関連して、横の動きと縦の動きの基準に基づいた柔軟化が必要とされるものといえるでしょう。上司の推薦など恣意的な運用がなされないかどうかのチェックとともに試験や人事評価制度を含めて公平、公正に決定される仕組みが求められるといえます。

### ⑧就業規則・諸規程を整備すること

　短期的にみてすぐにやらなくてはならないことは、<u>１</u>（→**304**頁）でお伝えしたとおりですが、少し腰を落ち着けて見直しを行うにあたって重要になってくるのは就業規則など規程類の総合的、全面的な整備です。

　ここでは、労働時間管理、休暇や福利厚生制度など検討期間が必要な項目も含めて労働条件に関わる項目全てが対象となりえます。登用制度に関わる規程も重要です。言うまでもないことですが、労働組合や従業員を巻き込んで説明を重ねつつ検討を進めていくことが重要になってきます。

## ３　高齢者（シニア社員）対策を検討すること

　高年齢者雇用安定法が2021年4月に改正施行され、70歳までの雇用が努力義務化されました。すでにお伝えしたように定年後の再雇用についてはその他の事情も考慮されることもあって、他の非正規とは別の区分、見方も必要となります。とくにこれから定年退職者が増える企業にとっては人件費コスト面も含めて大変大きな課題となってきます。

　一歩進めて、これまでの延長ではなく、アメリカ流に定年なき（エイジレス）時代も視野に入れるべきとの見方もでてきています。いずれに

せよ、定年延長も含めた雇用の在り方は言うまでもなく、人事賃金制度をどうするかが大きな課題になります。あわせて高齢者が定年前のまだ余裕がある時期に当事者の意向を確認する場が重要になってきます。

# 2 これから効果的に進めていくために

　私たちがよく言っていることの一つに、人事は制度だけでなく運用が重要だということがあります。"同一労働同一賃金"に向けても日頃の運用が重要になります。これについて以下に挙げてみました。

## 1 被差別感をなくし、風通しを良くすること

　先述の人事労務におけるリスクマネジメントに関する意識の問題となります。注意深く観察を続ければ、火種は日常の現場にあります。従業員にとって不満の原因として、賃金が安いということよりももっと根が深いのが、自分は差別されているという感情（被差別感）です。人事担当者は常にこのことに注目する必要があります。これからは面談調査、意見交換会やモラール調査など複数の施策を通じ、風通しを良くしていくことが重要となります。水面下の閉鎖的空間で不平不満が広がっていくような事象は避けなければなりません。いい意味でアンテナを張っておく、筆者も企業に勤めていたときによく言われたことですが、人事部門の敷居が高ければ何をやるにしてもうまくいかないと言えるのではないでしょうか。

## 2 これからの新企業競争力を醸成していくこと

　本書を執筆している現在、新型コロナウイルス感染症のデルタ株が急激に拡散している状況下にあります。すでにご承知のように、コロナ対策をきっかけに在宅勤務などのテレワークが一気に広まりました。テレワークでは、上司と部下とのコミュニケーションの在り方、動機づけ、モチベーションアップをどう図っていくのかが課題となります。このよ

うな大きな転換期は見方を変えれば、企業間競争力を効果的に発揮できる機会であるともいえます。採用から仕事の進捗管理、評価の仕方など、パソコンや通信機器を駆使しつつ苦労しながら自社流に業務効率の向上に向けて努力している中小企業もなかには見受けられます。企業間競争での勝ち残りは、お互いに知恵を出し合って難局を乗り切ることができるかにかかっているとみることもできます。

### ③　信義誠実の原則のもと、公序良俗の観点からもみてみること

"同一労働同一賃金"は短時間・有期雇用労働法の改正に伴って注目されることになりました。往々にして違法でなければよしという見方もされています。同法によると、非正規社員の賃金等処遇が正社員と比較して問題がないかどうか問われることになります。しかしながら考えてみると、正社員同士、または非正規社員同士の差別があってよいわけがないのです。ここに問題があれば、同法には直接違反しなくても、公序良俗に反しているということもありえます。いずれにしても普段からの労使の交渉など経過プロセス、ひいては日々のコミュニケーションが重要ということを感じます。

### ④　独自の人事マネジメントの観点からとらえること

また、"働き方改革－同一労働同一賃金"は、企業にとっても働く側からみても、多様な選択肢のなかからのその時のベストマッチングという柔軟性がより重視されるものです。このことは、その企業独自の人事マネジメントの問題となることを意味しています。あらためて考えてみると、このデジタル化が進む新しい時代、どのように独自の戦略として打ち出していくかということが、新たなKFS（成功要因）になると考えます。

# 3 ▷「見えない心をみる」

締めくくりに、筆者が30代の若い頃、カウンセリングを実践的に学び、これが人事コンサルタントとして今に至るまで活かされていることをお伝えしたいと思います。そこで聞いた印象的な言葉が「見えない心をみる」です。

例えば、社内で「賃金が低いので若い従業員が不満を持っている……」と聞こえてきたとしましょう。誰からということではなく、水面下で伝わってきたという状況です。

私は人事コンサルタントとして、個別面談やモラール調査（無記名での意識調査）などを都度行ってきました。

不満を持っていることは確かに事実です。ただし、このことは主観から発しています。実際にその賃金が安いかどうかは、実際のデータをもとに公表された賃金資料など比較分析を行ってみないとわからないということは言うまでもありません。その結果、本人が低いと思っていても、実際に低いとは限らないということはよくあることです。

ただし、敢えて言いたいのは、ここではなぜそう思うようになったのか、「主観」にこそ焦点を当ててみることが重要だということです。

例えば、

① どうも若い従業員等は、賃金明細を見せ合っているらしく、そこから起きたことがわかりました。

② 何気ない他の従業員からの一言が突き刺さったということもよく聞くところです。
  某中堅社員から、「俺が君の年齢のときはもっともらっていたね…」と言われて低いと思い始めた、ということがありました。

　また、某契約社員が一緒に働く仲の良い正社員から、「貴方はも
う長く働いているので、私より多いかと思っていた……」という
一言にショックを受けたという話も聞きました。

③　新卒入社の社員が大学時代の友人とスキーに行ったときに、友
人から「俺、冬のボーナス30万円もらった」と聞いて、10万円
しか支給されなかった社員は自分の会社の賞与、ひいては年収は
一般よりもかなり低いと思い込んだという事例もありました。実
際は、その会社では入社1年目は正式な賞与を支給しないという
決まりになっていたというケースです。

　面談調査を行っていると、従業員がいったいどこに目を向けているの
かということがよくわかります。例えば以下のとおりです。

●今の支給額か、昇給か、手当か、賞与か、はたまた退職金か？
●どの企業と比較したのか、社内の誰と比べて低いと思ったのか、ど
　の資料をもとにそう思ったのか？
●どのような時に低いと思ったのか？

　以上でおわかりになったと思います。賃金が低くないのに本人が低い
と思っているケース、会社にとってこんなもったいないことはありませ
ん。人には期待が裏切られたときの反動があり、これは想像以上に大き
いものです。
　最後になりますが、人は差別されていることに対して最も問題と感じ
るものだということです。すなわち、人事は常日頃から従業員の心理を
適正にとらえていなければならないのです。
　まずは風通しをよくし、基準はオープンにすること、そして常日頃か
らアンテナを張ってマメに気を配ること、「人事ならではの心理学」、こ
れこそが人事の要諦だと信じています。

| コ ラ ム | 私たちが目指す "同一労働同一賃金" とは何か |
|---|---|

　人事労務コンサルタントと名刺に記すようになって、早いもので30年を超えました。

　私にとって "同一労働同一賃金" をテーマとした単行本も本書で3冊目となります。

　今回は共著での執筆となり、あらためてビジネスパートナーとしての同僚と何度も協議を重ねました。"同一労働同一賃金" に関する諸種の案内、ガイドライン、マニュアル、判例等々に至るまで様々な公的資料が発表されています。まさに情報過多の時代を象徴しています。

　それなのに、いまだにわからないところが多いのです。

　例えば非正規社員と正社員との処遇の違いなど、気が付いた疑問を以下に挙げてみました。

・そもそも、みんなが毎日昼ご飯を食べるのに、会社が「食事手当」を支給してきたのはなぜか？
・精皆勤手当は出勤してくれないと困るから出すと思われるのに、正社員に支給して非正規社員に支給していない会社があるとすれば、それはなぜか？
・非正規社員に転勤がある会社はいったいどこにあるのか？
・東京駅八重洲口の店で勤務する従業員が、同じ会社の丸の内口の店に配置転換になる場合、なぜ正社員のみが対象で非正規社員は対象外としなくてはならないのか？
・事業所が本社1ヵ所だけの10人の会社にとって、「人事異動」とはいったい何を指すのか？
・「食堂は正社員に限って利用可能」などという会社はいったいどこにあるのか？
・正社員と非正規社員は人事制度が異なってよいとなっているが、異なる制度での違いを基にどのように説明すればよいのか？

・「合理的である」と、「不合理ではない」の違いについて、実際のマネジメントではどう説明すればよいのか？
・「ジョブ型」かそれとも「メンバーシップ型」か、などの和製英語が飛び交っているが、我々がこれまで提案してきた、「協調性をこれまで以上に大事にしつつ、これからの人事は仕事基準で…」はどう解釈すればよいのか？

　これをみてもわかるように、"同一労働同一賃金"に関する法体系は、日本を代表するような大企業のみを前提としたもので、しかも人事マネジメントの基本をわかっていない一部のエリートが作り上げたという印象がどうしても拭えません。

　私たち社会保険労務士、人事コンサルタントは、主に中小企業を対象としています。日本の全企業の99.7％を占める中小企業では、戸惑いと混乱がいまだに続いています。
　人事は、「それぞれの現場で、まずは相手の気持ちに沿う」ことが大事です。机上でわかったつもりになれば、ミスリードになりかねません。

　またもう一つ大事なことは、小学生でも知っている「人を差別してはいけない」ということです。給料が安くても職場が、仕事が気にいって働いている人は多くいます。しかしながら差別されているという感情は耐え難いものです。
　もちろん、本人が給料は低くてもよいと言ったからといって低コストな人材だとはいえないことはもちろん、その点は公平・公正なルールが必要であることは言うまでもありません。
　"同一労働同一賃金"は大企業から1年遅れて、中小企業においても2021年4月から施行されました。私たち人事コンサルタントは、中小企業を主な対象として日々顔と顔をつきあわ

315

コラム

せながら、実践的に協力させて頂いています。

　「従業員が自らの目的に沿って働き、生活を営んでいけばやる気にも結び付く。明確な経営方針が示されてリーダーシップが伴えばチームワークが徐々に醸成されてくる。そうすれば皆がいっそう頑張るようになり、ひいては会社の業績も伸びていく」

　これこそが目指す方向ではないでしょうか?

　気が付いてみれば、社内で積み重ねたルールに沿っていくと「法律も当然のように守っていた」へと導くこと、これが人事コンサルタントの使命であると思っています。このままだと正しい方向に導くことができないという、ある意味危機感から本シリーズはスタートしました。

（二宮　孝）

# 参考文献（資料）

● 「中小企業白書　2018年版」（中小企業庁編）
● 「男女共同参画白書　2020年版」（内閣府　男女共同参画局）
● 「2019年雇用動向調査結果の概要」（厚生労働省　政策統括官付参事官付雇用・賃金福祉統計室）
● 「ニッポン一億総活躍プラン」（2016年6月2日／閣議決定）
● 「働き方改革実行計画」（2017年3月28日／働き方改革実現会議決定）
● 前野隆司『幸せな職場の経営学〜「働きたくてたまらないチーム」の作り方』（2019年5月30日／小学館）
● 「ダイバーシティ2.0 行動ガイドライン」（2018年6月改定／経済産業省）
● 「短時間・有期雇用労働者及び派遣労働者に対する不合理な待遇の禁止等に関する指針（同一労働同一賃金ガイドライン）」（2018年12月28日／厚生労働省告示第430号）
● これからのテレワークでの働き方に関する検討会報告書（2020年12月25日／厚生労働省）
● 副業・兼業の促進に関するガイドライン（2018年1月策定、2020年9月改定／厚生労働省）
● 情報機器作業における労働衛生管理のためのガイドラインについて（2019年7月12日／厚生労働省労働基準局長　基発0712第3号）
● フリーランスとして安心して働ける環境を整備するためのガイドライン（2021年3月26日／経済産業省、内閣官房、公正取引委員会、中小企業庁、厚生労働省）
● 今野浩一郎『同一労働同一賃金を活かす人事管理』（2021年4月14日／日本経済新聞出版）
● 守島基博『全員戦力化』（2021年7月8日／日本経済新聞出版）
● 石塚由紀夫『資生堂インパクト』（2016年5月24日／日本経済新聞出版）
● 石嵜信憲編著『同一労働同一賃金の基本と実務（第2版）』（2021年3月29日／中央経済社）
● 倉重公太朗編著代表『［日本版］同一労働同一賃金の理論と企業対応のすべて』（2021年4月2日／労働開発研究会）
● 経団連事業サービス人事賃金センター『本気の「脱年功」人事賃金制度』（2017年9月30日／経団連出版）
● 藤田忠『職務分析と労務管理　新訂版』（1979年4月6日／白桃書房）

## 二宮　孝〔編著、序章・終章〕

<ruby>二宮<rt>にのみや</rt></ruby>　<ruby>孝<rt>たかし</rt></ruby>〔編著、序章・終章〕

社会保険労務士（1986年登録）・人事労務コンサルタント
㈱パーソネル・ブレイン代表取締役
商社人事部、外資系メーカー人事部、ダイヤモンドビジネスコンサルティング㈱
（現在、三菱UFJリサーチ＆コンサルティング㈱）を経て独立。豊富な実務経験
を踏まえた実践的なコンサルテーションを幅広く展開している。対象は上場企業
から中小零細企業まで150社（団体）を超える。

〈著書〉
『わかりやすい「同一労働同一賃金」の導入手順』（労働調査会／2018年10月25
日）他多数
『企業経営を誤らない、「同一労働同一賃金」の具体的な進め方』（労働調査会／
2020年12月14日）

○**オフィス**

〒150-0011　東京都渋谷区東3-15-8　小澤ビル501

TEL：03-3406-5605

ホームページ：http://www.personnel-brain.co.jp/

## 住　美賀子〔第1編第1章〕

<ruby>住<rt>すみ</rt></ruby>　<ruby>美賀子<rt>みかこ</rt></ruby>〔第1編第1章〕

社会保険労務士（1997年登録）・住社会保険労務士事務所 所長
大手アパレルメーカー人事部、アウトプレースメントコンサルティング会社を経
て独立。企業の業種や従業員の担当業務に応じ、労働生産性の上がる労働時間管
理の提案、適正な勤怠管理の仕方の指導など、きめ細かいサービスを提供してい
る。就業規則他諸規程の作成・改定、労働基準監督署・年金事務所等の各種調査
対応、IPOに向けた労務環境整備における実績も豊富。創業間もないベンチャー
企業から一部上場企業まで、さまざまな業種の企業の労務相談に応じ、解決策を
提案している。

○**オフィス**

〒150-0011　東京都渋谷区東3-26-2　第二長澤ビル5F

TEL：03-6712-5987

ホームページ：http://www.office-sumi.jp/

## 大関　ひろ美〔第1編第2章〕
（おおぜき　ひろみ）

特定社会保険労務士（1996年登録，2007年特定社会保険労務士付記）・DCプランナー1級

ワンズライフコンパス㈱代表取締役

総合化学メーカー事業所人事部門に約10年勤務し、退職後に学位を取得。自身が経験した正社員や非正規社員の多様な働き方を活かした労務相談や小規模企業の手続き代行を得意とする。一方で、上場企業の労務管理や健保組合の給付実務に関するアドバイザーでもある。

〈著書〉

『パートアルバイト派遣の使い方　ここが間違いです』（2006年2月／かんき出版）

『雇用形態別人事労務の手続きと書式・文例』（共著）（2013年1月／新日本法規出版）他

○**オフィス**

　〒151-0064　東京都渋谷区上原1-17-3-101

　TEL：03-6677-9717

　ホームページ：https://1s-of.com/


## 和田　泰明〔第1編第3章・第2編第3章〕
（わだ　やすあき）

社会保険労務士（2003年登録）・人事労務コンサルタント

和田人事企画事務所 代表

中堅広告代理店の人事部員、人事部長を経て独立。在職中は全社員年俸制など人事・賃金制度の策定・導入・運用に携わる。独立後は大手・中堅から中小企業までの人事・賃金・評価・退職給付制度の設計コンサル、管理職・リーダー研修等を行っている。

〈著書〉

『ビジネス・キャリア®検定試験標準テキスト 人事・人材開発2級・3級［第3版］』（共著）（2020年刊行／中央職業能力開発協会 編）他

〈連載〉

「人事パーソン要チェック！ 新刊ホンネ書評」（『WEB労政時報』（㈱労務行政）2009年～）

「あらすじで読む人事の名著」（『月刊人事マネジメント』（㈱ビジネスパブリッシング）2013年～）

○**オフィス**

　〒116-0003　東京都荒川区南千住6-37-10　アクロシティFポート1304

　TEL：03-3805-8349

　ホームページ：http://hurec.bz/

市村　剛史〔第1編第4章〕
（いちむら　つよし）

特定社会保険労務士・人事労務コンサルタント
社会保険労務士いちむら事務所 代表／㈱フォーグッド 代表取締役
食品メーカー営業職を経験後、人事労務コンサルティング会社勤務などを経て
2011年に独立。労務相談、社内諸規程の作成・見直し、人事労務諸制度の設計
やIPO・M&Aの支援等のコンサルティングを中心とした事業展開を行っている。
零細企業から大手上場会社まで、それぞれの企業の実情に応じたオーダーメイド
のサポートを行うことをポリシーとしている。

〈著書〉
『はじめての人事考課100』（株式会社IEC出版）
『企業のための就業規則・人事労務規程作成・運用ハンドブック』（共著）（第一
法規）
『リスク管理と企業規程の作成・運用実務』（共著）（第一法規）
『誰にもわかる会社の人事労務の手引』（共著）（新日本法規出版）、他
○オフィス
　〒125-0052　東京都葛飾区柴又1-24-4-105
　TEL：03-5876-3147
　ホームページ：http://www.office-hci.jp/


横田　和実〔第2編第1章〕
（よこた　かずみ）

社会保険労務士（1997年登録）・人事労務コンサルタント
㈱東京マンパワーマネージメント代表取締役
化学メーカー販売促進部、経営コンサルティング会社を経て独立。
数多くの中小企業に、トータル人事評価制度・部門予算会計制度等の目標管理と
連動した総務・経理系の制度構築およびその運用定着までの支援を行っている。
また、人事・総務・経理部門の部長代行等の実務顧問役としても活躍中。

〈執筆論文〉
「理念経営モデル・ステージ別賃金体系とは」（I&C出版）
○オフィス
　〒174-0064　東京都板橋区中台1-35-10
　TEL：03-5399-0024

**杉山　秀文**〔第2編第2章〕

社会保険労務士・人事労務コンサルタント

早稲田大学商学部卒業後、大手電機メーカー人事部、大手ビジネス系出版社人事部等に通算23年間勤務。採用、研修、人事・賃金制度構築・運用、労使関係、就業規則作成・改定、人事業務アウトソーシングなどの業務に従事。

2006年7月社労士事務所HRMオフィスを開業。2017年2月法人化、社会保険労務士法人ヒューマンキャピタルを設立。就業規則、人事・賃金制度、労働時間管理、非正規社員活用などのコンサルティング業務、社会保険手続のアウトソーシング業務を手掛けている。

**ベテラン社労士からの提案**
**中小企業における働き方改革「同一労働同一賃金」の実践手順**

令和3年12月13日　初版発行

| | |
|---|---|
| 編著者 | 二宮　　孝 |
| 著　者 | 住　美賀子、大関　ひろ美、和田　泰明、<br>市村　剛史、横田　和実、杉山　秀文 |
| 発行人 | 藤澤　直明 |
| 発行所 | 労働調査会 |
| | 〒170-0004 東京都豊島区北大塚2-4-5 |
| | TEL　03-3915-6401 |
| | FAX　03-3918-8618 |
| | http://www.chosakai.co.jp/ |

©Takashi Ninomiya, 2021
ISBN978-4-86319-892-0　C2034